KB103903

영재의
심리학

남다른 지능과 감성으로
고통받는 아이들

L'Enfant Surdoué. L'Aider à Grandir, l'Aider à Réussir
by Jeanne Siaud-Facchin

© Odile Jacob, 2002
Korean Translation Copyright © Domabaem Publishing Co., 2008

This Korean edition was published by arrangement with Les Editions Odile Jacob
through Sibylle Books Literary Agency, Seoul.

이 책의 한국어판 저작권은 시빌에이전시를 통해
Odile Jacob사와 독점 계약한 와이겔리(도마뱀출판사)에 있습니다.
저작권법에 의해 한국 내에서 보호를 받는 저작물이므로
무단 전재 및 무단 복제를 금합니다.

L'Enfant Surdoué.
L'Aider à Grandir, l'Aider
à Réussir

영재의
심리학

Jeanne Siaud-Facchin

잔 시오파생 지음

정미애 옮김

남다른 지능과 감성으로 고통받는 아이들

와이겔리

각양각색의 얼룩말, 영재 아이들에게.

내게 가르침을 주고 도움을 주었으며,

곁에서 나를 이끌어주고 지지해준

모든 이들에게, 감사의 마음을 전한다.

머리말

— 있잖아요, 선생님, 저 영재 따위에서 벗어났으면 좋겠어요.

— 그게 무슨 말이니?

— 더 이상 영재이고 싶지 않다는 말이에요. 정말 지겨워요.

— 뭐가 지겨운데?

— 저도 그냥 다른 아이들처럼 살고 싶어요. 유별난 아이이고 싶지 않다
구요!"

— 뤼도빅, 7세 반

영재라는 것은 남들과 다른 체계로 생각하는 것이다. 남다른 사고체계, 다시 말해 특이한 지능 형태를 지니고 있음을 의미한다. 영재라는 것은 또한 극도의 감성과 넘쳐흐르는 감정성의 지배를 받으며 성장함을 의미하는데, 이런 특성이 인성에 지대한 영향을 미친다. 용어 자체가 애매하여 혼동을 주긴 하지만, 영재아동은 어떤 '이점'을 가진 아이도, 모든 것을 타고난 천재도 아니다. 그리고 영재의 신화는 좀체 사그라지지 않는다.

오늘날 우리는 영재아동에 대해 점점 더 많이 얘기하고 있다. 우리를 매혹시키는 동시에 곤혹스럽게 만드는 이 비정형적인 아이들, 이 아이들의 기사가 방송이나 매체에서 다뤄지지 않는 달이 없을 정도이니 말이다.

현재 프랑스의 영재 인구는 전체 인구의 2.1%를 차지하며, 그중 약 45만

명의 아동기 학생들이 이 부류에 해당하는데, 예전보다 더 늘어난 수치는 아니지만 오늘날에는 더 쉽게 눈에 띈다.

그러나 미디어의 지속적인 조명에도 불구하고, 또 영재자녀의 학업 문제와 심리 문제로 곤욕을 치르는 부모들의 요구에도 불구하고, 사실 이 아이들에 대해서는 제대로 알려진 바가 없다. 심리전문가, 교육자, 관련 연구자 들도 이들에 대해 잘 모르고 있다. 교육 체계도 사정은 마찬가지다. 법률 규정에 따라 학교는 학생 개개인의 고유한 특성에 관심을 가질 의무가 있지만, 아직 일선 교사들을 위한 특별 연수 프로그램조차 마련되어 있지 않은 마당에 학교 당국도 이 유별난 범주의 아이들을 제대로 지도할 방도가 없다고 털어놓는다.

그렇다면 여느 아이들과 다른 이 아이들은 대체 어떤 아이들일까? 이들은 무엇을 느낄까? 자신의 남다름을 어떤 식으로 경험하는 걸까? '영재 따위에서 벗어나고 싶은' 어린 뤼도빅처럼, 대부분의 영재아동은 다른 아이들과 어른들의 공격적 태도로 인해 지독한 고통을 겪고 있다. 사실 남들과 다르다는 것은 주변 사람들에게 혼란과 두려움을 야기한다. 그리고 이에 맞서는 가장 무의식적인 반응은 이 남다른 아이에 대한 거부와 따돌림이다. 그렇다면 자신의 정체성 자체가 인정받지 못하고 공격당하는 아이는 과연 어떻게 살아가고 어떻게 성장해야 할까? 확고한 정체성을 어떻게 구축할 수 있을까? 지독한 자기애적 고통을 안고 살아가는 아이들이 왜 이토록 많은 걸까?

왜 수많은 영재아동들이 학업에 실패하는 걸까? 영재 진단을 받은 학생들의 45%가 유급을 하고, 20%는 대학입학자격시험(바칼로레아)을 통과하지 못하는 현실을 어떻게 설명해야 할까? 우리는 과연 뛰어난 지능과 능력의 이 같은 자폭 행위를 받아들일 수 있는가?

이 책은 다음 세 가지 사항을 목표로 삼는다.

- 현 시점에서 널리 사용되는 과학 지식과 임상 지식을 제시한다.
- 이 아이들이 지적 측면, 정서적 측면에서 작동하는 특성을 가능한 한 완전하게 조명하고, 이들의 남다름에 의미를 부여한다.
- 부모를 비롯한 모든 관계자(교사, 심리전문가, 의사 등)로 하여금 이 아이들을 더 잘 이해할 수 있게 도움으로써 더 바람직한 양육과 지도의 방향성을 제시한다.

이 책은 누구든 쉽게 읽어볼 만한 지침서로 쓰였기에, 나는 이 책이 교류와 소통의 계기가 되어 우리 모두가 이 아이들에 대한 이해의 폭을 넓히고, 서로의 경험을 공유하며, 이들의 삶을 성공으로 이끌 가장 적절한 방법들이 무엇인지 함께 모색해나가기를 희망해본다.

마지막으로, 이 책에서 개진된 수많은 쟁점들은 영재아동을 비롯한 모든 아이들에게 해당되는 것임을 강조하고 싶다. 다만 영재아동의 경우는 다른 아이들에 비해 모든 문제가 극단적이고 대대적인 양상을 띤다는 게 큰 차이다.

차 례

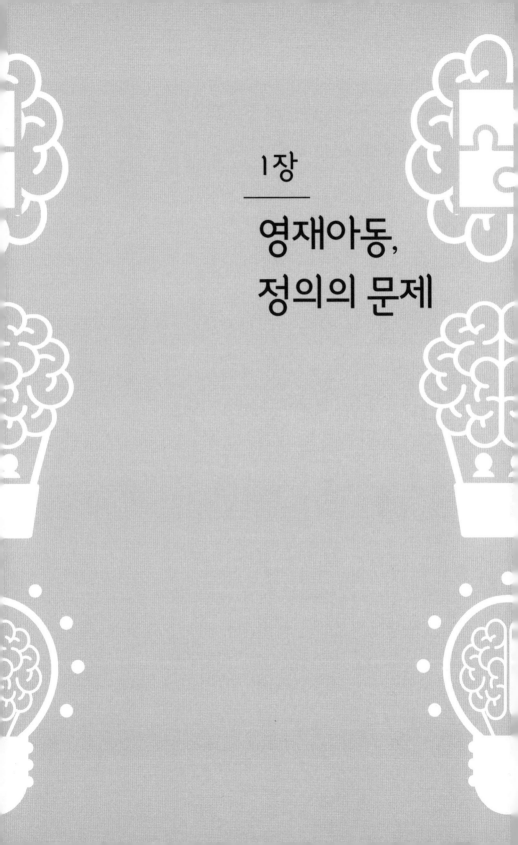

1장
———
영재아동,
정의의 문제

영재아동이란?

하나의 지수 : 평균보다 높은 IQ

영재아동은 표준지능검사에서 IQ 점수가 130을 넘는 아이다. IQ는 지능에 대한 '측정'이 아니라 지적 역량에 대한 평가로서, 한 아이의 지적 작동을 같은 나이의 또래와 비교할 수 있게 해주는 수치이다.

지능검사에서 높은 IQ 점수를 얻는 것은 영재 진단의 필요조건일 뿐 충분조건은 아니다. IQ가 높다는 사실이 영재성을 나타낼 수도 있지만 영재성과는 다른 가능성을 나타낼 수도 있기 때문이다.

따라서 IQ는 영재 진단을 유도하는 하나의 지표로만 간주되어야 하며, 반드시 다른 요인이나 임상 징후들로 보완되어야 한다.

• 130을 넘는 IQ는 영재 진단을 유도하는 '지수'이다. 이 점수는 그 자체로는 의미가 없다. 다시 말해 수치로 산정된 하나의 데이터만으로 영재

진단을 내리기에는 충분치 않다.

• 영재 진단은 다른 임상 요소들과 여타 보완적 검사 자료들이 뒷받침 되어질 때만이 내려질 수 있다. 이를 포괄적 진단이라 한다.

• 지능은 인성의 구성 요소 중 하나일 뿐이다. 우리가 어떤 사람인지는 지능으로 정의되는 게 아니라, 지능의 작동 방식이 인성 전반에 통합되면서 인성에 특정한 색채를 부여하는 것이다. 거꾸로 말하면, 우리의 인성은 지 능 형태에 크게 영향을 받는다.

지적 측면 · 정서적 측면의 특성

영재아동과 그저 단순히 높은 지적 잠재력만을 지닌 아이를 혼동하지 않 으려면, 지적 측면과 정서적 측면의 특성들을 제대로 알고 이해해야 한다. 그러므로 영재아동은 총체적 인성 차원에서 고찰되어야 한다.

• **지적 측면**에서 볼 때, 영재아동을 특징짓는 것은 이들 특유의 독특한 지능 형태이다. 여기서 의미가 있는 것은 양적인 크기가 아니라 질적인 양 상이다. 영재라는 것은 다른 아이들보다 더 똑똑하다는 의미가 아니라, 다 른 아이들과는 다른 사고방식, 다른 추론구조로 작동한다는 의미다. 영재 아동의 지능은 비정형적이다. 바로 이런 특성 때문에 이들은 대개 학교와 사회에서 적응에 어려움을 겪는다.

• **정서적 측면**에서 볼 때, 영재아동은 극도의 감수성을 지닌 존재이다. 이 아이의 수많은 감각 장치들은 외부 세계에 항상 접속된 상태로 온갖 정 보를 포착한다. 영재아동은 이렇게 주위환경으로부터 쏟아져 들어오는 모

든 정보를 매우 예리하게 인식하고 분석하며, 타인의 감정 상태 또한 대단히 섬세하게 감지하는 놀라운 능력을 지니고 있다. 한마디로 강력한 스펀지, 엄청난 흡수력의 소유자인 영재아동은 따라서 늘 온갖 감정과 감각과 정보의 물결에 시달리는데, 이것들을 일일이 느끼고 통합하고 정교화*하기가 대개는 어렵다. 그 결과 아이는 자신을 보호하기 위해 그 어떤 감정 영역과도 거리를 두려 하고, 심지어 자기 자신의 감정과도 '단절'하려 한다. 이러한 작동은 이런 아이들의 정서 발달을 약화시키고 심리적으로 취약한 아이로 만든다.

• 영재아동의 가장 두드러진 특징은 바로 이러한 지적 작동 및 정서적 작동의 특이성이다. 요컨대 영재아동은 남다른 아이이다.

• 영재아동은 이러한 이중적 측면에서의 작동을 제대로 이해받아야만 잠재적으로 매우 풍부한 자신의 지적·정신적 능력을 완전히 꽃피울 수 있다.

영재성은 타고나는 것인가?

왜 누구는 영재이고 누구는 아닌가?

우리 개개인을 구분 짓는 대부분의 특징이 그러하듯, 영재성을 결정짓는 것 역시 유전 인자의 프로그래밍 문제이다. 어떤 이는 눈이 푸르고, 어떤 이는 곱슬머리이며, 또 어떤 이는 목소리가 굵다. 그러나 주의하자! 유전학이란 프로그래밍이 가능함을 의미하지 않는다! 유전학은 확률의 문제이자 우연의 법칙이요, 완전히 예측 불가능한 영역이다. 유전자들이 어

---

*새로운 정보를 연관성 있는 것들이나 이미 알고 있는 지식과 관련지음으로써 이 정보를 보다 정교하게 조직화하고 확장하는 과정. 정보의 장기기억 속 저장과 인출을 용이하게 한다.

떻게 결합하는지 우리로서는 전혀 예견할 수 없다.

우리의 지능 형태가 우리의 정체성을 구성하는 요소 중 하나이긴 하지만, 사실 우리는 원 상태의 잠재력을 이용할 수도 있고 그렇지 않을 수도 있다. 예컨대 내가 아무리 훌륭한 스포츠 선수가 될 신체적 자질을 타고났어도, 내가 개발하지 않으면 이 자질은 발현되지 않는다. 반대로, 내가 꾸준히 훈련하면 이 자질은 놀라운 능력을 발휘할 것이다. 그러나 그 능력은 내가 타고난 기본 잠재력의 최대치일 뿐, 그 이상을 넘어서진 못한다. 지능도 마찬가지 원리이다. 작동하는 훈련을 받을수록 지능은 그만큼 더 예리해지고 효율적이 된다. 뛰어난 지능을 지녔으면서도 이를 그냥 썩힐 수도 있고, 지적 수행능력을 최적화시킬 수도 있다. 그러나 아이를 '억지로' 학습시킨다고 영재로 만들 수는 없다. 그렇게 해서 잘되면 지식이 풍부한 아이가 되는 것이고, 잘못되면 심각한 심리장애를 초래할 위험이 있다. 우리의 지능에는 그 이상 우리가 넘어설 수 없는 한계가 있다. 그리고 영재와 같은 유형의 지능은 외부의 도움으로 얻어질 수 있는 성질의 것이 아니다. 애초에 타고나거나 그렇지 않거나, 둘 중 하나다. 또 영재라는 것은 사회문화적 환경과는 아무 관련이 없다. 우리는 모든 사회 계층에서 영재를 볼 수 있다. 그러나 여기에는 불평등한 측면이 없지 않다. 지능의 가치를 높이 평가하는 환경에서 지적 잠재력을 개발하는 것이 훨씬 더 쉬울 테니 말이다.

왜 우리는 늘 영재성의 기원을 문제 삼는가?

영재성이 생득적인가 아닌가 하는 문제를 두고 분분하는 것은 영재들에 대한 신화가 좀처럼 사그라지지 않고 있기 때문이며, '더 많다', '우수하다'는 관념이 '더 적다', '결핍되다'는 관념보다 우리를 훨씬 혼란스럽게 만들기 때문이다. 보라, 지적장애아들의 존재나 신체장애아들의 유전적 측면에 관해 이러쿵저러쿵하는 사람은 아무도 없다! 비록 이런 장애를 유감스럽게 여긴다 해도, 이것은 우리 눈에 분명해 보이는, 용인할 만한 일이다. 인간은 장애를 갖고 태어날 수도 있다. 그러나 과도한 능력은 도대체 어떻게 타고날 수 있단 말인가. 이 얼마나 부당하고 불가사의한 일인가!

그러나 영재아동의 남다름과 이들만이 겪는 어려움을 인정한다면, 영재아동에 대한 우리의 기성관념을 조금씩 변화시켜나갈 수 있을 것이다.

영재의 심리학

영재인가,
지적 조숙인가?
이상한 얼룩말!

이 아이들을 지칭할 때 흔히 영재아동이나 지적 조숙이라는 단어를 별 구분 없이 사용하지만, 사실 이 두 용어가 가리키는 실체는 물론이고 그 의미 또한 동일하지 않다.

지적 조숙이라는 용어가 채택된 것은 그것이 이데올로기적으로, 또 정치적으로 보다 수용 가능한 표현이기 때문이다. 영재라는 용어는 여전히 많은 왜곡된 믿음을 내포하고 있고, 천재의 신화는 우리 사회의 집단의식과 충돌한다.

그러나 '지적으로 조숙하다'는 것은 단순히 일정 연령 이전에 이런저런 지식을 습득하거나 습득했음을 의미한다. 조숙한 아이는 제 나이에 비해 앞서는 아이, 다시 말해 발달이 빠른 아이로, 다른 아이들이 이 아이의 단계나 수준에 이르려면 몇 년이 더 걸린다. 그러므로 시간이 흘러서 어떤 성장 단계나 성인기에 이르면, 가장 뒤처졌던 아이들이 가장 앞섰던 아이들을 따라잡으면서 결국은 모두가 엇비슷한 수준이 된다. 따라서 지적 조숙은 성적 조숙이나 언어 조숙과 같은 차원이다. 그러나 영재아동을 특징짓는 것은 다른 아이들보다 앞선다는 사실이 아니라 지적 작동의 특이성, 사고 방식의 남다름이다. 예컨대 열 살의 영재아동은 열네 살 아이처럼 사고하는 게 아니다. 다시 말해 제 나이보다 사 년을 앞선 수준에서 사고하는 게 아니라, 열네 살 아이라도 결코 생각지 못하는 방식으로 사고하는 것이다.

사실 지적 조숙이라는 용어는 이 아이들을 이해하는 데 오히려 해가 된다. 이들을 단순히 제 나이에 비해 앞서는 아이로 간주하는 이상, 이들의 지적 작동의 특이성도, 이들의 지능 형태·학습 형태에 맞는 교수법도 고려하지 않은 채 무작정 다른 아이들보다 일찍 지식을 습득하게끔 유도하기 때문이다.

지적 조숙이라는 용어는 또한 이들의 정서심리적 작동을 오로지 성숙의 괴리 문제로만 나타낸다. 사람들은 이들을 머리만 컸지 여전히 덩치 큰 애기로 치부하는 것이다! 이들이 겪는 인간관계의 어려움이나 지나친 감수성을 설명한답시고 대뜸 아이가 덜 성숙해서 그렇다고 말한다. 그러나 어른들의 이런 단순한 생각과는 달리, 영재아동의 인성은 우리가 깜짝 놀랄 정도로 풍요롭기 그지없다. 결국 성숙을 운운하는 것은 또다시 시간적 차이 문제로 귀결되기에, 이 아이들의 인성의 특성을 가리고 이들의 진정한 정체성을 은폐한다.

더 심각한 것은, 이 용어가 우리로 하여금 영재아동에 대해 전혀 알지 못하면서도 잘 알고 있다고 착각하게 만든다는 사실이다. 주위 사람들은 아이의 문제를 이해한다고 생각하지만 정작 그것이 이해와는 거리가 먼 현실이 아이에게는 엄청난 함정이다. 주위 사람들은 아이가 겪는 어려움을 해독했다고 확신하는데, 정작 그들로부터 전혀 이해받지 못하는 아이의 외로움은 고통스럽기 짝이 없다. 이로 인해 아이에게 전혀 적합하지 않을 결정들이 내려지게 될 수도 있다.

사실 영재surdoué라는 용어가 훨씬 더 적절하다고 볼 수도 없다. 왜냐하면 이 단어는 어원적으로 '남들보다 더'라는 관념과 남들에게 주어진 것 이상의 천부적 재능, 즉 신이 내린 '선물'(영어의 gift)을 부여받았다doué는 관념을 내포하고 있기 때문이다. 불어에서 영재surdoué라는 용어는 영어의 gifted나 supergifted, 즉 사람들 가운데 최고의 '재능을 타고난' 이들에게 붙이는 단어를 번역한 것이다.

캐나다에서는 douance라고 하며, 신조어 surdoument이 점차 더 많이 쓰이고 있다. 또 어떤 이들은 이런 아이를 IQ가 높은 아이, 혹은 높은 잠재력을 지닌 아이로 부르기도 한다.

특이아동 가운데 영재아동과 대척점에 선 아이들을 둘러싼 논쟁도 마찬가지다. '저능아' 혹은 '정신박약아'라는 용어가 환영받지 못하고 일부 민감한 사람들의 자존심을 건드리게 되자, 정신발육지체아, 정신지체아, 지진아, 학업지체아, 학업부진아 등으로 부른다. 그러나 발달이 뒤져 있음을 의미하는 이런 용어들도 올바르지 않다. 왜냐하면 저능아 혹은 정신박약아는 몇 년이 지나도 다른 아이들과 같은 수준에 이르지 못하기 때문이다. 만일 이런 아이에게 다른 아이들과 똑같은 학습 방법을 적용시켜 그 아이들과 똑같은 지식을 습득하도록 강요한다면, 이 아이가 자기 고유의 능력을 향상시킬 가능성은 박탈되고 만다. 정신박약아라도 아이의 학습 리듬에 맞는 방법으로 가르치면 학습에 진전을 보일 수 있다. 이런 아이들을 억지로 정규 교육과정에 통합하려 들면 그 어떤 진전도 가로막힌다. 이들의 교육은 이들의 지적 작동의 특성에 맞춰져야 한다.

이 점은 영재아동에 대해서도 매한가지다.

누가 우리와 다르다는 사실이 그렇게 두려운가? 그 남다름이 그렇게 두려워서 우리는 귀머거리, 장님, 저능아, 영재라고 부르기보다 청각장애인, 시각장애인, 정신지체아, 지적 조숙아라고 부르는 것인가?

재능이 뛰어난 유명인들은 왜 여기서 거론하지 않는가?

— 어느 특정 분야에서 발현되는 소질이나 재능을 영재의 개념과 혼동하지 않기 위함이다. 영재라는 것은 지적·정서적 측면에서 총체적으로 드러나는 특이한 인성을 함축하고 있다. 모차르트는 음악의 신동이었지만, 과연 그가 영재아동이었을까?

— 천재와 영재의 개념을 하나로 뭉뚱그리지 않기 위함이다. '천재'는 거의 마법에 가까운 신화적·전설적 의미를 내포하고 있다. 그야말로 표준에서 벗어나는 예외적 인간, 유례없는 존재다. 아인슈타인은 천재였지만, 그를 영재라고도 할 수 있을까? 그가 언어와 같은 일부 분야에서 학업부진아였던 만큼, 영재라고 하는 건 모순의 극치다!

— 이 남다른 아이들에 대한 고정관념을 버리고 정확한 이해의 공간을 열어 보이기 위함이다. 매혹적인 만큼이나 단순화된 신화로 이들의 이미지를 훼손해서는 안 된다.

그렇다면 어떤 해결책이 있을까? 아마 가장 간단한 것은, 이 아이들의 남다른 점이 무엇이든 그걸 인정하고, 이 남다름이 아우르는 바를 가능한 한 명확하게 명명하는 것이다. 이름을 붙일 때는 무엇보다 다른 사람들과의 소통에 무리가 없는 단어여야 하고, 그 단어의 개념이 함축하는 바를 우리 모두가 잘 이해한다면 아무 거리낌 없이 이데올로기적 저항감을 넘어설 수 있다.

그럼 오늘날 우리가 어떤 부류의 사람들을 별칭으로 부르듯이, 이 아이들을 '얼룩말'*이라 부르면 어떨까!

교실에는 이미 "당나귀 같은 얼간이"도 있고, "황소 같은 고집불통"도 있으며, "원숭이처럼 약삭빠른 녀석", "참새 같은 수다쟁이", "곰 같은 미련퉁이", 또 반에서 일등을 다투는 "경주마"까지 있다! 그렇다면 "얼룩말 같은 영재"라고 부르지 못할 이유가 있을까.

얼룩말은 유일하게 인간이 길들일 수 없었던 야생동물이 아닌가. 얼룩말의 줄무늬 털은 명암 대비를 통해 제 모습을 더 잘 감추기 위한 위장술이지만, 도리어 그 줄무늬 때문에 별안간 아프리카 대초원의 그 모든 동물들 가운데서 단연 눈부시게 부각되고 마는 운명이 아닌가. 게다가 우리는 흔히 예사롭지 않고 개성적인 사람, 유별난 데가 있는 괴짜를 가리킬 때 "이상한 얼룩말"이라 부르지 않는가.

이 아이는 얼룩말이야, 우리 아들은 얼룩말이지, 그 반에는 얼룩말들이 있어, 등등의 표현이 가능하리라.

초원의 얼룩말이 다른 동물들과 확연히 구분되면서도 대부분의 동물들과 조화롭게 잘 어울려 살아가듯이, 얼룩말이라는 호칭은 이 유별난 아이들의 이미지를 잘 대변해주면서도 애정이 듬뿍 담긴 이름이 아닐까 싶다.

---

*불어에서 얼룩말을 지칭하는 단어 zèbre에는 '이상한 사람, 별난 사람'이라는 의미가 있다.

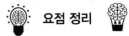

요점 정리

- 지적으로 조숙하다는 것은 일부 학습 분야에서 다른 아이들보다 앞섬을 의미한다.
- 영재라는 것은 남다른 지적 작동과 특이한 인성을 지니고 있음을 의미한다.
- 영재아동은 흔히 언어, 보행, 독서와 같은 일부 분야에서 조숙하지만 항상 그런 것은 아니며, 이 아이의 발달에 관여하는 것은 조숙함이 아니라 지적·정서적 작동의 특성이다.
- 영재아동은 한마디로 "이상한 얼룩말"이다!

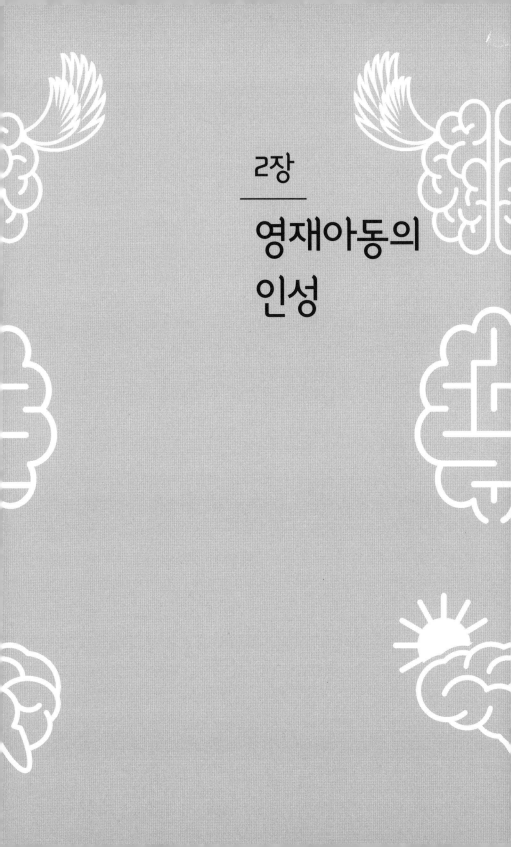

2장
———
영재아동의
인성

영재아동들에게는 확실히 정서심리적 측면에서 공통된 특징이 있다. 그렇다고 이들을 모두 똑같은 아이로 생각해서는 안 된다. 그건 당치도 않다! 다만 이 아이들이 공통적으로 남다른 지능 형태를 지니고 있듯이, 우리가 이들에게서만 찾아볼 수 있는 정서적 특성이 있다는 말이다.

이런 정서적 특성이 바로 원초적 자질, 다시 말해 아이가 자기 고유의 인성을 구축해나갈 토대가 되는 감정 영역의 조직임을 잘 이해해야 한다.

정서적 특징

성격과 교육상의 특징

우리는 태어나면서부터 장차 인성의 토대를 이루게 될 정서적 자질, 유전적 차이를 지니고 있다. 훗날 사람들은 어떤 아이를 두고 이 아이는 늘 외향적이었네, 혹은 감정적이었네, 혹은 감성적이었네, 하고 말하게 되는 것이다. 그다음으로 우리는 성장하는 동안의 집안 환경, 소속된 집단의 사회문화적 환경, 또 살아가면서 맺는 인간관계에 따라 각자 자기 고유의 인성을 형성해나간다. 그러나 삶의 이러저러한 경험들도 개개인의 기본적인 심리 조직에 따라 의미가 달라진다.

우리는 각자 자기 인성에 따라 동일한 상황이라도 다르게 경험하고 다르게 이해하고 다르게 느끼며 다르게 반응한다. 동일한 사건을 경험한 뒤의 결과도 개인에 따라 그 영향력과 중요성이 달라진다.

한 집안에서 같은 부모가 동일한 사회교육적 규범으로 기른 두 아이라도 인성이 뚜렷이 달라지는 경우를 흔히 볼 수 있다. 실제로는 부모 역시 두 자녀에게 각기 똑같은 태도를 취하지 않으며 아이에 따라 대하는 방식을 조정한다. 가령, 대번에 주눅 드는 아이와 맞서서 대드는 아이를 똑같은 방식으로 꾸짖지 않고, 스킨십을 바라는 아이와 아무리 다가가도 피하는 아이에게 똑같은 애정표현을 건네지 않는다. 저돌적인 아이라면 부추기지 않고, 소심하고 내성적인 아이라면 용기를 북돋운다. 요컨대 아이가 부모를 만들고 부모가 아이를 만드는 것이다. 부모가 자녀들을 제각각 똑같이 대한다고 믿는 것은 착각이다! 그리고 부모는 자녀들을 제각각 다르게 사랑한다!

한편 아이는 자신이 처한 상황이 실질적으로 유발하는 정서적 부하(負荷)*에 따라서가 아니라 그 상황에서 자기 자신이 느끼는 바에 따라서 정서적 작동을 실행한다. 예컨대 두 자매가 동일한 사건을 겪었을지라도 그에 대한 기억은 동일하지 않은데, 그 사건을 같은 식으로 인식하지도 같은 식으로 경험하지도 않았기 때문이다.

우리가 경험하는 모든 것은 그 상황에 대한 지극히 개인적인 인식과 실제 사실의 객관성 사이에 이루어지는 미묘한 연금술이다. 이론의 여지 없이 명백한 현실이란 존재하지 않는다. 대신 주관적이고 지극히 개인적인 현실과 현실의 모자이크가 존재할 뿐이다.

영재아동의 경우도 마찬가지다. 이 아이가 가지고 태어난 정서적 특성이 바로 차후의 심리 발달 전반을 고유의 색조로 물들이게 된다.

영재아동이 타고난 정서심리 조직의 주요한 특징은 인성을 구축하게 될

---

*어떠한 자극이 정서적 반응을 일으키는 힘.

감정적 토대의 엄청난 위력이다. 감정 영역은 아이의 내면에 물밀듯 밀어닥치고 범람하면서 지적·정서적 작동의 면면으로 모조리 침투해 들어간다. 우리가 흔히 "지적인 사람"에 대해 품고 있는 상투적 이미지와 달리 영재아동은 아주 과도한 감동성*을 지닌 아이이며, 그것으로부터 자신을 보호하기 위해 수많은 전략과 방어기제를 발동시킨다. 그러므로 이 아이는 넘쳐흐르는 감정성과 거리를 둘 수밖에 없는 상태로 자기 정체성을 구축해나간다. 그 결과 얼핏 탈정서적인 인성으로 보일 수도 있는데, 사실 이 아이가 자신의 인성을 조직화해버린 것은 바로 이 끊임없는 정서적 개입 때문이며 줄기차게 쇄도하는 감정의 물결로부터 자신을 보호하기 위해서다.

과도한 감성

과도한 감성은 모든 영재아동에게서 관찰되는 특징이다. 다만 아이가 어떻게 대처하는가에 따라, 다시 말해 이런 감성을 얼마나 잘 관리하고 조절하는가에 따라 티가 많이 나기도 하고 덜 나기도 한다.

과도한 감성은 주위환경을 섬세하게 지각하는 능력 덕분에 성공의 수단이 되는 동시에 고통과 정서적 상처를 입는 원인이 되기도 한다. 영재아동은 자신을 둘러싼 정서적 환경, 감정적 세계에 매순간 접속해 있어, 끊임없이 쏟아져 들어오는 감각적 정보와 정서적 메시지의 대대적인 공세에 시달린다.

---

*감정의 자극에 반응하기 쉬운 성질.

날카로운 감각적 지각

주위환경에 대한 극단적 감성은 날카로운 감각적 지각에서 비롯된다. 영재아동은 모든 감각이 활짝 깨어 있는 상태로 세상을 느낀다. 매우 우수한 고성능 감각기관을 지닌 것이다.

• 시각

영재아동은 수많은 디테일을 놀랍도록 정확하게 본다. 어떤 장면을 구성하는 오만 가지 요소를 낱낱이 식별할 수 있다. 또 어떤 인물의 생김새나 옷차림의 디테일을 구석구석 빠짐없이 알아볼 수 있고, 이런 디테일을 모두 통합해가며 이 인물에 대한 상세 분석을 한다.

일반적으로 이 아이들은 예리하면서도 꼼꼼히 탐색하는 시선의 소유자들이다. 이런 시선은 때로 사람들을 혼란스럽게 하거나 심지어 불안하게 만든다. 영재아동이 어떤 대상을 세밀하고도 신속하게 탐색하더니 거기서 엄청난 양의 정보와 데이터를 빼내는 모습이 사람들에게는 충격적이다. 우리는 이런 정보를 대부분 포착하지 못하기 때문에, 아이가 왜 이런저런 언급을 하고 이런저런 행동을 취하는지 이해하기 힘들다. 우리에게 그것을 속 시원히 설명해줄 단서라곤 없다.

> 레오(5세)는 지금 아빠와 엄마, 그리고 아빠 친구와 함께 바위 위에 올라 있다. 레오가 아빠 친구에게 말한다. "아저씨, 비치 샌들을 신는 게 좋을 거예요!" "왜?" 하고 그가 놀라며 묻는다. 다들 맨발로 있으니 말이다. 그러자 레오가 이렇게 설명한다. "지난번처럼 발을 다칠 수 있으니까요." 실제로 이 사람은 삼 년 전 이곳에서 바위에 부딪쳐 발톱 하나가 빠진 적이 있었다. 당시 레오는 겨우 두 살이었지만, 레오만이 그 일을 기억하고

서 염려하고 있었던 것이다!

• 청각

영재아동의 귀에는 아주 광범위한 주파수대역의 소리들이 들린다. 이 아이는 여러 음원에 동시에 귀를 기울일 수도 있다. 또한 다중의 음원으로부터 서로 다른 정보를 동시에 탐지해내기도 한다.

영재아동은 텔레비전 소리를 들으면서 동시에 거리에 구급차가 지나가는 이유를 궁금해하고, 가족 중 누군가의 전화 통화를 엿들으면서 부모 사이에 오가는 대화의 흐름도 주의 깊게 따라갈 수 있다. 물론 이와 동시에, 아래층 집에서 평소와 다르게 들려오는 가냘픈 소음도 감지할 뿐더러 거실 건너편 자기 방에 여전히 켜져 있는 라디오를 꺼야겠다는 생각도 할 것이다. 그리고 만일 이 아이에게 이렇듯 중첩되어 들려오는 음향 정보의 내용을 이것저것 물어보면, 아이는 아마 아주 사소한 것 하나 빠뜨리지 않고 전부 얘기해줄 것이다.

• 후각

영재아동의 후각은 많은 냄새를 구별할 수 있다. 후각은 인간이 주위환경을 이해하고 분석하는 데 있어 가장 덜 사용하는 감각이다. 단순하고 본능적인 감각이라 여겨지기에, 시각과 청각처럼 더 정교하고 신뢰할 만한 감각으로 간주되는 기관들보다 뒷전으로 밀려난 탓이다.

그런데 영재아동만은 주위환경을 지각하는 후각 능력을 고스란히 유지하고 있는 것 같다. 이 아이는 인간이 '선험적으로' 거의 감지하기 힘든 냄새를 감지할 수 있을 뿐 아니라 그것에 의미를 부여할 수도 있다. 사실 후각의 가장 큰 특성 중 하나는, 우리가 어떤 냄새에 대해 뭐라고 명명하기가 상당히 어렵다는 것이다. 과거에 맡아본 적이 있는 냄새라는 건 알지만, 그 냄새를 기억해내고 이름을 대는 것은 매우 힘든 일이다.

위고(2세)는 욕실에서 노는 중이다. 거실 저 건너편에서 엄마가 오이 샐러드를 만들고 있다. 오이는 그리 특별한 냄새가 없는 채소로 여겨진다. 그러나 엄마가 욕실로 들어오자 위고는 이렇게 소리친다. "이야! 엄마, 점심에 먹으려고 오이 샐러드 만들었구나. 엄마 최고!"

쥘리에트(2세 반)는 카펫 위에서 노는 중이다. 이 아이는 각각 색깔이 다른 작은 단지 몇 개를 앞에 놓고 가게 놀이를 하고 있다. 보통 이럴 때 아이들은 단지의 색깔을 보고 안에 이런저런 식품이 담겨 있다고 상상할 텐데, 쥘리에트는 단지의 냄새를 맡는다. 색깔은 아랑곳하지 않고 냄새를 맡아서 그 안에 무엇이 담긴 걸로 할까 헤아린다.

마르크(4세)는 엘리베이터에 올라타자 아빠에게 대부(代父)가 집에 와 있느냐고 묻는다. 아빠의 깜짝 놀란 의문의 눈빛에 마르크가 이렇게 답한다. "엘리베이터 안에서 아저씨 향수 냄새가 나는걸!"

• 미각

영재아동은 아주 비슷한 맛들을 구별할 수 있고 맛을 즐길 줄 안다. 미각과 후각은 긴밀히 연결되어 있으므로, 이 아이의 미각 능력과 후각 능력은 같은 수준이다. 이 아이는 보통 아이들이 잘 먹지 않는 음식도 즐길 줄 아는 미식가다. 또 풍미가 진하고 강한 맛도 좋아한다. 물론 영재아동이

라고 해서 다 미식가는 아니지만, 어릴 때부터 다양한 맛의 세계로 이끌어
주면 대부분 미식가의 자질을 보인다.

• 촉각

마지막으로, 영재아동의 촉각 반응도는 매우 높다. 이 아이는 신체 접촉
을 좋아하는데, 이것은 타인들과 소통하는 중요한 비언어적 수단이다. 타
인을 만지고 사물을 만지는 행위는 영재아동이 세상을 이해하는 데 있어
보완적 정보를 얻는 원천이기도 하다. 신체 접촉에 대한 이들의 욕구는 매
우 강하며, 정서적 안정에 꼭 필요한 요소이다.

가정에서 할 수 있는 간단한 지각 테스트

이렇듯 영재아동이 오감 전반에 걸쳐 타고난 놀라운 지각은 일상에서
쉽게 할 수 있는 간단한 테스트를 통해 확인해볼 수 있다.

- **이미지**: 아이에게 디테일이 아주 복잡한 사진 한 장을 보여주자. 이 사
  진을 일 분 동안 관찰한 뒤 내려놓으라고 하자. 그런 다음 사진에서
  본 물건이든 요소든 최대한 많이 열거해보라고 하자.
- **소리**: 아이와 함께 이삼 분가량 눈을 감고 주변의 소리에 정신을 집중
  하자. 그런 다음 아이에게 무슨 소리를 들었는지 물어보고 당신이
  들은 것과 비교해보자.
- **냄새**: 눈을 감고서 음식, 식물, 물건 등에서 풍기는 일상의 냄새들을 하
  나하나 식별하려고 해보자. 각자 알아낸 것들을 서로 비교해보자.
- **촉감**: 이것은 눈을 감고, 친숙한 것이든 생소한 것이든 어떤 물건을 만
  져 그것이 뭔지 알아맞히는 재미난 놀이다. 으레 영재아동은 덜 만져
  보고도 어떤 물건인지 알아맞힌다.

모든 것을, 항상, 강렬하게 느낀다

이렇듯 감각이 격화된 상태, 우리는 그것을 '감각 과민'이라 부르는데, 이는 세계를 바라보는 영재아동의 인식을 엄청나게 확장시키고 감성을 한껏 고조시킨다. 이 아이는 우리 대부분이 감지하지 못하는 많은 것들을 양적으로, 또 질적으로, 강렬하게 느낀다.

게다가 감각적 정보는 매우 신속하게 처리된다. 이 정보는 영재아동의 두뇌에 남들보다 훨씬 더 빨리 도달하고, 엄청난 양의 감각 데이터가 엄청나게 짧은 시간 내에 처리된다.

그로 인해 아이의 감정 또한 격화된다. 영재아동은 주위환경의 아주 미세한 변화에도 반응한다. 그것도 때로 지나치다 싶을 만큼 강렬하게 반응한다. 아주 사소한 디테일까지 보고, 아주 작은 소리까지 듣고, 순식간에 사라지는 냄새도 맡으며, 아무리 미미한 온도 변화라도 감지할 수 있다. 이런 감각 능력 덕분에 영재아동은 남들보다 훨씬 더 빨리, 혹은 남들은 아무도 그 미세한 감각을 느끼지 못하는 사이, 쉽게 감정이 촉발된다.

따라서 아이는 아무도 그토록 경미한 위험을 감지하지 못하는데 저 혼자 불안해하고, 아무도 동요하지 않는 상황에서 저 혼자 흥분할 수 있다. 그러나 사실 이 아이는 늘 감각 과민 때문에 단지 남들보다 조금 더 두려움을 느끼거나 조금 더 흥분할 수가 있는 것이다. 그런데 주위 사람들은 흔히 이 같은 감정적 흥분을 과장되고 터무니없는 것으로 생각해서 때로는 이를 배격하고 비난하고 꾸짖기까지 한다. 감상벽이 심하다며 아이를 곧잘 야단치게 되는 것이다!

올리비에(5세)는 어느 날 저녁 뜬금없이 울기 시작한다. 엄마가 왜 우느
냐고 묻자 이렇게 대답한다. "폴 할아버지가 생각나서요." 그날이 바로

돌아가신 할아버지의 일주기 되는 날이었다! 그러나 가족 중에 그 사실을 아이에게 일러준 사람은 아무도 없었다.

영재아동의 감정은 절대적이며 유달리 강력하다. 사랑할 때는 전적으로, 절대적으로, 조금의 흔들림도 없이 사랑한다. 자신의 전 존재를 사랑에 내던진다. 이렇게 자신의 전부를 투자한 그 대상을 보호하기 위해서라면 물불 가리지 않고 무슨 일이든 감행할 준비와 각오가 되어 있다.

그러나 자신을 실망시킨 사람에 대한 증오감 또한 강렬하다. 자신에게 상처 준 사람에 대해서는 더하다. 영재아동은 상처가 아주 오래가는 편인데, 타인이 보인 공격성이나 악의의 이유를 굳이 납득하려고 애를 쓰는 만큼 상처는 더더욱 쉬이 아물지 않는다. 대개의 경우, 이런 상황이 아이에게는 몹시 어처구니없게 느껴져 결국 아이 자신이 역으로 공격성을 품게 된다. 때로는 아이 스스로 제어하기 힘들 정도의 공격성을 보이는데, 이것이 우리가 보기에 지나치다 싶고 이해하기도 힘든 과격한 행동의 원인일 수 있다.

이렇듯 강렬한 정서적 위력이 타인들과의 관계를 매우 특이한 색조로 물들인다.

그 결과 아이 자신도 고통스럽고 주위 사람들도 감당하기 힘든, 극도로 과민하고 격한 성격이 형성된다. 아이는 모든 것에 타격을 받고 모든 것에 빈번히 상처를 입는다. 아무리 가볍고 사소한 지적이라도 큰 충격을 줄 수 있으니 주의하자! 그런 지적이 자칫하면 아이가 힘들게 억누르고 있는 감정을 폭발시킬지도 모른다. 이런 감정적 재앙을 사람들은 이해하기도, 진정시키기도 힘들 것이다.

아이의 충동적인 반응은 격렬하고 폭발적일 수 있다. 요란하고 걷잡을 수 없는 분노다.

그러나 이 아이가 모든 것을 얼마나 강렬하게 느끼는지 우리가 잘 이해했다면, 어찌 이 과민한 성격을 이해하지 못하겠는가.

> 한 엄마가 상담실로 찾아와, 여덟 살짜리 딸아이가 걸핏하면 어찌나 갑작스럽게 화를 내는지 영문을 모르겠다고 토로한다. "느닷없이 또 발끈할까 봐 이젠 늘 조마조마해요. 애가 왜 그러는지 도무지 알 수가 없어요. 애가 폭발할까 봐 얘기하는 것도 피하게 돼요. 지금은 서로 거의 말을 하지 않아요. 우리 둘 다 고통스럽고, 정말이지 힘듭니다."

정의감

영재아동은 정의에도 특별히 민감하다. 이 아이는 주위환경을 예리하게 지각하기에 남들은 잘 감지하지 못하는 상황을 포착하게 되고, 그것을 분석함으로써 아주 사소한 불의까지도 인식하기에 이른다. '진실'에 대한 추구가 절대적 필연성이 되는 것이다.

> 마리(7세)가 선생님 일에 참견한다. "선생님, 떠든 건 알렉스가 아니라 쥘리앵이에요!" 선생님은 마리가 관여할 일이 아니니 끼어들지 말라고 주의를 준다. 그러나 아이는 굽히지 않는다. "선생님이 혼동하신 거예요. 쟤들 둘은 목소리가 비슷하거든요." 선생님은 곧 마리의 부모님을 학교로 불러 아이의 무례함에 대해 싫은 소리를 할 것이다.

영재아동은 정의감 때문에 종종 힘든 상황에 처한다. 그렇다고 이 아이가 매번 이런 상황의 직접적인 원인은 아니다.

영재아동에게 진실이란 자신의 사고 능력 및 정서적 작동과 불가분의 관계에 있는 요소이다.

두려움: 외적 두려움과 내적 두려움

영재아동은 빈번히 두려움을 느끼는 아이다. 이 아이가 늘 달고 사는 감수성과 감정 활동이 각양각색의 두려움, 때로는 강렬한 두려움을 유발한다. 이 같은 두려움은 외적인 위험이나 내적인 위험에 대한 지각일 수 있다.

• **외적인 두려움**은 늘 호시탐탐 주위를 살피는 감각들과 관련이 있다. 이 감각들은 우려할 만한 신호라면 아주 미미한 것까지 모조리 포착해내는 고성능 레이더와 같다. 영재아동은 주변에서 일어나는 모든 일에 언제나 철통같은 경계 태세를 취하고 있다. 외부 세계에는 늘 잠재적 위험이 도사리고 있기에 아이는 좀처럼 마음의 평정을 찾지 못하고, 에너지의 대부분을 계속 주변을 살피고 망을 보는 데 써버린다. 아이는 좀처럼 방심하지 않고, 거의 언제나 자기 자신만을 신뢰한다.

• **내적인 두려움**은 더 깊고, 더 시원적(始原的)이며, 더 우려할 만한 것이다. 이 두려움은 아이가 세상에 태어나면서부터 겪어온 모든 감각적 경험으로부터 생겨난다. 존재의 가장 내밀한 곳에 각인된 이 두려움은 아이의 극단적 감성이 부여한 위력과 격렬함을 품고 있다. 이 두려움은 알맹이가 다 빠진 단순한 감정의 흔적인 것도 있고, 세월이 흘러도 그 투명함과 선명함을 오롯이 유지하는 삶의 편린인 것도 있다.

영재아동에게 유년의 기억은 늘 아득한 과거까지 거슬러 올라간다. 이 아이는 오래전 아기였을 때와 어린아이였을 때, 다시 말해 유아기 때의 일을 기억할 수 있는데, 이는 매우 보기 드문 기억력이다. 이 아이는 대체로 그 시절의 경험들을 정확히 기억하고 있으며, 특히 그 경험들의 감정적 부하*와 정서적 무게를 고스란히 간직하고 있다.

이렇게 해서 영재아동의 내면세계는 온갖 지각과 감각과 감정 들이 서로 교차되고 뒤섞이고 중첩된 얼룩덜룩한 모자이크로 메워져 있다. 아이가 살아가면서 만나는 새로운 경험들은 각각 내면의 이런 감정적 들끓음과 공명하면서 겪어지고 측정되고 느껴지게 된다.

영재아동은 이렇듯 내면 깊은 곳에 자리한 불안이 밖으로 분출될까 봐 두려워하며 살아간다. 이런 불안은 아이가 세상에 적응하는 데 곤란을 겪게 할 수도 있다. 영재아동은 자신이 어떤 경험을 하느냐에 따라 별안간 자신의 내밀한 두려움 중 하나가 밖으로 훅 솟구쳐 올라 자신을 불안에 빠트릴 수 있음을 잘 알기 때문에, 이런 내면의 감정 세계가 지닌 위력을 두려워한다.

늑대가 무서워요!

놀랍게도 영재아동은 우리가 보기에 정말 말도 안 되는 두려움을 느끼기도 한다. 지칠 줄 모르는 호기심으로 세상의 움직임을 탐구하고 가차 없는 논리로 추론을 펼치는 아이가 늑대나 마귀할멈을 무서워하고 잠잘 때도 불을 켜놔야 한다니, 상상하기 힘든 일이다! 그러나 어둠이나 유치한 "괴물들"에 대한 공포는 영재아동들에게서 자주 관찰된다. 게다가 이런 공포는 다른 아이들 대부분이 소아기의 공포를 극복한 나이에도 그대로 지속되는 경우가 많다. 이로써 우리는 지적 분석력·이해력이 불합리한 공포를 누그러뜨리는 데 전혀 도움이 되지 못하고, 지능이 절대적으로 강력한 무기가 아님을 알 수 있다.

---

*어떠한 자극이 감정적 반응을 일으키는 힘.

"어렸을 때 말이에요." 어느 십대 영재 소녀가 지금도 밤에 불을 켜놓고 잔다고 고백하면서 이렇게 과거를 회상한다. "밤에 침대에 누워 있으면 다시 일어날 수가 없었어요. 침대 밑에 악어들이 웅크리고 있다가, 내가 바닥에 내려서는 순간 이 두 발을 덥석 물어 삼켜버릴 것만 같았거든요. 물론 이게 말도 안 된다는 건 알았지만, 그래도 이 공포에서 벗어날 수가 없는 거예요! 그래서 이 공포가 얼마나 터무니없는지 비웃어주자고, 한때 제법 많은 시간을 투자해 악어의 생태를 조사해보기도 했어요. 그래도 아무 소용이 없었죠! 어떤 날 밤에는 이 공포가 너무 극심했지만, 그렇다고 부모님한테 털어놓을 수도 없었어요. 절 우스꽝스럽고 바보 같은 아이라 생각하실까 봐요."

 요점 정리

- 영재아동의 감정적 작동은 매우 격렬하고 매우 풍요롭다. 감정은 끊임없이 들끓고, 이 들끓는 감정이 물밀듯 범람하며 인성 전반을 침범한다.
- 영재아동에게 감정은 언제 어디서나 존재한다. 정서적 개입은 지적 작동에서도 찾아볼 수 있다. 이런 감정 과잉 내지 감정적 과부하는, 부분적으로는 영재아동의 과도한 감성과 감각 과민, 즉 감각 전체의 고도 발달이 원인이다.
- 영재아동은 감정을 흡수하는 강력한 스펀지다.
- 영재아동은 민감한 감성으로 인해 즉각적인 반응을 보이는 아이다.
- 영재아동은 극도로 예민한 아이다. 감정의 보호막이 없어, 아무리 미미한 감정적 분출이라도 전부 지각하고 그것에 반응한다.
- 영재아동은 늘 외부 세계의 위험 징후에 대비해 경계 태세로 살아간다.

과도한 감성은 영재아동의 정서 발달에 어떤 영향을 미칠까?

• 감정적 측면의 취약함

극단적 감성은 자기의 주변에서 일어나는 모든 일을 대단히 섬세하고 더 없이 예리하게 느끼게 만든다. 그리고 이런 감각 과민이 아이를 더 상처받기 쉽게 만든다.

• 빈번히 찾아오는 극심한 외로움

만일 내게 강렬한 기쁨을 안겨주는 어떤 섬세한 것들이 다른 사람들에게는 보이지도 들리지도 않는다면, 이를 어떻게 이해해야 할까? 내가 어떤 사건과 마주했을 때 느끼는 기쁨이나 공포가 다른 사람들과는 공유되지 못하고 또 애초에 공유될 수도 없는 것이라면 이를 어떻게 이해해야 할까?

다른 사람들은 아무것도 느끼지 못하는데 나 혼자만 느낄 때, 어떻게 내가 이상하거나 미친 게 아니라고 생각할 수 있을까? 영재아동에게는 자기에 대한 의혹이 이런저런 삶의 경험을 할 때마다 줄기차게 따라붙는다.

• 섬세하고 여린 아이

감정 세계의 격렬함과 강력함, 그리고 풍요로움이 정서적 감수성을 고조시킨다. 영재아동은 한마디로 섬세하고 여린 아이다.

감정이입, 제6의 감각

이 용어는 심리학 분야에서 자주 사용되는 말인데, 타인의 감정 상태를 느낄 수 있는 능력, 다시 말해 타인이 느끼는 것을 이해하고 공유할 수 있는 실질적인 가능성을 뜻한다.

감정이입은 타인에게 적응하고 타인과 진정으로 소통하게 해준다. 감정이입은 다른 누군가에 대해 느끼는 긍정적 감정인 공감과는 구별된다.

영재아동에게는 이러한 감정이입 능력이 있다. 이 아이는 타인의 감정 상태를 대단히 섬세하게 느끼고 그것에 본능적으로 반응한다. 타인이 느끼는 아주 미세한 감정까지도 지각한다. 심지어는 그 사람이 아직 실제로 의식하지 못하는 감정, 혹은 밀어내거나 느끼길 원치 않는 감정까지 포착하는 경우도 있다.

타인에 대한 이 아이의 감정적 지각은 본능적이다. 거의 동물들의 지각과 견줄 만하다. 실제로 개는 인간이 느끼는 두려움을 감지하고 이 두려움을 향해 공격적인 반응을 보이곤 한다. 또 어떤 동물은 폭풍이 다가오고 있음을 암시하는 행동을 취한다. 마찬가지로 영재아동은 아직 언쟁의 기미조차 보이지 않는데도 두 사람 사이에 갈등이 일어나려 하고 있음을 안다. 그래서 아이는 자신이 예감하는 일에 반응을 보이지만, 정작 아무도 이 반응의 의미를 이해하지 못할 때가 있다.

오늘 오전, 학교에서 마농은 어쩐지 조용히 앉아 있다. 선생님이 슬퍼하고 있음을 느낀 것이다. 다른 학생들에게는 여느 날과 다름없는 날이다.

프랑수아의 아빠가 퇴근해서 돌아와 식구들과 포옹인사를 나눈다. 이윽고 저녁 식사가 이어지는 가운데 평소처럼 아빠가 이런저런 일상적인 얘기들을 늘어놓는다. 그러나 프랑수아는 마음이 편치 않다. 오늘 아빠의 하루는 힘들었으며 심각한 문제가 있음을 알아차렸기 때문이다. 아빠가 말하지 않아도 프랑수아는 그걸 알고, 그래서 아빠 일로 묵묵히 괴로워하고 있다. 앞으로도 엄마와 형제자매들은 아무런 낌새도 채지 못할 텐데, 프랑수아 혼자 이런 감정들을 겪을 것이다.

감정이입은 언제나 자기편일까?

감정이입은 영재아동들에게서 두드러지게 나타나는 특징으로, 타인에 대한 이해와 친밀한 소통을 가능케 하는 놀라운 자질이다. 그러나 매일 일상적으로 겪기에는 때로 힘든 여러 가지 역효과도 있다.

영재아동은 끊임없이 과도한 감정적 경계 상태에 있으므로, 타인에게서 아주 미세한 감정 변화라도 보이면 보이는 대로 모두 흡수한다. 이 아이에게 타인들과의 감정적 관계에서 무관심이란 있을 수 없다. 그러나 사실, 타인의 감정을 일일이 파악하는 대신 자신의 감정에 중심을 맞추고 살면 훨씬 더 편하다. 자신의 영역에 선을 긋고 주위 사람들이 느끼는 것에 '접속'하지 않으려면 어느 정도의 이기주의가 필요한 법이다.

이 아이의 심리 조직에 가장 심각한 영향을 미치는 것 중 하나가 '불안의 예감', 즉 어떤 상황이 발생하기 전에 느끼는 불안감이다.

"이제 신물이 나! 더는 못 참아!" 이 년 전부터 마티외 부모님의 갈등이 심해졌다. 주기적으로 두 사람 사이에 고성이 오가고 말투에 은근슬쩍 가시가 돋친다.

마티외는 이제 몸도 마음도 지쳤다. 부모님이 눈앞에 있으면 두 사람이 곧 다투리라는 예감이 들고, 두 사람 사이에 적대감이 스멀거리는 것이, 그 적대감이 분출되기 훨씬 전인데도 느껴지기 때문이다. 그래서 마티외는 자신이 할 수 있는 온갖 전략을 시도한다. 엄마나 아빠의 주의를 자신에게로 돌리고, 분위기를 전환시킬 화젯거리를 내놓고, 일부러 야단맞을 만한 바보짓을 하는 등, 이렇게 해서 부모님의 공격성이 다른 식으로 표출되도록 하는 것이다. 그러나 마티외는 한시도 부모님 곁에서 마음 편히 있을 수 없다. 매순간 부모님을 경계하고 감시하며, 두 사람 사이에 긴장이 느껴지자마자 끼어들어야 하는 탓이다. 현재 마티외는 우울증 증세를 보인다. 반면에 형은 마티외가 부모님 문제를 얘기해도 사태의 심각성을 헤아리지 못하는 듯하고, 이 일 때문에 속상해하지도 않는 것 같다.

불안의 예감은, 늘 감정 수위가 높고 늘 감각이 깨어 있는 영재아동을 감정적으로 약화시킨다.

감정이입 능력은 영재들이 페로몬*을 지각하는 능력과 연관되어 있을 가능성이 높다. 페르몬은 우리 몸에서 분비되는, 냄새를 가진 호르몬으로, 우리의 몸 상태와 감정 상태에 관한 정보를 담고 있다. 우리는 페로몬을 의식적으로 지각하지 않고, 우리 모두가 똑같은 강도로 지각하지도 않는다. 그러므로 영재아동들의 고도로 발달된 후각 능력이, 타인의 감정을 지각하는 이들의 보기 드문 능력을 설명해줄 개연성 있는 가설이지

---

* 동물이 체외로 분비하여 동료에게 어떤 행동을 일으키게 하는 물질. 위험을 알리는 경보 페로몬, 이성을 유인하는 성페로몬 등이 있다.

않을까 한다.

— 잔 시오파생, 「정신생리학적 관점에서 본 후각의 위치」

DEA(박사준비심화과정) 논문, 파리 10대학, 1994

통찰력

늘 호시탐탐 주위를 살피는 극도의 날카로운 감각과 고도의 지적 능력, 인간 만사에 대한 높은 이해력을 타고난 아이, 영재아동은 세상을 향해 명료하고 가차 없는 시선을 던진다.

• 늘 최대한도로 발휘되는 통찰력은 영재아동이 지속적으로 느끼는 막연한 불안의 원인이고, 이 불안이 아이의 심리 조직을 상당히 약화시킨다.

• 통찰력은 어떤 형태의 '포기'나 '단념'도 가로막는다. 그래서 아이는 주위환경의 감정적 지배와 또 그것에 반드시 의미를 부여해야만 하는 자신의 욕구에서 결국 벗어날 수가 없다. 아이는 늘 경계하고 살핀다. 감정적 측면의 과도한 경계 태세는 만사에 대한 끊임없는 분석과 결합하여, 아이의 풍부한 정신적 잠재력을 차츰차츰 고갈시킨다.

• 주위 사람들에 대한 통찰력은 근심 걱정을 야기한다. 영재아동은 타인들의 연약함을 지각하고 그들의 고통과 약점을 감지한다. 그러나 어릴 때는 이와 반대로, 어른이란 강건한 존재이며 나를 보호하고 나의 근심을 달래주고 나의 고통을 덜어줄 수 있는 존재라고 느낄 필요가 있다. 그런데 정신적으로 강한 줄 알았던 이 어른들이, 실제로 연약한 인간들이긴 하나 때로는 그보다 더 연약한 인간들임을 아이가 알아차린다면, 어떻게 평온한 상태로 성장해갈 수 있겠는가. 어른들의 두려움이 느껴지는데, 어떻게

그들에게서 안도감을 얻을 수 있겠는가. 연약함이 노출된 존재를 어떻게 믿고 의지할 수 있겠는가.

반면에 영재아동은 강건함이 느껴지고 약점도 극복할 수 있는 힘이 느껴지는 어른에게는 무한한 사랑과 열정을 품는다. 이 아이에게는 바로 이런 어른이 진정한 영웅이다.

 요점 정리

영재아동에게는 성장 과정 전반을 특유의 색조로 물들일 정서적 특징들이 있고, 이 특징들을 토대로 아이는 정체성을 구축해나간다. 다음은 기본 요소들이다.

· 감정적 측면의 과도한 감성

영재아동의 모든 감각은 극도로 민감하고(감각 과민증), 주변에서 일어나는 모든 일을 놀랍도록 예리하게 지각한다. 그리하여 주위환경으로부터 쏟아져 들어오는 감각적 정보의 '대대적인 공세'에 끊임없이 시달린다.

— 감정을 흡수하는 스펀지

— 감정적 섬세함과 취약함

— 상당히 과민하고 격한 성격

· 감정이입

영재아동은 타인의 감정 상태를 대단히 섬세하게 느낀다. 다른 사람들은 낌새도 채지 못하는 감정들을, 때로는 당사자가 의식하기도 전에 지각한다.

— 타인을 이해하고 타인과 소통하는 섬세한 능력

— 불안의 예감

· 통찰력

과도한 감정적 감수성과 지적인 명석함의 결합으로, 영재아동은 주위환경
에 대해 날카로운 통찰력을 발휘한다.

— 세상에 대한 예리하고 깊은 이해

— 과도한 감정적 경계 태세

— 끊임없는 긴장, '포기'와 '단념'의 불가능

영재아동이 지닌 정서적 작동의 특성은 심리 발달에 있어 강점인 동시에
약점이다. 이와 같은 특징들은 모든 영재아동에게 공통된 것으로서, 영재
진단의 요소로 쓰인다. 정서적 특이성은 지적 특이성만큼이나 영재아동의
인성에 큰 영향을 미친다.

영재아동은
어떻게
정체성을
구축하는가

자신의 정체성, 즉 '자기'를 구축하는 일은 기본적인 심리 과정의 하나로, 이는 우리의 인성 전체를, 그리고 어쩌면 우리의 삶 전체를 떠받치게 되는 초석이다.

우리는 각자 고유의 원초적 기질, 정서적 자질을 안고 태어나며, 주위환경과 접촉하는 과정에서 각자 다르게 반응하고 다르게 작동한다. 이것이 바로 정신역동의 과정, 즉 심리 발달의 능동적 요인이요 정체성을 구축하는 기본 메커니즘이다. 이 과정은 우리가 살아가면서 어떤 상황에 처하고 누구를 혹은 무엇을 만나느냐에 따라 달라진다. 이 과정은 심리 발달에 꼭 필요한 긍정적인 면들을 갖고 있지만, 어떤 조건하에서는 부정적인, 심지어는 병리적인 문제가 될 수 있다.

그러나 긍정적인 면에서건 부정적인 면에서건, 정신역동적 과정은 우리가 애초에 타고난 정서적 인성에 따라 다르게 실행된다.

따라서 영재아동의 경우에는 이 아이의 특이한 정서적 특징들이 바로 정신역동적 과정이 실행되는 토대가 된다. 감정적 취약성이 정체성 발달에 배어들고, 감정의 강렬함이 인생행로를 수놓게 되는 것이다.

자기상(自己像)의 구축

'자기', 자기상, 자기표상, 자존감 등은 오늘날 심리학에서 자주 거론되는 주요 개념들이다. 자기로 존재하고, 자기 자신이 되고, 자신을 받아들이는 문제는 인간에게 매우 중요한 본질적 관심 영역이다.

본래의 너 자신이 되라, 는 니체의 명언처럼.

'자기'란 무엇인가?

자기, 그토록 빈번히 회자되고 우리 모두에게 그토록 중요한 이것을 과연 어떻게 정의할 수 있을까?

'자기'는 경험되고 체험되는 그 어떤 것이다. 그것은 추상적인 여건도, 이론적인 구조물도 아니다. '자기'는 우리 정체성의 구체적 핵심이요, 우리 존재의 토대이다.

정체성은 크게 다음과 같은 세 단계로 구축된다.

- '자기'의 출현, 자기감(自己感)
- 자기상의 구축
- 자존감의 발달

그렇다면 정체성이란 무엇인가? 그것은 늘 일관되면서도 다를 수 있는

가능성이다. 다시 말해 안정되고 동일한 중심을 지니고 있으면서도, 동시에, 변화와 진화를 통해 세상사에 적응해가고 발달의 여러 단계를 거치며 성숙해갈 수 있는 가능성을 의미한다.

> 정체성은 늘 동일하면서도 다르게 존재하는 것이다.

자의식의 출현

젖먹이 아기는 처음에는 온전한 자의식을 갖지 못한다. 아기가 느끼는 것은 자기의 일부에 대한 감각이고, 이 감각은 다양한 감각적 경험을 할 때마다 서로 단절되어 있다. 예를 들어 아기가 젖을 빨 때는 입 주위에 한정된 촉각적·후각적·미각적 감각을 느낄 뿐이며, 쾌감을 주는 젖가슴이나 젖병은 자기 입의 연장(延長)이다. 외부의 대상이 자기 몸의 감각 속에 융합되는 것이다. 아기는 자기 몸과 자신이 접촉하고 있는 엄마의 몸을 구별하지 못한다. 두 몸은 그저 하나다.

그러다 차츰차츰 자기의 여러 부분들이 한데 모이면서 처음으로 자의식이 출현한다. 아기는 점차 '나인 것'과 '나 아닌 것' 사이의 경계를 인식하기 시작한다. 이것이 통일된 총체적 자의식의 첫 출현이다.

이와 동시에 아기와 감정적으로 상호작용하는 엄마의 시선 속에서 '자기'의 전적인 출현이 이루어진다. 엄마의 시선, 엄마의 몸짓, 엄마의 얼굴 표정, 엄마의 목소리, 그리고 엄마가 아기에게 보내는—그럼으로써 점진적으로 아기에게 존재한다는 의식을 부여하는— 감정적 메시지 속에 '자기'가 비쳐 보이기 때문이다. 엄마는 아기를 비추는 최초의 거울이다.

이상이 '자기' 출현의 주요 국면들이다. 이로써 아기는 '자기'의 혼란스러운 감각으로부터 출발하여 마침내 타인들과 분리된 존재 의식을 가지기에 이른다.

자기상 및 자기표상의 구축

자기상을 갖는다는 것은 자신이 어떤 사람인지, 자신이 어떤 사람이라고 느끼는지, 그 이미지를 스스로 떠올리고 구축할 수 있는 것이다.

자기상은 자기에 대한 감정, 외부세계의 기대, 그리고 자신의 이상적인 모습, 그 사이의 대결에서 빚어지는 산물이다. 내가 나에 대해 느끼는 바를 외부세계는 어떻게 바라보는가? 그것은 내가 나 자신에 대해 갖는 이미지와 일치하는가? 또 내가 바라는 내 모습, 즉 나 자신에 대한 이상과도 일치하는가?

자기상은 타인들과의 대결에서도 구축된다. 내가 남들과 같다고 느끼게 만드는 것은 무엇인가? 또 무엇이 내가 남들과 다름을 나타내주는가?

요컨대 자기상 구축의 기본적인 차원은 우선은 가정에서, 그다음에는 사회적 환경, 특히 학교에서 타인들이 나를 보는 시선, 타인들이 내게 보내는 정체성 관련 메시지들과 관계있다.

**아이에게 보내는 메시지에 주의하자.
이런 메시지들이 아이의 정체성을 정립한다!**

우리는 살아가는 내내 정체성 관련 메시지들을 수신한다. 그런데 유아기 때는 이런 메시지들의 성격이 자기상 구축에 결정적인 역할을 한다.

• 아이에게 말을 할 때는 대단히 주의해야 한다. 어른으로서 우리는

우리가 아이에게 던지는 메시지의 영향력이 얼마나 큰지 때로 인식하지 못하곤 한다. 어른의 머리로는 우리의 메시지가 아이의 존재 전체를 겨냥하는 것이 아님을 잘 알고 있다. 예를 들어 부모가 자녀에게 "넌 나쁜 녀석이야"라고 말할 때, 이것은 어떤 상황이나 아이의 특정 행동에 대해 불만을 표현한 것이다. 그러나 아이는 이 말을 자기를 규정하는 포괄적인 정체성 관련 메시지로 알아듣는다. 다시 말해 '나쁜 녀석'은 총체적인 자신이라고 이해하는 것이다. 아이는 이 정보를 자기 자신에 대한 실제 모습으로, 자기 자신에 대한 아주 부정적인 이미지로 저장한다.

• 아이에게는 반드시, 가능한 한 자주 긍정적인 메시지들을 보내야 한다. 일상에서 아이가 적절치 않은 행동을 보일 때 우리는 그것을 쉽게 지적하고 나무라고 벌주는 경향이 있다. 그러나 아이의 긍정적인 태도나 기분 좋은 행동에 대해서는 얼마나 주목하고 얼마나 가치 부여를 해주는가? 이상하게도, 이런 태도나 행동은 당연하게 여긴다! 딱히 해줄 말이 없다! 그러나 이런 태도나 행동은 아이 자신에 대한 긍정적인 메시지들로 필히 강조하고 칭찬해주어야 한다! 그런데 현실은 어떤가? 밥 먹으러 오라고 불러서 곧장 오지 않으면 단박에 꾸짖고, 부르자마자 올 때는 좀체 칭찬해줄 생각을 하지 않는다. 어떤 물건을 사달라고 떼를 쓰면 화를 내고, 떼를 쓰지 않아도 특별히 칭찬하지 않는다. 이러한 예는 비일비재하다.

칭찬을 해주면 아이가 "건방져진다"는, 전혀 근거 없는 허황된 생각이 아직도 교육 현실에 단단히 들러붙어 있는 걸 보면 놀라울 따름이다.

아이는 자신의 가치를 인정해주는 메시지를 많이 받을수록 자기 자신에 대해 더 안정적이고 확고한 이미지를 구축하게 되며, 더 침착하고 차분하게 세상과 대결할 수 있게 된다. 게다가 자신의 존재감을 느끼기 위해 타인들과 싸울 필요가 없으니 지극히 겸허한 태도로 세상과 맞설 수 있다!

자존감: '자기'에 대한 최종 귀결

• 자존감은 긍정적이건 부정적이건 자기 자신에 대한 판단의 결과이다. 나는 내가 존재함을 의식하고 있고 나 자신에 대해 어떤 이미지(자기상)를 갖고 있는데, 그렇다면 나는 이 이미지를 어떻게 생각하는가? 나는 이 이미지에 어떤 가치를 부여하는가?

• 자존감은 자기 자신에 대한 평가이되, 실제 자신의 모습(실제 자기)과 일치하는 것은 아니다. 자존감은 '나의 이상적인 모습'(이상적 자기)에 따라 구축된, 일종의 개인적인 가치 척도의 한 형태이다. 예컨대 출중한 외모가 아닌데도 스스로 잘 생겼다고 생각할 수 있고, 진짜 능력 있는 사람임에도 스스로 무능하다고 여길 수 있다.

• 자존감은 완전히 주관적인 여건으로, 타인들의 판단에 거의 영향을 받지 않는다. 사람들이 아무리 내가 훌륭한 사람임을 증명해 보여도, 내가 나 자신에 대해 무능하다는 이미지를 갖고 있다면, 내가 가진 이 이미지가 더 우세하다.

• 자존감이 정체성 구축에 건설적인 여건으로 작용하려면, 실제의 내 모습(실제 자기)과 내가 이 이미지에 내리는 가치 판단(이상적 자기) 사이의 간극이 그리 크지 않아야 한다. 또한 내가 나에 대해 가진 이상(개인적인 열망)과 내가 실제로 행한 것들 사이의 간극도 그리 크지 않아야 한다. 말하자면, 성공한 일들이 실패한 일들보다 우세해야 한다.

• 건전한 자존감은 정신적 안정의 핵심 요인이자, 성공적인 삶의 원동력이다.

• 자존감은 한 가지 중요한 차원을 내포하고 있다. 그것은 바로 자신이 사랑받을 수 있다는 믿음이다.

영재의 심리학

영재아동의 자기상, 그 구축이 어렵다

정체성 구축은 『어린 왕자』의 장미처럼 자기를 특별하고 유일한 존재로 느끼면서도, 자신도 타인들과 마찬가지로 어떤 집단의 일부로 느끼는 것이다. 소속감은 정체성 구축에 꼭 필요한 요인이다.

정체성의 문제는 이러한 변증법상에 위치한다. 그리고 영재아동의 경우, 정체성의 좌표를 설정하기에 가장 어려운 지점이 바로 타인들과의 차이, 즉 남다르다는 사실이다.

자기상의 구축은 아이의 영재성이 발견되었는지 아닌지, 또 몇 살 때 영재아동으로 확인되었는지에 따라 달라진다.

그러나 어떤 경우든, 영재아동은 정체성 구축을 위해 몇몇 까다로운 단계를 돌파해야 한다.

> 각 단계에서 주된 위험은 '거짓 자기'가 구축되는 것이다. 거짓 자기는, 실제 자기와의 합의하에 만들어지는 게 아니라 타인들과 관련해서 만들어지는 가짜 자기이다. 거짓 자기가 자리를 잡으면 자기상의 주위로 끊임없는 내적 갈등이 일어난다. 나는 내가 느끼는 내 모습으로 존재하는가, 아니면 타인들이 내게 기대하는 모습으로 존재하는가?

영재아동과 엄마의 관계

초기에 '자기'의 토대가 안정적인 좌표를 획득할 수 있느냐 없느냐의 관건은 엄마와의 관계에 달려 있다.

특히 영재아동은 외부세계를 바라보는 특유의 시선, 특유의 존재 방식을 지니고 있는데, 뭔가를 꼼꼼히 탐색하는 이 아이의 눈길이 엄마를 불안하고 혼란스럽게 만들며 엄마 눈에는 낯설고 기이하게 보일 수 있으며, 이런 엄마에게서 아이 또한 이질감을 느낄 수 있다. 그 결과 서로의 정서적 일치, 정서적 조화를 위한 조절에 여러 어려움이 발생한다. 엄마는 아이의 기대와 욕구를 이해하기 어렵고 그 기대와 욕구에 부응하기도 어렵다. 엄마는 자격지심에 빠지고, 좋은 엄마가 될 수 있다는 자신감을 상실한다. 그리하여 서로가 환멸의 악순환에 빠진다. 아이는 엄마에게 이해받지 못하고 사랑받지 못한다고 느끼고, 엄마는 사랑과 만족감으로 자신을 충만하게 해주리라 기대했던 이상적인 자식의 이미지와는 거리가 먼 이 배은망덕한 아이에게 절망한다.

아이에게 좌절감의 경험은 만족감의 경험보다 더 강력하며 '자기'의 단절감을 초래한다. 아이로서는 불만족스러운 경험의 자취들을 계속 간직해나가는 것이 불가능하기 때문이다.

바로 이 점이 '자기' 구축 과정에서 나타나는 최초의 장애물로, 장차 좌절감을 견뎌내지 못하게 만드는 주범이며 영재아동에게서 흔히 볼 수 있는 현상이다.

주의할 점

아동심리학에서는 흔히 아이에 대해 정서적·물질적 책임을 지고 있는 사람을 누구든 '엄마'라고 칭한다. 그러므로 여기서 '엄마'는 아빠일 수도 있고, 여하튼 아이를 돌보는 사람이면 누구든 엄마로 지칭된다!

영재아동과 정서적 환경

영재아동은 지칠 줄 모르는 호기심, 세상과 타인들의 모든 것을 이해해야만 하는 절대적인 욕구로 인해, 끊임없이 질문을 던지고 다양한 탐구 전략을 세우고 가장 은밀한 문제까지 부모에게 질문하며 상투적인 설명에는 결코 만족하지 못한다. 주위 사람들은 아이의 이런 작동 방식을 이해하지 못하고 끝내는 지쳐서 거부 반응을 보인다. "질문 좀 작작 하렴!" "왜 그런 걸 묻니? 알아서 뭐하려고?" "잠시만 날 좀 가만 내버려둘래?"

거짓 자기의 구축이라는 최초의 위험

영재아동의 특이성으로 인해 엄마는 이 아이의 욕구를 감지하기 어렵고, 이런 현실이 결국 거짓 자기를 자리 잡게 만든다. 다시 말해 아이는 엄마의 욕구와 욕망에 부합하기 위해 자기 자신의 욕구와 욕망을 점점 억누르고 제지하게 되는데, 이로써 참 자기의 출현, 근원적인 자기의 출현이 가로막힌다. 이것이 '자기'를 쟁취해나가는 과정에서 영재아동을 노리는 최초의 위험이다.

정체성 괴리의 위험

• 가정에서의 괴리

정체성 괴리는 가정 내에서 깊어질 수 있다. 부모가 아이에게 보내는 정체성 관련 메시지들이 '자기'에 대해 이제 막 싹트기 시작하는 이미지와 충돌하기 때문이다. 부모와 아이가 서로 이해하지 못하는 상태에서 이루어지는 상호작용은 점차 아이를 자신의 것이 아닌 정체성, 자신을 찾아볼 수 없는 그런 정체성 속으로 밀어 넣는다.

• 사회적 환경에서의 괴리

아이가 학교에 들어가면 사회적 환경에서의 괴리가 대번에 드러난다. 아이는 자신의 본래 모습과 타인들이 자신을 보는 이미지 사이에서 끊임없이 발생하는, 납득하기 힘든 불균형을 겪게 된다.

아이의 사고방식이 타인들과 너무 다르고 특히 정규교육의 사고체계와도 너무 다르기 때문에, 아이는 학교에서 여러 가지 어려움을 겪고 심지어 학업에 실패하는 경우도 생긴다. 아이는 학창 시절 내내 자신의 능력, 자신의 사고방식에 대해 타인들의 공격을 받는다. 그리하여 자신의 지적 능력을 의심하게 되고 부정적인 메타인지(자신이 무능하다는 확신)를 키우게 되며, 나아가 자신의 지능에 대한 수치심 내지 죄책감까지 품게 되면서 결국 자신도 타인들의 공격에 동조하게 된다.

이렇게 되면 아이는 자신에 대해 갖고 있던 이미지(자기상)와 관련한 정체성 좌표들을 모두 잃고 만다. 그 좌표들은 사람들이 자신에게 기대하는 바에 부합하지 않는 것 같고, 특히 자신을 어려움에 빠트리며 납득하기 힘든 실패로 몰아넣기 때문이다. 아이는 이제 애초의 자신감을 상실하고 자신에 대해 가졌던 이미지를 억눌러야 하기에, 정체성 구축 과정에서 우려할 만한 단절 상태로 내몰린다.

그러나 대개의 경우, 한 줄기 번득이는 통찰력이 아이 자신의 사고가 매우 풍요롭고 흥미롭다는 사실을 끈질기게 비춘다. 따라서 쟁점은 이렇다. "내 사고체계를 고수해야 할까, 아니면 덜 흥미롭지만 더 적절해 보이는 타인들의 사고체계를 받아들여야 할까?" 이러한 내적 갈등이 부상하면서 정체성 발달을 위태롭게 만든다.

그 결과 외적으로는 분노와 공격적 태도, 반발, 아니면 위축이나 고립 같은 현상이 나타나고, 내면에서는 폭풍우가 휘몰아치며 이 아이에게 지독한 고통을 안긴다.

> 자기 지각과 타인들이 보내는 메시지들 사이의 숱한 괴리가 거짓 자기의 구축에 한몫을 한다.

동일시 과정

모든 아이는 모델이 되는 타인들에게 자신을 동화시키며, 그들의 속성을 닮고 따르면서 자기 정체성을 구축해나간다. 이는 아이가 자신을 미래에 투사하고 또 자신이 존재하고 있음을 의식하기 위해 반드시 필요한 과정이다.

이렇듯 준거 모델들을 향해 동화되려는 움직임을 우리는 동일시 과정이라 부른다.

동일시 과정은 정체성을 구조화한다. 아이는 이 과정을 통해 자신을 타인들과 비교하면서 그들과 닮으려고, 혹은 달라지려고 노력하면서 실제 자신의 모습을 조정하게 되는 것이다.

부모와의 동일시

아이에게 부모는 필연적으로 최초의 모델이다. 부모는 아이가 닮으려고 애쓰는 이상적 자기를 상징하며 이상적인 어른의 모습으로 간주된다. 부모는 아이가 자기 자신의 이미지를 이들 부모에게 투사할 수 있게 해주는 구조적 지지대 역할을 한다. 그리하여 남자아이라면 아빠의 특징을, 여자아이라면 엄마의 특징을 자기 것으로 삼으려고 노력하게 된다.

이 과정에서 영재아동은 주위환경에 대한 예리한 지각, 특히 타인이 어떤 사람이며 그 사람이 어떻게 작동하는지를 지각할 수 있는 놀라운 능력 때문에 어려움을 겪는다. 이런 지각 메커니즘이 부모의 작동 방식과 그들의 실제 모습을 마치 돋보기로 들여다보듯 훤히 들여다볼 수 있는 효과를 만들어내기 때문이다. 따라서 이 아이는 주위 어른들, 그 가운데서도 우선 부모의 한계와 결점을 너무 일찍 지각하게 된다.

쥐스틴은 부모님, 외삼촌, 그리고 이모가 함께하는 가족 모임에 참석한다. 아빠는 처가 쪽 식구들과 대화를 이어간다. 아빠는 특히 쥐스틴의 이모가 하는 말을 아주 흥미롭게 들으며 연방 고개를 끄덕이고 성글성글 웃음을 짓는다. 그러나 쥐스틴은 아빠의 이런 태도가 위장된 것임을 지각한다. 아빠는 지금 연기를 하고 있으며 이모를 대하는 태도가 아빠의 생각과 일치하지 않는다는 게 느껴진다. 쥐스틴은 아빠의 행동에 균열이 있음을 혼란스러우리만치 아주 예리하게 포착한 것이다.

일반적으로 부모는 아이에게 이상화되고 전능한 존재로 체험되는데, 위에서처럼 영재아동의 경우 부모는 더 이상 안도감을 주는 보호자 역할도, 모델로서의 역할도 확보할 수 없다. 이제 부모와의 동일시 게임은 심각한 혼란에 빠지고, 따라서 정체성의 구축은 아이의 개인적인 좌표에서 이루어진다. 아이는 이제부터 자기조절 과정에 의지하게 된다. 즉, 성장하는 데 필요한 자원을 자기 자신에게서 구하게 된다는 말이다. 어떤 의미에서 이 아이는 완전히 홀로, 혼자 힘으로 자신을 형성한다고 볼 수 있다. 바로 이런 메커니즘이 비정형적인 정체성 구축을 야기하고 숱한 번민과 심리적 불안의 원인으로 작용한다.

어떻게 보면 영재아동은 너무 일찍 청소년기의 문제들과 맞닥뜨린 셈이다. 부모를 문제 삼고 부모를 비판하고 심판하는 시기에 들어선 것이다. 이 시기가 청소년에게는 자기 정체성의 표지를 확립하는 데 반드시 필요한 시간이지만 어린아이에게는 견디기 힘든 시간이다. 영재아동이 아무리 통찰력과 분석력이 뛰어나다 해도 심적 정교화 능력은 제 나이 또래의 수준에 불과하므로, 자기 힘으로 정교화하기 힘든 복잡한 상황에 처하고 만다.

> 세실(10세)은 자주 다투는 부모님에 대해 이렇게 말한다. "엄마 아빠는 꼭 사춘기 애들 같아요. 어쩜 그리 유치찬란할 수 있는지, 정말 질렸어요!"

부모와의 동일시 과정에서 전개되는 복잡한 양상은 영재아동에게 막대한 번민과 불안의 원인이 되고, 정체성 구축을 약화시킨다.

또래와의 동일시

정체성 구축을 위해 타인들과의 동일시, 또래 집단과의 동일시는 반드시 필요한 단계이다. 아이는 친구들 중에서도 역시 모델로 삼을 대상들을 선택하고 그들을 닮고 싶어 한다. 그중에는 아이가 감탄해 마지않고 어떻게든 닮고 싶어 하며 장점이란 장점은 다 갖춘 존재로 여기는 친구가 있는가

하면, 몹시 싫고 절대 동일시되고 싶지 않은 친구도 있다.

동일시는 집단 현상에서도 동일하게 일어난다. 이때 집단은 서로 다른 개인들의 단순한 집합이 아니라 제 고유의 규범을 가진 하나의 개체로, 그 자체로서 모델이 된다. 그리하여 한 집단의 일원들이 모두 같은 복장을 하고 같은 음악을 듣고 같은 취미를 즐기는 집단 현상들이 나타나는 것이다. 모든 아이는 어떤 준거 집단에 소속되어 있다고 느낄 때 안도감을 갖는데, 집단 내에서 자신이 다른 일원들과 동일한 존재임을 알게 되고 또 그들로부터 인정받고 받아들여지기 때문이다. 타인들로부터 인정받는 것은 아이의 정신적 안정과 사회적 적응에 꼭 필요한 요소이다.

또래 집단과의 동일시 과정은 청소년기에 한층 더 중요한 가치를 지닌다. 이 나이에 이르면 모델로서의 부모와는 반드시 결별하고 친구들 가운데서 새로운 동일시 모델을 찾아야 한다. 또래와의 동일시는 정상적인 발달의 징후이다. 친구도, 준거 집단도 갖지 못한 외톨이 청소년은 정체성 구축이 중단되고 위태로워진다. 모든 청소년은 이 시기에 자신의 정체성을 확립하기 위해 반드시 부모에게서 벗어나야 한다. 청소년이 된 자녀를 부모라는 모델에 가두고 또래 집단으로 향하는 걸음을 막는다면, 이는 자녀의 자유를 억압하고 온전한 인간으로 존재함을 허락지 않는 것과 같다.

영재아동은 또래 집단과의 동일시가 그 누구보다 힘들다. 이 아이는 자기 자신이 다른 아이들과 다르게 느껴진다. 자신의 관심사를 다른 아이들과 공유하기가 힘들고, 자신이 흥미를 느끼는 일이 다른 아이들에겐 전혀 흥밋거리가 되지 않는다는 사실에 놀란다. 더욱이 자신이 특별히 좋아하는 주제가 다른 아이들의 비웃음을 살 때도 있는데, 그 아이들로서는 그런 주제에 흥미를 느낀다는 게 이상하기 때문이다. 반대로 다른 아이들이 열광하는 관심거리나 토론 주제는 영재아동을 난처하게 만든다. 이 아이는 그런 것에 전혀 흥미를 느끼지 못할 뿐더러 어떻게 아이들 모두가 그 같은 취향을 갖고 있는지 이해할 수가 없다. 이렇게 해서 영재아동과 다른 아이들 사이에 깊은 골이 패게 되는데, 그럼에도 영재아동은 또래 집단에 소속되어 있다고 느끼고 싶은 욕망이 간절하다. 실제로 영재아동은 진정한 친구 하나 없이 혼자인 처지가 거의 언제나 고통스럽다. 그리하여 다른 아이들에게 인정받기 위해 숱한 전략을 모색하고 시도한다.

많은 영재아동들은 친구들과 함께 있을 때조차도 자기만이 절실히 그 무리의 바깥에 있는 듯 느껴진다고 말한다. 마치 어떤 베일이 완강히 드리워져 있어, 그 무리 안에서 공유되는 경험의 일부를 가리고 거기서 벌어지는 일에 진정으로 동참할 수 없게끔 만드는 듯한 느낌이랄까. 이들은 자기 자신이 그 무리에 소속된 일원인 동시에 무리 밖에서 바라보는 구경꾼이라고 느낀다.

에스텔(14세)은 또래 여자아이들 사이에서 최고의 화젯거리인 최신 유행 브랜드에 자기도 관심을 가져보려 얼마나 노력하는지 모른다고 말한다. 에스텔 자신은 유행 패션에 전혀 흥미가 없을 뿐더러 패션을 통해 성적 매력을 발산하는 문제에는 더더욱 흥미가 없지만, 친구들 입에 오르내리는 최신 의상에 자기도 마치 배우가 쇼를 하듯이 억지로 열광하는 척하고 있다. 문제는 이런 연기를 계속 해나가기가 힘들 것이라는 점, 또 자신의 진짜 관심사가 이런저런 순간에 불쑥불쑥 튀어나오는 바람에 친구들에게 제 본 모습이 들통 나고 말 것이라는 점이다.

앙투안(16세)은 친구들과 함께 있을 때면 끊임없이 불안을 느낀다고 말한다. 그는 이런 불안이 마치 불덩이처럼 자기 내면을 불살라버릴 것 같다고 토로하며, 이렇듯 몸으로 느껴질 만큼 깊고 고통스러운 불안의 원인은 바로 자신이 다른 아이들과 다르다는 느낌, 아무리 해도 또래 집단에 완전히 동화될 수 없는 혼란스러움임을 잘 알고 있다.

• 자기 자신이 남들과 다르게 느껴지는 영재아동은 다른 아이들의 시선 속에서 자기를 인지할 수 없으므로 어떤 조절책도 찾지 못한다. 그래서 아이는 이질감을 느낀다. 자신이 다른 아이들과 다르다는 사실에 의미 부여를 할 수 없기 때문에 정말 미칠 것 같은 기분에 사로잡힐 수도 있다. 다른 사람들 모두가 공통된 관심사를 갖고 있고 서로 비슷하게 사고하고 행동하는데 유독 자기만 닮은 꼴이 아니라면, 사실 이를 어떻게 이해하겠는가. 남들은 모두 똑같아 보이고 자기 혼자만 다르게 반응하는데, 어떻게 그들이 이상한 사람들이고 그들의 사고와 행동이 잘못되었다고 생각할 수 있겠는가.

• 어른들이 아직 그 영재성을 알아보지 못해 영재 진단을 받지 못한 아이는 다른 아이들과의 이런 차이에 의미를 부여하는 것이 불가능한데, 바로 이 점 때문에 아이는 막연하고 어렴풋이 엄습해오는 불안에 휩싸인다. 사실 우리는 사물들이 불현듯 의미를 띨 때, 그것들이 명명되고 식별될 때에야 비로소 우리에게 무슨 일이 일어나고 있는지 이해할 수 있고 그에 대한 적응 전략을 구사할 수 있는 법이다.

• 게다가 다른 아이들은 영재아동에게 계속해서 이런 차이를 확인시켜 준다. 영재아동은 종종 정신적으로, 심지어 육체적으로까지 학대당한다. 왜냐하면 남들과 다르다는 것은 늘 그릇된 경험을 낳고, 그들에게 강력한 공격 반응을 불러일으키기 때문이다. 우리는 우리의 이해력을 넘어서는 것,

우리가 모르는 미지의 것을 두려워하기에, 우리가 이해하지 못하는 것이 있다면 필히 그것에 맞서 자신을 방어하게 되는 것이다.

• 그 결과 영재아동은 고립되고 교우 관계에서 위축되며, 자기상이 극단적이고 고통스러울 만큼 공격받고 상처를 입는다. 자신에 대해 이렇듯 폄하된 표상(表象), 누구에게도 사랑받을 수 없다는 이 집요한 감정이 영재아동으로 하여금 다른 아이들에게 다가가지 못하게 가로막기 때문에 결국 악순환이 자리 잡게 된다. 이제 아이는 어떤 만남도 지레 부정적으로 생각하고, 또래 집단과의 관계에서 더욱 더 고립되어간다.

관건은 바로 다음과 같은 선택의 기로에 있다.

— 또래 집단에 받아들여지기 위해 순응주의자가 되느냐

— 아니면 자신의 실제 모습대로 살아가느냐

이 문제는 자기상 구축을 약화시킨다는 주요한 갈등이다.

영재아동, 미운 오리 새끼

한 가여운 오리 새끼가 한 배에서 난 어여쁜 형제 오리들과 그토록 다르게 생겼다는 이유로 그 무리에서 배척당하고 공격당하는 이야기를 떠올려보자! 어미와 형제자매는 물론이고 다른 오리들까지 모두가 이 오리 새끼를 못생긴 별종 취급하며 따돌리는 바람에, 자라면서 그 얼마나 많은 멸시와 곤란을 겪는가! 못난이 오리는 끝내 가족과 둥지를 떠날 수밖에 없고, 그때부터 혼자서 온갖 역경에 맞서 싸운다. 아무도 자신을 저들 무리로 인정해주지 않아 홀로 숨어 살지만, 부디 다른 오리들에게 받아들여져 함께 살아가기만을 꿈꾼다!

그러던 어느 날 문득 물웅덩이에 비친 자기 모습을 보았을 때, 그는 자기가 오리가 아니라 백조임을 알아차린다. 그토록 위엄 있고 우아한 새라고 생각했던 새, 백조 말이다. 마침내 백조들 역시 그가 자신들의 족속임을 알아보게 되고, 이제 이 '미운 오리 새끼'는 드디어 그 무리에 받아들여져 모두가 감탄하는 아름다운 백조가 된다!

영재아동에게는 이런 고통과 이런 굴욕을 당하게 하지 말자.

아이를 본래 모습 그대로 인정하고, 또래와 다른 모습, 닮은 모습을 둘 다 인정받을 수 있게끔 배려하자. 정체성과 관련해서 안전감을 갖고 성장할 수 있도록 배려하자. 이런 안전감이 자신의 모습에 대해 자신감 있는 성숙한 어른이 되도록 이끌어줄 것이다.

영재아동의
방어기제

우리는 각자 자신의 인성이나 살아가는 환경이 어떻든 간에 감정적 측면에서 타인들로부터, 그리고 내면의 불안으로부터 자신을 보호하려는 욕구를 지니고 있다. 이 때문에 우리는 이런 감정들이 우리 자신에게 일으키는 위협이나 스트레스 —실제의 것이든 상상의 것이든— 에 맞서 방어기제를 동원한다.

방어기제에는 여러 가지 형태가 있다. 방어기제는 우리가 경험하는 현실에 적절하게 맞춰짐으로써 전적으로 보호 기능을 수행할 수 있는데, 과도해지면 병리적인 문제가 될 수도 있다. 그것이 우리의 일상을 교란하거나 억압할 때, 혹은 온전한 자아에 손상을 입힐 때 병리 문제가 되는 것이다.

영재아동은 정서적·지적 작동의 특이성으로 인해, 때에 따라서는 정교화하기 매우 힘든 격렬한 감정적 동요를 겪기 쉽다. 우리는 앞에서 영재아동 특유의 강력한 감정적 지각이 아이 자신을 얼마만큼 괴롭히는지 살펴보았다. 아이는 감각적 정보의 공세에 끊임없이 시달린다. 셀 수 없이 많은 안테나로 늘 외부 세계에 '접속'되어 있는 탓이다. 그러므로 줄기차게 밀려드는 감정의 물결을 여과하기 위해 아이는 효과적인 방어기제를 작동시켜야만 한다.

주위환경을 돋보기로 연속해서 들여다보듯 흰히 들여다보게 만드는 이런 감각 작동이 영재아동에게 불안을 일으키는 원인이 될 수 있다. 우리가 몸 담고 살아가는 세계를 그토록 섬세하고 그토록 강렬하게 느낀다는 것은 사실 어렵고 때로는 고통스러운 일이다. 게다가 잊지 말아야 할 것은, 영재 아동은 특이하고 비범한 지능을 지닌 아이이며 이 지능을 통해 당면한 상황이나 사건을 완벽하게 분석할 수 있다는 사실이다. 따라서 자신의 감정에 휩쓸리지 않기 위해 그 감정을 제어하는 데 막대한 에너지를 소모한다.

감정적 지각은 비단 외부로부터 오는 정보만이 아니라 내면의 감정적 경험과도 연관되어 있음을 기억해야 한다. 영재아동은 늘 감정적으로 들끓는 자신의 내면세계와 대치하고 있기 때문이다.

이 같은 감정적 '위협'으로부터 자신을 보호하기 위해 영재아동은 물밀듯 범람하는 감정을 제어하고 조정할 목적의 방어기제를 작동시킨다.

제어와 조정은 자신을 보호하기 위한 기제이다. 이는 영재아동만이 취할 수 있는 방어기제로, 다음과 같이 크게 세 가지 유형으로 나뉜다.
— 인지에 의한 방어
— 유머
— 남들은 이해하지 못할 내면세계의 발달

감정의 지적 조작

영재아동은 모든 것을 이해하는 데 익숙하고, 분석하는 데 익숙하며, 자신을 둘러싼 모든 것에 논리적 의미를 부여하는 데 익숙하다. 그러나 물밀듯 밀어닥치고 범람하는 '감정의 공세'는 끝내 자신의 지적 작동으로 제어하지 못한다. 영재아동의 논리적 이해 체계는 외부 세계의 비감정적 인식 요소에는 제대로 적용되지만 정서적인 삶, 감정 영역, 환상의 세계에서 유래하는 것들은 다루지 못한다.

그리하여 감정의 분출을 제어하고 정서의 위력을 약화시키기 위해, 영재아동은 내가 여기서 '인지에 의한 방어'라 부르는 특수한 방어기제를 작동시킨다. 이는 이 아이가 모든 감정적 정보를 지능으로, 논리로, 추론으로, 이성적 설명으로 처리함을 의미한다. 인지에 의한 방어는 고전적 방어기제의 하나인 주지화(主知化)*와 유사하지만, 어떠한 감정적 지각이건 그에 대한 변형 및 체계적 인지 조작이 이루어진다는 점에서 다르다.

이 기제를 작동시키는 데는 상당한 에너지가 소모되는데, 그 이유는 감정적 세계로부터의 '공격'이 지속적인 데다 끊임없이 새로운 공격으로 이어지기 때문이다. 그래서 아이는 쉴 틈이 없다. 자칫 자신의 작동 체계 전체를 교란하고 모든 것을 단번에 휩쓸어버릴 수도 있을 갑작스럽고도 난폭한 감정 분출, 그것에 대한 공포는 때로 견딜 수 없는 정신적 긴장을 초래한다.

---

*관념화 혹은 지성화라고도 함. 위협적인 감정을 피하려고 위협조건에 대해 지적 분석을 함으로써 스트레스를 감소시키는 방법. 정서나 충동을 느끼는 대신 사고와 지적 활동으로써 통제하려는 것이다.

감정의 범람을 막아내는 방파제

아이가 감정으로부터 자신을 방어하기 위해 소모하는 에너지는 성난 바다를 막아내기 위한 방파제 구축에 비유할 수 있다. 고삐 풀린 파도가 규칙적으로 밀려들면 방파제에 서서히 균열이 생긴다. 이러한 자연의 위력에 맞서기 위해서는 방파제를 지속적으로 보수하고 보강해야 한다. 갑자기 모든 것이 붕괴되어 파도에 휩쓸려버릴지도 모른다는 두려움에 내내 떨면서 말이다. 이는 그야말로 대역사(大役事) 아닌가. 다른 일에 투자할 여력이라곤 남아나지 않을 정도로 막대한 에너지를 쏟아부어야 하는 일이다!

이럴 때 인지에 의한 방어가 효과적인 기제가 된다. 왜냐하면 이 기제는 어떤 상황에서 나타날 수 있는 모든 정서적 징후를 제거하고, 감정적 부하를 막고, 불안과 거리를 두게 하기 때문이다. 그러나 그 대신 정신적 삶을 황폐화하고 경직시킬 위험이 크다. 그리되면 충동·정서·감정의 영역에 속하는 모든 것이 마모되고 부인된다. 그 결과 자폐성(내폐성), 비감정적 인성이 구축되고, 삶의 온갖 정황을 오로지 지적인 방식으로밖에 대처할 수 없게 됨으로써 차갑고 냉정한 아이로 보일 수 있다. 여기에 심한 냉소주의까지 더해지면 대체로 이런 아동들의 병리 차트가 완성되는 셈이다.

인지에 의한 방어의 위험성

• 인지에 의한 방어가 극단적 양상으로 치달으면 인성의 분리를 조장할 수 있다. 즉 감정 영역은 희생시키고 오로지 지적 영역만을 표출한다. 감정 영역은 말 그대로 유폐되는 것이다.

• 인지에 의한 방어는 정체성 구축을 상당히 약화시킨다. 즉 정체성의 본질적 근원을 부정하고 진정한 '자기'를 격리시키며 피상적인 정체성을 '가공'

해낸다. 아이 자신이 방어 체계의 포로가 되는 것이다.

• 인지에 의한 방어가 어느 정도 감정을 중화시킬 때는 안도감을 주는 보호 양상을 띤다. 다시 말해 아이가 상황에 적응하는 데 해가 될지 모를 감정의 범람으로부터 아이를 보호한다. 이 방어기제는 또한 이성적 분석이 정서적 요인들로 얽히고설킨 어떤 상황을 풀 때도 관계한다. 그러나 이 기제가 정체성 구축 과정을 억압하고 자기애적인 허약함을 조장할 때는 병리적인 문제가 된다.

병리적 인지에 의한 방어에서 나타나는 결과 중 하나는 일부 영재아동들에게서 보이듯, 지적 영역에 과잉투자하고 감정의 호소는 외면하는 현상이다. 이 아이들은 무엇보다 더는 아무것도 느끼지 않기 위해 지적 영역으로 도피하는 것이다.

에밀리앵(10세)은 어떤 영화에 캐스팅되려고 애쓰는 중이다. 첫 번째 오디션은 통과했고, 이제 막 두 번째 오디션도 비교적 만족스럽게 치렀다. 소년은 이 배역을 얻고 싶은 마음이 간절하다. 그런데 며칠 후 탈락했다는 통고를 받는다. 엄마는 아들이 몹시도 실망하고 있음을 잘 알지만 정작 당사자는 대수롭지 않은 척한다. 대신에 소년은 영화 제작에 따르는 제약과 복잡한 캐스팅 구조, 여기에 드는 비용과 이 비용의 총 제작예산 대비 지수 등을 분석한다. 그리고 배역의 수와 꼭 필요한 캐스팅 수 등등에 따라 삭감 가능한 비용을 산정한다. 에밀리앵은 이런 식으로 실망과 슬픔이 자신을 상처 입히지 못하게 막는 것이다.

유머

유머는 인지적 수단을 통한 정서의 제어와 정서 조절 사이의 타협이다. 유머는 이런저런 감정들을 우리 자신이 받아들일 수 있는 형태로 다듬게 해 준다. 유머는 정서를 억압하지 않으면서 그 정서에 미묘한 변화와 차이, 즉 뉘앙스를 부여한다. 유머 덕분에, 정서의 세계는 계속 활기를 띠되 우리는 그 세계와 적당한 거리를 유지할 수 있다.

그러나 유머는 복잡한 지적 능력을 전제로 한다. 왜냐하면 유머란 다음 과 같은 요인들 사이의 미묘한 연금술이기 때문이다.

— 지적 작업에 의한 상황의 변화

— 그 상황의 감정적 무게에 대한 적절한 조작

— 창의력

이 세 가지 요인이 고루 잘 배합되어야만 유머는 희극적 차원을 부여받 고 방어기제로서 작동할 수 있다.

> 영재아동은 유머의 고수다. 이들에게 유머는 충동 조절의 확실한 수 단이기 때문이다. 영재아동은 유머의 모든 열쇠를 쥐고 있으며, 주변 의 감정적 현실을 아주 섬세하게 지각함으로써 분별 있게 유머를 구 사한다.

로잘리(8세)의 엄마가 계단에서 우당탕 굴러떨어진다. 엄마와 단둘이 있 던 로잘리가 놀라서 와락 달려든다. 엄마는 아파하는 것 같지만 정신은 말짱하다. 그런 엄마를 보고 딸이 이렇게 말한다. "엄마, 내 흉내를 내려 고 하면 안 되지. 엄만 스턴트에 영 소질 없잖아."

역은 성립되지 않음을 주의하자.

영재아동은 유머를 밥 먹듯이 하고 거의 언제나 재치 있게 유머를 구사할 줄 아는 반면, 자신을 겨냥한 타인의 유머는 아주 사소한 표현이라도 잘 받아들이지 못한다. 이 경우에 신기한 사실은, 아이가 더는 유머의 뉘앙스를 이해하지 못하고 그 희극적 의미를 인식하지도 못한다는 점이다. 불쾌한 농담과 조롱으로 느껴지는 타인의 말 한 마디 한 마디를 전부 자신에 대한 공격으로 받아들인다!

자기 보호를 위한 내면세계의 창조

자신이 생각하는 이미지대로 구축하는 내면세계의 창조는 영재아동에게서 흔히 관찰되는 방어기제이다. 이 세계에서는 모든 것이 아이의 이상에 따라 움직인다. 그리고 아이의 이상은 복잡하다. 이 세계는 아이의 소유이며, 아이는 이 세계를 어느 한 구석도 빠짐없이 지배한다. 아이가 왕인 나라, 이 왕의 의지대로 다른 것들이 움직이는 나라. 이곳에서 아이는 기분 좋고 편안하며, 그래서 빈번히 이곳으로 숨어든다.

영재아동이 창조하는 내면세계는 현실을 대체할 환상 세계의 사물들 혹은 존재들로 채워지는 것이 아니다. 이 세계는 현실을 토대로 구축되되, 아이가 온힘을 다해 열망하는 법과 규칙, 인간관계 들로 채워진다.

오늘날 성인이 된 피에르는, 학창 시절 수업시간에 지루함을 달래느라 어떻게 내면세계로 도피하여 그 속에 틀어박히곤 했는지를 회상한다. "제가 즐겨했던 놀이는 세상을 다시 창조하는 거였습니다. 우주 탄생에 관한 여러 이론들을 곰곰이 따져보곤 했어요. 가설들을 서로 비교하고, 그로부터 새로운 가설을 만들어내면서 말입니다. 새로운 아이디어가 떠오를 때마다 저는 그에 관해 시간을 들여 깊이 생각해보곤 했습니다. 이런 아이디어가 수긍할 만하고 현실적이면서도 과학적이기를 바랐으니까요. 이렇게 제 이론을 전개해나가다 보면 중단해야 할 때가 오는데, 그럴 땐 현실에서 다시 도망칠 수 있게 되자마자 그 즉시 되돌아와 좀 전에 중단했던 지점부터 다시 시작하는 겁니다. 이렇게 해서 계속 아이디어를 다듬어나갔던 거예요. 이 얼마나 기분 좋은 일인지, 참으로 즐거웠습니다!"

아이들은 누구나 자기 삶의 일부를 꿈꾸게 해주는 상상의 세계를 창조한다. 흔히 이 세계는 그 속에 숨겨진 '마법의 힘'으로 아이가 현실에서 겪는 좌절이나 결핍을 일시적이나마 달래준다. 이 세계는 삶의 불쾌한 순간들을 받아들이게끔 정서적 버팀목 역할을 하지만, 그렇다고 아이가 자기 정체성을 보호하기 위한 방어기제로 그것을 이용하지는 않는다.

• 그러나 영재아동은 자신의 인성을 해하는 정체성 관련 공격으로부터 자신을 보호하기 위해 내면세계를 필요로 할 때가 종종 있다.

• 이상화된 내면세계의 창조는 자기 보호를 위한 도피처이다. 이 세계는 영재아동으로 하여금 자신과 그토록 다르고 자신으로선 이해조차 안 되는 타인들의 작동 방식이 가해오는 위협감을 덜 느끼게 해준다. 이 세계로의 도피는 너무 민감하거나 너무 고통스러운 감정을 느끼지 않아도 되게 해준다. 아이는 자기만의 내면세계에서 현실에서는 감당하지 못할 감정들과 타협하고 화해한다. 내면세계에서 아이는 이런 감정들을 정교화할 수 있으며, 좀 더 무리 없이 받아들이고 견딜 만한 형태로 만들 수 있기 때문이

다. 이렇게 해서 이런 감정들은 인성의 나머지 부분과 통합될 수 있다.

　• 아이가 정서적으로 불안을 느끼면 그 즉시 무의식적으로 내면세계로 도피하는 일이 자주 일어나는데, 이것이 주위 사람들의 신경을 거스른다. 그들에게는 이것이 반항이나 무례한 행위로 해석될 수 있기 때문이다. 이렇듯 영재아동의 본능적 자폐성은 주위 사람들과 갈등을 일으키는 원인이 될 수 있다. 이런 경우 아이는 마음의 문을 꼭 닫아걸고 어떤 말에도 묵묵부답이며, 따라서 아이와의 의사소통은 완전히 단절된다. 그 어떤 방법으로도 아이의 입을 열 수 없고, 심지어 현실로 돌아오게 하는 것조차 불가능하다.

부모를 위한 충고

　• 아이의 내면세계를 존중하자. 아이가 살아가기 위해서는 자신만의 세계가 필요한 법이다. 이따금 그 세계에 관해 아이와 대화하는 시간을 가져보자(물론 아이에게 그럴 마음이 있을 때). 그러면 그 세계의 일부를 공유할 수 있을 것이다. 그 세계를 함부로 대하지 말고, 특히 절대 비판하지 말아야 한다. 그것은 '그 아이만의' 세계이니까.

　• 아이의 세계와 우리네 현실 세계 사이에 가교가 되어줄 통로를 마련하도록 하자. 아이가 현실에 대한 두려움을 덜 수 있도록 현실을 자기편으로 길들이게 도와주자.

　• 아이가 두 세계와 공존할 수 있도록 도와주자. 그래야 아이는 각 세계의 풍요로움과 장점들을 두루 섭렵하며 두 세계를 다 발전시켜나갈 수 있다. 그 과정 속에서 아이의 인성은 발달해나갈 것이다!

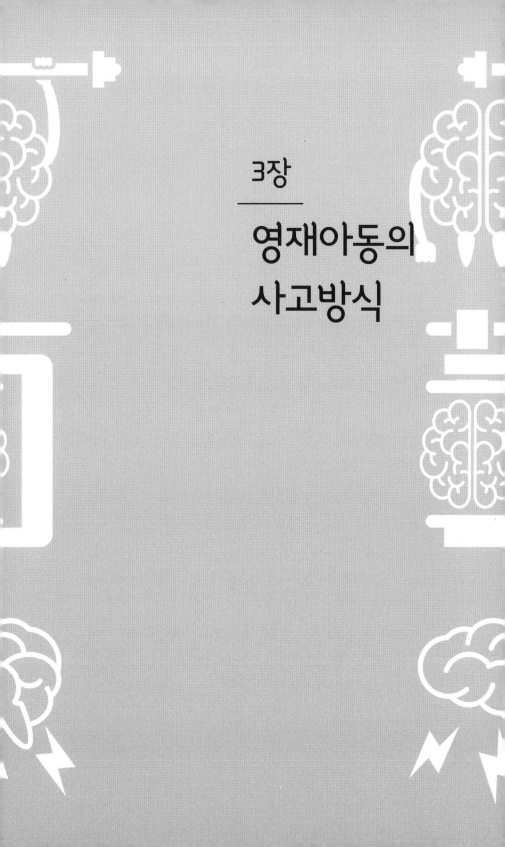

3장

영재아동의
사고방식

영재아동의 남다름은 모두 이들의 특이한 사고방식에서 비롯된다. 영재아동을 제대로 이해하고 인성 전반에 걸친 원만한 통합과 조화로운 발달을 돕기 위해서는, 이런 아이들이 지닌 사고의 특성들을 이해하는 한편 이 아이들이 작동하는 방식의 특이성을 인정하고 존중해주는 일이 반드시 필요하다.

영재아동의 남다른 추론 방법과 이해 체계, 기억 방식, 지식의 형성 및 그 정교화 과정 등은 오늘날 신경심리학, 신경과학, 뇌신경생물학의 도움으로 점점 더 잘 이해할 수 있게 되었다.

그러나 영재아동이 남들보다 우월한 사고 능력을 지닌 게 아니라 '남들과 다르게 생각한다'는 개념은 우리가 영재아동을 떠올릴 때 가장 받아들이기 힘든 점이다. 그 이유는 단지 우리로서는 우리가 알지 못하고 이해하지 못하는 어떤 사고체계를 머릿속에 그려보기가 쉽지 않기 때문이다.

그런데 우리 눈앞에는 엄연히 영재아동이 존재하고 있다. 우리의 '평범한' 사고체계와는 거의 공통점을 찾아볼 수 없고, 따라서 우리로서는 상상하기 힘든 사고체계를 지닌 아이들 말이다.

영재아동은
다르게
생각한다

사고의 보편성에 대한 환상

우리는 다른 사람들도 우리 자신처럼 생각하리라는 환상을 품고 있다. 이런 환상 때문에 일상의 인간관계에서 서로를 이해하지 못하는 일이 비일비재하다.

우리는 타인들이 우리 자신과 같은 생각을 갖고 있다거나 우리 자신의 생각을 충분히 짐작할 수 있고 심지어는 예견할 수도 있으리라 생각하기 때문에, 아주 가까운 사람들 간에도 때로 극복하기 힘든 소통의 문제가 발생한다. 더 놀라운 사실은, 타인들의 사고방식이 나와 다르기 때문에 나를 이해하지 못한다는 생각 자체가 우리 머릿속에 쉬이 떠오르지 않는다는 점이다. 바로 이 점이 인간관계에서 발생하는 잦은 갈등의 원인이다. 우리는 타인들이 도무지 우리 자신을 이해하려는 열의가 없다고 믿으며 이런 몰이해를 피해 감정으로 느낀다.

"너 일부러 그러는 거지?", "내 말이 무슨 뜻인지 너도 잘 알잖아.", "이해 못하는 척하지 마.".

이런 예들이 정말 무수하지 않은가! 그러나 우리가 '우리 각자에게는 고유의 생각이 있으며 대개 그 생각은 타인의 생각과 다르다'라고 하는 기본 개념을 받아들인다면 타인들과의 관계는 그만큼 더 수월해질 것이다.

누구에게나 암시적인 것이
영재아동에게는 그렇지 않을 수 있다

한 집단에 공통된 '암시'

그러나 다행히도 우리가 속한 문화 집단·사회 집단·가족 집단 속에는 우리로 하여금 주어진 상황을 똑같이 이해하도록 해주는 공통의 '코드'가 존재한다. 이것을 우리는 '사고의 문화 용기(容器)'라 부른다. 이 문화 용기가 바로 어떤 준거틀 안에서 구성원들 간의 갖가지 '공통된 암시'를 만들어 낸다.

예를 들어 우리 사회는 근친상간 같은 기본 금기들을 토대로 굴러가고 있다. 부모나 형제자매에게 이성애를 느낀다는 것은 상상조차 하기 힘든 가설이다. 이 가설은 이성애 관계로 우리 머릿속에 구축해야 할 사고 영역에 속하지 않는다.

의사소통에도 이 의사소통을 간소화하고 코드화·체계화하는 암시들이 존재한다.

학교에는 바로 이런 암시가 무수히 깔려 있고, 이 덕분에 학생은 교사가 지시하는 바가 무슨 의미인지를 이해하고 예측하여 상황에 맞게 대응할 수 있다. 교사가 어떤 교과 주제에 관해 질문을 던지면, 학생은 '마땅히' 이 수업에서 배운 지식을 재현하여 대답해야 함을 '알고' 있는 것이다.

영재아동은 암시를 인지하지 못한다

그러나 영재아동은 이처럼 학교라는 틀 안에 존재하는 암시를 공유하지 못한다. 이것이 중대한 걸림돌 가운데 하나다. 영재아동은 사고체계, 세상에 대한 이해, 주위환경에 대한 분석이 일반아동과는 다른 까닭에 교사의 지시를 전혀 이해하지 못하거나 실수를 저지른다. 이에 대해 교사는 그 즉시 자신의 코드, 자신의 규범 체계에 비추어 이 아이가 무례하다고, 일부러 그런다고, 이건 교사의 권위에 대한 도전이라고 확신해버린다. 이렇게 해서 영재아동과 교사 양쪽 모두 상대가 자신을 모욕하고, 조롱하고, 폄하하고, 화나게 할 목적으로 행동한다고 믿게 되면서 순식간에 가해자/피해자 관계가 형성된다.

사실 교사의 입장에서는, 언변이 뛰어나고 폭넓은 지식을 갖춘 데다 아는 것을 거리낌 없이 표현할 줄도 아는 이런 학생이 교사의 질문 내용이나 풀어야 할 문제를 이해하지 못하거나 다른 식으로 해석하는 것을 도대체 어떻게 이해하겠는가.

부모의 입장도 마찬가지다. 명민하고, 이해가 빠르고, 해석에 능하고, 주위환경에 대한 분석도 예리한 이 아이가 똑같은 지시, 똑같은 질문을 여러 번 말하게 만들고, 방금 얘기한 것, 뭘 좀 하라고 시킨 것의 의미를 제대로 이해하지 못하는 상황을 어떻게 매번 참고 견디겠는가. 아이와의 대화는 "바보짓 좀 그만해!", "너, 지금 나 놀리는 거지?", "날 바보 취급하지 마라. 너 정말 멍청한 거니 뭐니?" 등의 핀잔으로 점철되며 설전으로 이어진다. 그런데도 아이는 침착한 태도로 자신은 이해를 못했다, 뭘 해야 하는지 모르겠다, 심지어 자신은 하라는 대로 했다며 냉정하게, 또 끈덕지게 주장하고 있으니 꼭 대드는 것만 같다. 정작 부모의 요구와는 전혀 딴판으로 해놓고서 말이다.

왜 이런 일이 일어날까?

이유는 결국 단순하다. 영재아동은 코드가 다르며, 따라서 당신이 얘기하거나 요구하는 것의 의미를 당신의 코드가 아닌 자신의 코드로 해석하기 때문이다. 게다가 당신이 기대하는 답이 아이의 이해 체계로는 '답이 아닌 것'으로 보이는 경우도 있다. 그럴 때 아이는 당신의 그 답을 하나의 가능한 답으로 여길 수 없기에 자신이 보유한 지식 속에서 더 적절하다 싶은 답을 찾는다.

> 13세의 한 영재 여학생이 지능검사를 받던 중, "철은 왜 녹이 슬까?"라는 질문에 당혹스러워하며 "잘 모르겠는데요."라고 답한다. 그러나 검사를 실시하던 전문가가 "잘 모르겠다니, 왜지?"라고 확인 차 물어보자 여학생은 차분하게 대답한다. "산화작용을 일으키는 화학적 과정을 잘 몰라서요."
>
> 이 여학생에게 '산화작용'이라는 답은 '답이 아닌 것'이다. 다시 말해 산화작용은 누구나 알고 있는 자명한 이치인 만큼 검사관이 기대하는 답변이 될 수 없는 것이다.

만일 당신이 주위의 누군가에게 레몬이 무슨 색이냐고 물어보면, 그 사람은 대번에 당신이 '노란색'이라는 답을 듣고 싶어 하는 게 아니라고 생각할 것이다. 왜냐하면 노란색은 누구에게나 자명한 사실이니까. 그러니 그 사람은 당신이 농담을 하고 있든지, 그게 아니면 자연에서 노란색을 발하는 생물학적 과정에 대한 복잡한 답변이나 그와는 전혀 다른 어떤 까다로운 답을 원하는 거라고 생각하게 된다.

> 초등학교 5학년* 역사 과목의 수시평가 문제: "인간의 진화에 대해 어떻게 생각하는가?"
> 이 문제에 대해 영재학생 두 명은 다음과 같이 답한다.
> — "인간에게 좋은 일이라고 생각합니다."
> — "인간이 매우 진화했다고 생각합니다."

이 반의 다른 학생들과 교사에게 이 문제는 '엄밀히 말해' 진화에 관해 수업시간에 배운 내용을 서술하라는 것이지 개인의 의견을 표명하라는 게 아니라는 '암시'를 깔고 있다.

그래서 교사는 위와 같은 답안에 영점을 매기며 아이가 듣기에 기분 나쁜 평을 쓰고, 부모에게는 이렇게 한마디 적어 보낸다. "교사에 대한 존경심이 없고 불손한 아이임." 아이가 열심히 설명하고 변명을 해보지만, 이런 행동을 교사는 도리어 자신에 대한 도전으로 해석하여 "게다가 집요하기까지 함. 대단한 고집불통임!"이라는 평까지 덧붙인다. 교사의 이런 지적을 곧이곧대로 믿는 부모는 또 부모대로 아이가 '관심을 끌고' 싶어 그랬다고 단정 짓고는 아이를 혼낸다. 그러면 아이는 자신이 이해받지 못한다고 느낄 뿐 아니라 일이 왜 이렇게 돼버렸는지 이해하지도 못하고, 이 사건을

---

*프랑스의 학제는 초등학교 5년제, 중학교 4년제, 고등학교 3년제이다. 따라서 초등학교 5학년은 초등학교의 마지막 학년이다.

자신에 대한 부당한 경험으로 받아들인다.

더 큰 문제는 학습에 대한 의욕이다. 아이는 교사에 대한 신뢰를 잃고, 자신의 능력을 과소평가하며 배움을 최소화화려는 경향을 보이기 시작한다. 더욱이 부모가 자발적으로 교사 편을 든다면, 이는 부모가 자신을 신뢰하지 않는다는 뜻이기에 이것이 두고두고 마음의 상처로 남게 되고, 차후에 비슷한 일이 벌어질 때마다 아무리 사소한 일일지라도 번번이 이 상처를 건드리게 된다. 그로 인해 아이가 느끼는 고독감과 이질감은 차츰 강화된다.

 요점 정리

- 타인들도 나와 같이 생각하리라는 환상이 우리의 의사소통을 가로막는 근본 요인이다.
- 영재아동은 누구에게나 통하는 암시를 인지하지 못한다. 그래서 타인들의 요구나 지시를 제대로 이해하지 못하고 '엉뚱한' 대답을 하거나 "잘 모르겠다"고 말하는 것이다. 이는 아이의 불손함이나 반항심에서 비롯된 문제가 아니라, 단지 우리와 같은 방식으로 이해하는 것이 불가능하기 때문에 빚어지는 현상이다.
- 동일한 암시를 공유하지 못함은 예측 능력의 결여, 예측의 오류를 초래한다. 영재아동은 상대방이 자신에게 무엇을 기대하는지 알지 못하고, 따라서 그 기대에 부응할 수가 없다.

영재아동은 말을
액면 그대로 받아들인다

영재아동은 흔히 말의 의미를 글자 그대로 해석하곤 한다. 이 아이에게 의미는 매우 중요하고, 단어는 필히 가장 적확한 것으로 사용되어야 한다. 이처럼 영재아동들의 '한 자 한 자 따지는' 자구 해석이 우리가 보기에는 모순적일지도 모르겠다. 왜냐하면 이들은 유추적 추론 및 풍부한 상징의 체계로 작동하고, 언어적 개념과 추상적 사고를 자유자재로 다루며, 정신 활동에 있어 시종일관 유머를 구사하면서 언어유희를 즐기는 아이들이기 때문이다.

그러나 일부 특이아동들에게서 볼 수 있듯이, 예컨대 자폐아처럼, 영재아동은 의미에 대한 집착과 제어에 대한 욕구가 강하기 때문에 단어를 필히 일말의 의혹도 불확실성도 가정할 수 없는, 윤곽이 아주 명확한 '대상'으로 간주해야만 직성이 풀린다. 이런 성향이 어른들(교사, 부모 등)과 영재아동들 사이에 숱한 오해를 불러일으키는 원인이 된다. 그 결과 역설적이게도 영재아동들의 허다한 학업 실패로 이어지고 뒤얽힌 가족 갈등을 양산한다.

— 서둘러라. 우리 늦었어. 벌써 8시 반이야.

— 아니에요, 8시 28분이에요.

— 그게 그거지. 빨리 와!

— 아니에요, 어떻게 그게 그거예요, 티브이를 2분이나 더 볼 수 있는데!

초등학교 5학년의 기하학 숙제를 예로 들어보자. "다음과 같은 도형들을 만들어보시오. 이러이러한 크기의 이등변 삼각형, 한 변이 이러이러한 정사각형, 이러이러한 각도의 마름모……."

영재학생은 지시문에 나온 치수들을 종이 위에 주의해서 옮기며 도형을 하나씩 그린 후 잘라내고, 이렇게 만든 종이 도형들을 클립 하나로 묶어 교사에게 제출한다. 이 학생은 도형을 '만들어보라'는 말을 '종이로 직접 제작하다'의 의미로 받아들인 것이다. 도형을 종이에 '그려보라'는 의미, 즉 누구에게나 통하는 암시적 의미를 예측하지 못한 것이다. 게다가 이 아이의 행위를 명백한 반항으로 간주한 여교사가 발끈하여 "내가 이걸 보고서 대체 어떤 게 삼각형이고 마름모인지 어떻게 알라는 거니?"라고 지적하자, 천진스레 이런 답이 튀어나온다. "그럼 선생님은 이 도형들을 만들어보라 해놓고선, 뭐가 뭔지 구분할 줄도 모르시는 거예요?"

이렇듯 단어의 정확한 의미에 대한 집착은 영재아동의 보다 추상적인 사고 과정에서도 드러난다. 이 아이들은 세상을 이해하려고 애를 쓰고 삶과 죽음의 의미에 관한 실존적 질문들을 끝도 없이 자문한다.

거의 잠들어 있던 쥘리앵(2세)이 별안간 중대한 문제가 자기를 괴롭히기라도 하듯 냅다 엄마를 부른다.
— 엄마, 사람이 죽으면 하느님을 보러 간다고 하지만 볼 수가 없잖아요!
— 그게 무슨 소리니?
— 죽으면 눈이 없어지니까 볼 수가 없는 거라구요!
쥘리앵에게는 동사 '보다'를 사용하는 것이 적절하지 않다고 여겨졌다. 이 동사는 '시각'이라는 감각적 지각을 전제로 하는데, 이것은 죽고 나면 더 이상 존재하지 않기 때문이다. 이 아이가 이런 기발한 생각을 한 것은 이 문제에 관해 이치에 맞는 새로운 설명을 찾는 중이라는 뜻이다.

영재아동에게 단어의 정확한 의미는 그 자체로 대단한 가치를 지닌다. 아이가 당신 말을 이해하지 못했다고 말할 때, 또 당신이 요구한 것과는 그다지 상관없는 행동을 하는 듯싶을 때, 아이에게 다음과 같이 물어보자. "내가 '정확하게' 뭐라고 했지?" 그럼 당신은 아이가 당신이 말한 것을 거의 언제나 '글자 그대로', '곧이곧대로' 적용했다는 사실을 알고 놀라게 될 것이다.

수업시간에 주제에서 벗어난 엉뚱한 대답을 하거나 이상한 대답을 하는 경우 역시 이 같은 성향에서 비롯된다. 그러므로 아이에게 짜증을 내거나 벌을 주기에 앞서, 아이가 당신의 요구나 지시를 "한 마디 한 마디 액면 그대로" 해석한 것은 아닌지 살피고 이해하려는 노력이 반드시 필요하다.

모든 것을 이해하고 싶어 하는 욕구

"왜?", "뭐에 쓰는 거야?", "그래, 좋아. 그런데 왜 그런 거냐구?"…….

질문이 꼬리에 꼬리를 문다. 대답은 어김없이 또 다른 질문으로 이어진다. 아이는 지치지도 않는지 대답을 듣자마자 또 다른 방향으로 튀어, 줄곧 의미에 집착하며 더 멀리 나아가려고 든다.

영재아동에게 의미에 대한 추구는 지적 활동의 중심이자 사고의 원동력이다. 세상의 모든 것이, 진정 모든 것이 의미를 지녀야 한다. 논리적이고 수용할 만한 의미를. 영재아동은 절대 애매모호하고 부정확하고 불완전한 대답에 만족하지 못한다.

"아시겠어요, 더는 못 참겠어요. 그 녀석 때문에 전 기진맥진입니다! 어떻게 그 많은 질문에 일일이 대답해줄 수가 있느냔 말입니다!"

갈수록 점점 복잡해지는 질문들 앞에서 부모는 지치고 무력감을 느낀다.

왜 이렇게 의미에 집착하는 걸까?

영재아동의 사고 형태가 작동하기 위한 필수 조건 하나가 바로 절대적 정확성이다. 불확실한 점, 의심스러운 점이 조금이라도 있으면, 한 알의 모래알과도 같은 사소한 변수가 침입하여 이 아이의 내면 논리 장치를 교란한다.

영재아동에게 세상 만물을 제어하고 통제하려는 욕구는 가히 절대적이다. 이는 이 아이가 불확실성에 잘 대처하지 못하기 때문이다. 불확실성은 이 아이를 불안하고 불안정하게 만든다. 사고 과정에서 일어날 수 있는 시행착오란 어떻게든 피해야 하는 것이다.

"무슨 애가 포기하는 법이 없어요. 논쟁의 승자는 늘 자기여야 해요!", "내가 하는 말은 뭐든 가타부타 한답니다." "무슨 일이든 그저 무심코 하는 법이 없네요. 뭐든 조목조목 따지고 든답니다!" "자기 생각이 늘 옳아야 해요!"

다 사실이다. 그러나 이 같은 성향을 두고 아이가 무조건 반대한다거나, 성미가 고약하다거나, 혹은 당신에게 이런저런 별 대수롭지도 않은 주장을 해대는 것으로 해석해서는 안 된다.

아이의 이런 작동 방식은 바로 영재아동 특유의 사고방식 때문이다. 아이는 당신에게 반항하거나 화를 돋우려고 일부러 그러는 것이 아니다. 이 아이로서는 세상 만물의 의미를 끝까지 추구하려고 애쓰는 것 외에는 달리 어찌할 길이 없는 것이다. 절대로 의혹의 여지를 남기지 않고 '포기'하지 못하는 이런 작동 방식 때문에 아이 스스로도 고통을 겪는다. 때로 어떤 일들은 그냥 '내버려두거나' '고민하지 않는' 것이 더 편한 법인데, 이 아이는 늘 정확한 의미에 대한 절실한 필요성을 절감한다.

영재아동의 이러한 작동 방식이 때로는 자신을 문제 삼고 자신을 비판하는 능력을 가로막는다. 이 아이가 사고를 조직하고 관리하기 위해서는 '필히' 윤곽이 명확해야 할 뿐더러 의심의 여지 또한 있을 수 없는 세상 만물을 지속적으로 통제해야 하기 때문에, 자신이 늘 옳아야 하고 또 진정 그래야만 된다. 뭔가를 문제 삼는다는 것은 의혹이 계속 남아 있으며 어쩌면 다른 수단, 다른 가정이 있다는 뜻이다. 이런 불확실성은 영재아동에게 근원적 불안을 일으킨다.

의미에 대한 집착에 어떻게 대처해야 할까?

• 의미에 대한 추구와 그 과정에서 제기되는 온갖 질문들이 당신에게 반항하거나 당신과의 논쟁에서 이기기 위해서가 아님을 이해하고 받아들이자. 영재아동에게 의미의 추구는 사고의 핵심이다.

• 아이가 당신과 자신, 양자 모두에게 적절하고 합당한 의미를 찾을 수 있게끔 도와주자.

- '아이의' 사고 추이를 따라가 보려고 노력하자. 아이가 가진 의문들을 함께 밟아가다 보면 당신이 몰랐던 생각과 사고체계, 이해방식 등을 발견할지도 모른다.

- 아이가 불확실성에 유연히 대처할 수 있도록 도와주자. 설령 자신이 잘못 생각하고 실수하고 모든 걸 다 알지 못한다고 해서 내면의 안정이 위태로워지지는 않음을 가르쳐주자. 판단이 때로 틀리기도 하고 생각이 늘 옳은 것만은 아니어도 '위험하지' 않다. 오히려 그런 착오가 다른 가능성, 다른 길을 발견하게 해준다.

매우 보기 드문 논리수학적 추론

영재아동에게 계산은 놀이다

영재아동들은 대개 수학을 잘하고 특히나 쉽게 다룬다. 빠른 계산과 순식간에 답을 산출하는 능력, 놀라운 암산 실력은 어린 나이에도 불구하고 이들에게 특이한 논리수학적 재능이 발달했음을 보여준다.

아주 일찍부터 이들은 수의 상징성과 그것을 이용하는 재미는 물론 수의 체계와 논리를 이해하고, 화폐제도를 터득하며, 물건 가격을 해석할 줄도 안다.

이 아이들에게서 거의 공통적으로 보이는 뜻밖의 특성 중 하나가 바로 수를 두 배로 늘려가는 '놀이'를 즐기는 것이다. 계속 늘려가다 보면 그 합이 정말 아찔할 정도에 이른다. 이들은 두 살 즈음부터 이런 재능을 발휘한다. $2+2=4$, $4+4=8$, $8+8=16$, $16+16=32$……, $4,096+4,096=8,192$……, $262,114+262,114=524,228$……

수가 점점 길어질수록 이들의 기쁨은 커지고, 백만 단위, 십억 단위, 점점 올라가다 보면 어느새 주술을 외는 듯한 어조로 변하기 시작해서 천조 단위에 가까워질 때쯤 흥분은 최고조에 달한다. 우리로서는 구체적으로 상상하기조차 어려운 단위다.

영재아동에게 이러한 계산 능력, 수를 다루는 능력이 초등학교 저학년 시기에는 확실히 학업의 성공 수단이 된다. 이 아이에게 덧셈, 뺄셈은 전혀 신기할 것 없는, 자유자재로 순식간에 조작 가능한 연산 기법이다. 곱셈 단계, 아니 더 정확히 말해 구구단 '외우기'는 이 아이가 처음으로 부닥치는 심각한 장애물이다. 희한하게도 이 아이는 구구단을 기어이 습득하지 못한다느니, 기억하려 하지 않는다느니, 외우기를 거부한다느니, 아무튼 어른들은, 그러니까 부모나 교사는 이런 식으로 아이의 태도를 해석한다.

그러나 영재아동은 구구단 외우기를 거부하거나 주저하는 게 아니라 습득해야 할 필요성을 못 느끼는 것이다. 구구단식 셈법과는 다른 메커니즘에서 나온 자신만의 암산 셈법이 구구단을 거치는 '우회로'보다 훨씬 더 효율적이고 훨씬 더 빠르기 때문이다. 실제로 이 아이에게 7×9를 물어보면 63이라고 바로 대답한다. 그러나 이는 구구단의 7단 혹은 9단을 외워서가 아니라 덧셈과 뺄셈을 기본 계산 구조로 이용해서 초스피드로 암산한 결과다.

영재아동은 자신이 어떻게 정답을 얻었는지 알지 못한다

영재아동이 사용하는 추론 양식은 우리에게 익숙한 통상적 수학 논리를 완전히 벗어난다. 대개 이 아이들이 추론하는 방식은 흡사 '마술을 부리는' 것 같다. 그토록 빠르고 확실하게 셈의 결과나 문제의 답을 산출해내는 것이 우리에게는 불가능해 보이기 때문이다.

그러나 이 아이들에게 그 방법이나 해법을 물어보면 제대로 설명하지 못한다. 이들이 사용하는 추론 양식 혹은 셈법은 다른 사람들은 물론이고 본인조차 이해하지 못하기 때문이다. 어떻게 풀었는지도 모르는데 어떻게 설명할 수 있겠는가.

이처럼 영재아동이 구사하는 논리수학적 방식의 특이성이 초등교육과정에서는 잘 드러나지 않을 수도 있다. 왜냐하면 일단 답이 맞는 데다, 계산에 어떤 방법을 사용했는지가 늘 분명하게 식별되지는 않기 때문이다. 실제로 우리는 영재아동이 교사가 설명한 교과서 모델대로 덧셈하지 않은 사실을 목격하면 구구단을 모른다고 혼을 내고, 그러면서도 교사가 제시한 추론을 따르지 않고도 복잡한 문제를 풀 수 있었다는 것이 놀랍다고들 생각하리라. 그러나 이 단계에서 아이는 정확한 답 덕분에 체면을 지키고 별어려움 없이 학년을 통과해나간다. 그 누구도 이 아이가 다른 학생들과 똑같이 하지 않음을, 셈이나 추론의 원리를 학교에서 가르쳐준 대로 터득하지 못했음을 알지 못한다. 특히 아이 자신이 그 사실을 모른다.

그러나 중학교 3학년쯤 되면 문제가 불거지기 시작한다. 이 아이에게 수학은 여전히 쉬운 과목이며 노력하지 않고도 뛰어난 점수를 받지만, 이제 수업은 어떻게 문제를 풀었는지 그 과정을 전개하고 답의 근거를 증명하라고 요구한다. 그런데 이 아이는 그렇게 할 수가 없다. 도대체 뭘 하라는 것인지 그조차 요령부득이다. 이 아이는 지금껏 한 번도 자신이 어떻게 해왔는지 자문해본 적이 없고, 더군다나 그런 질문이 필요하다거나 가능하리라는 생각조차 해본 적이 없다. 이 아이에게 자신은 '그냥 답을 알고 있을 뿐'이며, 이것은 어떻게 설명될 수 없는 자명한 사실이다.

영재아동은 자신이 어떻게, 왜 답을 알고 있는지 모른다. 그러니 그것을 증명할 수도, 논거를 댈 수도 없으며, 하물며 자신이 전혀 알지 못하는 추

영재의 심리학

론 과정을 전개한다는 건 더더욱 불가능하다.

　이는 아이에게 무슨 악의가 있거나 게을러서, 혹은 공부가 불충분해서, 혹은 반항심에서 비롯된 문제가 아니라, 영재아동의 사고 양식과 학교 시스템의 표준화된 사고 양식, 이 둘 사이에 깊은 골이 존재하기 때문이다. 그것은 소위 귀머거리 대화요, 두 사람이 서로 다른 나라 말로 나누는 대화와 같다. 양자가 모두 상대방의 사고방식을 이해하는 데 꼭 필요한 '해독기'를 갖고 있지 않은 셈이다. 이는 어떠한 제재나 처벌로써 개선될 수 있는 문제가 아니다. 오직 양자 간에 이런 차이가 존재함을 이해하는 것만이 어렴풋이나마 상호 소통과 점진적 개선의 가능성을 열어 보일 것이다.

　비교적 어린 영재아동들(7세에서 9세 사이)의 경우, 종합심리검사의 일종인 WISC III(아동용 웩슬러 지능검사) 문제 가운데 하나를 어떻게 푸는지 살펴봄으로써(이 연령대까지는 아직 문제 풀이 방식을 살펴보는 게 가능하다) 이들의 놀라운 추론 형태를 관찰할 수 있다. 다음과 같이 제시되는 산술 문제다. '어떤 상인이 물 25병을 갖고 있었는데, 이중에서 14병을 팔았습니다. 그에게는 이제 몇 병이 남아 있을까요?' 아이는 머리를 굴리는 기색도 없이 바로 11이라고 답한다. 그러나 "그걸 어떻게 알았니?" 하고 물어보면, 이 아이의 추론에는 우리가 으레 기대하던 뺄셈 대신 다음과 같은 계산식이 들어 있음을 알게 된다.

$$14 + 14 = 28$$
$$28 - 14 = 14$$
$$14 - 3 = 11$$

이와 같은 추론 방식이 우리가 보기에는 간단하고 효율적일 것 같지 않은데, 이 아이들에게는 타당한 연산법이다. 아이는 먼저 빼야 할 수를 두 배로 만든다. 수를 두 배로 늘리는 것은 앞에서도 언급했듯이 영재아동에게는 일상적으로 아주 흔히 사용되는 방식이다. 그 다음엔 머릿속으로 갑절이 된 수(28)와 처음 제시된 수(25병)를 비교한다. 그러면 3이라는 수가 머릿속 화면에 떠오르는데, 이 수는 계산 과정 내내 활성화된 채로 머문다. 이제 두 번째 줄을 살펴보자. 아이는 두 배로 만든 수에서 팔린 병의 수를 뺀다(28 - 14). 이어서 마지막 연산. 머릿속 화면에서 계속 깜빡이고 있는 숫자 3이 중간 결과인 14와 결합하여 결과적으로 11병이라는 답을 떠오르게 한다. 자, 어떤가, 간단한가?

만일 당신에게 문제를 새로 내고서 이와 같은 계산식으로 풀어보라고 하면 어떻겠는가? 당신에게 쉽고 자연스러운 형식인 '뺄셈'은 절대 사용 불가하다는 조건으로! 어떤가, 풀어내겠는가? 이런 계산법이 당신의 뺄셈보다 더 간단하다고 수긍할 수 있겠는가?

영재아동의 논리수학적 사고의 작동은 '직관적'인 것으로 알려져 있다. 미국인들이 '직산(直算, subitizing)'이라 부르는 것, 즉 수학적 직관이라는 의미다. 영재아동은 답을 도출해내기까지의 흐름을 의식하지 못하는데도 별안간 머릿속 화면에 답이 '나타난다'. 이것은 사고체계의 '부상(浮上) 기능'이다. 즉 데이터의 조합 및 활성화 작업이 의식의 수면 아래에서 행해졌다는 말이다. 이런 초고속 작업의 산물이 바로 답이고, 따라서 이 답은 말로 설명이 불가능하다. 게다가 이 답은 정확한 답이기에, 아이는 답이 도출될 수 있었던 과정을 되짚어볼 필요를 절감하지 못한다. 이 아이에게는 그냥 '자명한 일'이다!

최근 밝혀진 과학적 정보에 의거해서 이런 특이한 작동에 관한 하나의 가설을 다음과 같이 제시해볼 수 있겠다. 일반적으로 계산은 단기 기억에서 활성화되어 있는 정보를 이용하여 실행된다. 그런데 일부 영재아동들에게서는 장기 기억 영역이 활성화되는 것으로 보인다. 말하자면 과거에 실행된 계산들, 그러니까 그 답이 저장되어 있음 직한 비슷한 유형의 계산들을 마치 그곳 장기 기억에서 다시 회수해오는 것처럼 계산이 이루어진다는 뜻이다. 답이 장기 기억으로부터 '되돌아오는' 셈이고, 아이는 그 답을 단지 '회수'해서 재활용하는 셈이다.

 요점 정리

- 영재아동은 남다른 계산법과 추론 방식을 사용한다.
- 이 같은 방식은 다른 사람들은 물론이고 본인조차 이해하지 못한다.
- 영재아동은 자신이 어떻게 추론하는지 설명할 수 없고, 답이 도출된 근거를 증명해 보일 수도 없다.
- 이런 특성은 아이의 어떤 악의적인 태도나 반항심에서 비롯되는 게 아니라, 본인조차 자신이 구사한 방법을 이해하는 것이 불가능하기 때문에 빚어진다.

나무 형태의 연결망 사고

생각의 다중 연결망이 동시에 활성화된다

"내 머릿속에는 내가 생각하는 문제들이 계통수(系統樹)처럼 뻗어나가요." 어느 아홉 살 난 아이의 이런 멋진 표현이 영재아동의 사고 작동을 아주 비유적이고 아주 정확하게 보여준다. 이들의 사고는 각각의 생각, 각각의 개념, 각각의 정보 들이 서로 나뉘고, 거기서 또 새로운 생각, 연상, 유추 등의 갈래로 다시 나뉘면서 마치 가지를 쳐나가는 나무 모양처럼 조직되는 것이다.

우리는 영재아동이 머리가 아프다고 투덜대거나, 아니면 좀 더 단적인 예로, 머릿속에 온통 들어앉은 것들을 더는 못 견디겠다, 생각이 어디로 흘러 들었는지 더는 갈피를 못 잡겠다, 생각하는 것 자체가 지긋지긋하다고 표현하는 소리를 자주 듣는다.

이런 아이들의 사고는 언제나 작동 중이다. 그것도 아찔하리만치 빠른 속도로, 그리고 억제할 수 없는 광적인 연상의 사슬로 무한히 이어지고 또 이어지면서.

이런 사고의 위력, 연상망의 이런 끊임없는 활성화가 이 아이들을 '끝이 없는' 생각 속으로 계속해서 이끈다.

일반적으로 사고가 조직되고 구성되고 표현되기 위해서는 일정한 틀이 필요한 법이다. 그런데 조직책 역할을 하는 이런 틀이 영재아동에게는 없기 때문에, 이들은 자신의 생각들을 어떻게 모으고 어떻게 논리적으로 연결해야 하는지, 그 생각들이 의미를 띠고 서로 소통할 수 있게 하려면 어떻게 정리해야 하는지를 알지 못하고 알 수도 없어서 상당한 어려움을 겪는다.

연결망 사고는 강점과 약점을 동시에 지닌다. 사고의 논리적 구조를 가능케 하는 선형적 사고와는 그 내용과 형식 면에서 확연히 다르다.

일반적으로 우리의 사고는 제로 지점(최초의 데이터)에서 시작해서 한 단계 한 단계 진전되어 가다가 드디어 어떤 결과나 인지적 정교화의 귀결에 이르는, 점진적인 선형 형태로 조직된다고 볼 수 있다. 이것이 한 걸음씩 전개되는 논리적 사고다.

따라서 선형적 사고는 아래와 같은 도식으로 표현될 수 있다.

인풋(시스템 속으로 데이터 투입) ⇒ 통합 ⇒ 총체적 의미 처리 ⇒ 한 단계씩 사고 구축. 이때 각 단계는 정교화된 이전 단계의 정보에 통합된다. ⇒ **아웃풋**(결과 산출)

반면 영재아동의 경우에는 사고가 '연결망' 형태로 구축된다. 각각의 생각이 새로운 생각들로 가지를 치고, 이 생각들이 또 제각각 연상되는 새로운 생각들로 계속해서 가지를 쳐나간다.

그러나 이 시스템이 훨씬 더 복잡해질 수밖에 없는 이유는 영재아동이 이러한 '사고의 계통수' 여러 개를 '동시에' 활성화할 수 있기 때문이다. 즉 이 시스템은 복수의 연결망이 나란히 동시에 작동하는 형국이다.

이렇게 해서 영재아동은 줄기차게 동시에 전개되는 정보와 데이터들로 무한히 확장되는 사고의 장 앞에 서 있다. 생각의 다중 연결 고리들은 늘 활성화되어 있고, 동시에 사용 가능하며, 같은 시공간에서 이 또한 사용 가능한 기존 정보·기존 지식과 결합한다.

놀라운 아이디어의 출현

이 같은 사고 작동의 특성은 이런 다중 연결망으로부터 '놀라운' 아이디어를 샘솟게 하고 창조의 길을 열어준다. 다시 말해 여러 축을 중심으로 전개되는 수많은 연상의 고리들을 지속적으로 활성화할 수 있는 능력이 수많은 생각과 지식과 정교화된 정보를 서로 관련짓게 해주고, 이렇게 관련지어진 것들이 서로 결합하여 급기야 새로운 '발견'이나 '발명', 새로운 지식이나 이론을 이끌어내게 되는 것이다. 역사상 위대한 발명은 모두 십중팔구 이런 유형의 사고 작동에서 튀어나왔다고 볼 수 있다.

반면에 선형적인 사고 작동은 사고의 각 단계를 그 단계에 직접 관련 있는 정보로만 국한하기 때문에 창의적인 일에는 불리하되 학교교육에는 훨씬 더 효과적이다.

영재아동은 관련성 있는 정보를 선별할 줄 모른다

직접적으로 관련성 있는 정보를 선별하는 능력, 다시 말해 정보의 바다 한가운데서 주어진 문제의 정답을 얻는 데 필요한 정보를 찾아내어 사용하는 능력, 이것이 효과적인 지능 작동에 반드시 요구되는 핵심 역량이다. 그런데 영재아동의 복잡한 사고로는 이런 작업을 수행하기가 훨씬 더 어렵다.

머릿속에서 동시에 활성화되어 깜빡거리고 또 끊임없이 확장되어가는 '사고의 계통수들', 이것들과 직면해 있는 아이는 이 활성화를 멈추고서 무엇이 정답의 산출에 꼭 필요한 가장 유용한 데이터, 가장 유용한 지식인지를 결정할 수가 없는 것이다.

아래와 같은 작문 수업의 실례를 보면 영재아동의 풍부한 사고와 지식, 그리고 실제적으로 작성한 빈약한 결과물, 그 사이의 간극이 이해될 것이다.

"최근에 다녀온 휴가에 대해 써보시오"라는 작문 주제가 발표되자, 일반 학생은

— 우선 이야깃거리가 될 만한 가장 흥미로운 사건을 고르되(관련성 있는 정보의 선별),

— 좋은 점수를 받기 위해 교사의 취향에 가장 들어맞는 사건으로 정한다(암시적 사고).

— 각 단계마다 가장 특기할 만한 소재를 정하여 일렬로(선형적 방식으로) 주제를 전개해나간다.

— 점진적으로(한 단계 한 단계) 소재 전체를 종합하는 결말에 이른다.

반면에 영재학생은 인풋 단계에서 이미 최고의 "후광" 현상을 경험한다. 다시 말해 작문 주제가 발표됨과 동시에 주요 정보가 머릿속에 훤히 펼쳐지고, 보충 자료들까지 순식간에 떠오르며 활성화된 연결망 속으로 통합된다. 대번에 처리 작업이 더 복잡해진다.

게다가 이 학생은 선형적 처리를 우선적으로 행하는 데 어려움을 겪는 까닭에, 아주 사소하고 미세한 자료들까지 가세한, 과중하고 끝없는 생각 속으로 빠져든다. 그 속에서 이 학생은 도무지 결정을 내릴 수가 없다.

이러한 연상망의 과잉 활성화로 인해 영재학생은 짜임새 있는 작문을 쓰지 못하는 경우가 종종 있다. 결국, 마감 시간이 임박해서야 겨우 짜임새가 엉성하고 두서없고 뒤죽박죽에다, 때로는 이해하기 힘들고, 때로는 글씨를 알아보기 힘들 만큼 날림으로 해치운 글을 써낸다.

그러나 작문의 주제가 처음 발표되었을 땐 그 얼마나 풍부하고 강력한 사고가 활성화되었던가!

• 이런 작동 방식은 무언가를 창조하고 세상을 폭넓게 이해하는 데는 탁월한 능력을 발휘하지만 주어진 상황을 효율적으로 인지하는 데는 커다란 걸림돌이 되기에, 영재아동이 학교교육에서 겪는 어려움의 핵심이 바로 여기에 있다.

• 이런 작동 방식은 교사들로 하여금 이런 아이를 몽상에 잠기거나 정신이 딴 데 팔린 학생으로 인식하게 만든다.

• 이런 작동 방식은 고전적 방식으로 해석하자면 주의력 결핍으로 보일 수 있으나, 실은 여러 가지 서로 다른 방면에 동시에 주의를 기울이는 것이다.

• 이런 작동 방식은 작문할 때 짜임새와 얼개가 엉성한 글이 되게 만들고, 필기시험에서든 구술시험에서든 머릿속에 든 지식을 조직적으로 끄집어내어 사용하지 못하게 만드는 주요 원인이다.

사고의
인지구조

좌뇌와 우뇌

뇌 구조와 관련해서 현재까지 밝혀진 지식과 대뇌의 반구 기능차[*] 모델 덕분에 인지 작동에 관한 신경생리학적 설명들이 가능해졌다.

널리 알려졌다시피 우리의 뇌는 두 개의 반구, 즉 좌반구(좌뇌)와 우반구(우뇌)로 이루어져 있다. 각 반구에는 우리의 인지 활동에 각기 다르게 개입하는 특정한 영역들이 있다. 우리가 뭔가를 생각할 때, 뭔가를 곰곰이 숙고할 때, 또 어떤 행동을 할 때, 그때마다 그에 해당되는 영역이 활성화된다. 어떤 일들은 좌뇌를 우선적으로 자극하고, 또 어떤 일들은 우뇌의 지시를 받는다.

---

[*] 개인마다 좌뇌와 우뇌가 서로 다르게 분화하여 기능에 차이를 보이는, 즉 한쪽 뇌의 기능이 다른 쪽보다 우세하게 나타나는 현상.

우리가 어떤 정보를 '처리'할 때, 다시 말해 어떤 지각이나 외부의 자극에 의미를 부여할 때, 좌뇌와 우뇌는 같은 기능을 담당하지 않는다. 좌뇌와 우뇌가 각기 지닌 특성들을 다음과 같이 간략하게 도식화해볼 수 있다.

좌 뇌	우 뇌
순차적 처리: 정보를 하나씩 단계적으로 처리	동시적 처리: 정보를 총체적으로 처리
청각적·언어적 처리	시각적·형태적 처리
분석적 작동	유추적 작동
추론, 증명	직관
합리화, 논증적 사고	창의력, 확산적 사고
논리적·이성적 두뇌	감정적 두뇌

각 반구의 특성

좌뇌 우위의 사회

현재 우리 사회에는 합리화와 논리적 사고의 필요성 때문에 이러한 영역을 관장하는 좌뇌가 더 많이 자극받고 있다. 학교는 좌뇌의 역량을 우선시하는 곳이다. 언어 기능, 논리수학적 추론과 전개, 문장력 등은 분석적·순차적 기능의 적절한 개발과 운용을 전제로 하기 때문이다. 우뇌는, 특히 동시적 처리는 순차적 처리로 포화상태에 이른 작업에 우선적으로 개입하는데, 이런 특성은 효율적인 학교 공부에 상당한 핸디캡으로 작용한다.

영재아동의 우뇌 우위

> 영재아동이 가진 지적 작동의 인지적 특징들은 우뇌 우위에 유리하게 작용하고, 여하튼 우뇌가 좌뇌보다 훨씬 더 두드러지는 확연한 기능 차를 보인다.

정보의 순차적 처리와 총체적 처리

• 좌뇌를 통한 순차적·분석적 처리

좌뇌는 논리의 뇌, 데이터의 분석적 처리를 담당하는 뇌다. 좌뇌를 통해 우리는 정보를 논리적 순서에 따라 하나씩 순차적으로 처리한다. 이 행위는 각각의 데이터를 독립적으로 처리하되 다음 데이터와도 연결 지어야 함을 전제로 한다. 사고의 정교화를 이해하고 그 작업을 진전시키기 위해서는 모든 데이터를 연속선상에서 서로 연결 짓는 일이 필요하고, 이런 연결 고리들의 점진적인 결합을 통해 최종 결과물 혹은 최종적 이해에 도달하게 된다.

좌뇌는 언어를 관장한다

예를 들어 우리가 말을 할 때 활동을 개시하는 것은 좌뇌와 순차적 처리 기능이다. 각 음절이 앞 음절에 이어 차례로 발음되고, 이 음절의 결합이 단어의 소리 이미지를 만들고, 이 단어가 또 다른 단어들과 결합하여 하나의 정확한 구문이 만들어짐으로써 결국 말하는 바의 의미를 이해할 수 있게 된다.

우리가 단어로 자신의 생각을 표현할 때는, 말로 내뱉든 글로 쓰든, 언제나 이러한 순차적 능력이 자극을 받는다.

글을 읽는다는 것은 먼저 글자를, 이어서 글자의 결합을, 이어서 단어를 하나씩 차례대로 해독해야 하는 행위다.

글을 쓴다는 것은, 그래픽 기호들을 적절히 배열하고 조합하여 이해 가능한 글씨를 만들어감으로써 언어를 옮겨 적는 행위다.

문어는 정확하고 조리 있는 언어 표현을 위해 그 순차적 질서를 다룰 줄 알아야 하는 코드이다.

• 우뇌를 통한 형태적·동시적 처리

우뇌는 비언어적인 작업에 자극을 받는다. 즉 우뇌는 데이터를 시공간 (視空間)적 방식으로 처리한다. 즉 이미지를 다루는 뇌다.

우뇌에서 정보 처리에 개입하는 것은 동시적 과정이다. 즉 데이터 전체, 외부의 자극이 지닌 속성 전체가 총체적으로 파악된다. 모든 정보가 동시에 처리되고, 바로 이런 총체적 접근이 의미를 부여한다.

우뇌는 무엇보다 '의미'에 관심이 있다. 순차적 처리와는 반대로, 정보를 여러 단위로 쪼개면 그 정보를 이해하기 힘들어진다. 즉 의미를 생성내기 위해서는 모든 정보가 총체적으로, 동시에 통합되어야 한다.

동시적 과정은 단어의 총체적 이미지를 포착하고, 의미를 중시한다. 자, 아래의 그림을 '읽을' 수 있겠는가?

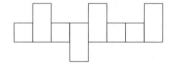

영재의 심리학

아마 쉽지 않을 것이다! 그러나 당신의 우뇌가 적극적으로 개입한다면 위의 그림에서 'éléphant(코끼리)'라는 단어를 떠올릴 수 있을지도 모르겠다. 당신의 우뇌가 이 단어의 이미지, 그 형태, 즉 '게슈탈트'*를 해독했다면 그 의미가 머릿속에 '떠오를' 것이다.

직관, 창의성, 감동성: 우뇌가 지배적일 때

직관

우뇌는 직관의 중추다. 우뇌가 지배적으로 활성화될 때 우리는 아주 놀라운 직관을 가질 수 있다. 직관은 세상을 이해하고 방대한 지식을 터득하게 하는 원천이다. 그러나 우리는 대부분의 경우 우리 자신이 어떤 과정을 거쳐 이런저런 이해나 해결책, 이런저런 아이디어에 이르게 되었는지 명확하게 설명할 수 없다.

우뇌는 확실한 증거나 논거를 제시하는 능력, 추론 과정을 설명하는 능력이 없다. 이런 까닭에 우뇌가 처리한 정보는 다른 정보에 비해 신뢰성이 떨어질 수 있고, "사실이야. 틀림없다니까!"라는 해명만으로 그것을 다른 사람들이 받아들이게끔 설득하기 힘들다.

영재아동이 수학적 데이터를 처리하는 방식은 직관적 작동이 어떤 것인지를 여실히 보여준다. 계산을 할 때 영재아동의 머릿속에는 그 답이 논의

---

*독일어로 '형태'라는 말. 부분이 모여서 된 전체가 아니라, 완전한 구조와 전체성을 지닌 통합된 전체로서의 형상을 의미한다.

의 여지라고는 털끝만치도 없는 명백한 사실로 '떠오른다'. 그러나 이 아이는 그 답을 증명해 보일 수도, 그 답이 정확하다는 증거를 댈 수도 없다. 이 아이는 단지, 그러나 확고하게, "나는 답이 이렇다는 걸 안다"고만 주장할 수 있을 뿐이다. 이와 달리 좌뇌를 통해 데이터를 처리하는 경우라면, 답의 논거를 제시하고 그 유효성을 입증해 보일 수 있기 때문에 타인들과의 소통이 가능하다. 즉 "나는 이 답이 옳다는 걸 내가 어떻게 아는지 네게 설명할 수 있고, 내가 행한 추론을 우리는 함께 공유할 수 있다"는 식이 된다. 이런 측면에서 볼 때 영재아동은 자신이 취한 방식을 자신조차 알지 못해 남들과 공유하기가 불가능하다는 점에서 몹시 불리한 처지에 놓인다. 이 아이는 자신이 어떻게 아는지, 어떻게 했는지 알지 못한다. 따라서 남들이 받아들이고 인정할 만한 형태로 자기 역량을 표출할 수가 없어 매우 상처받기 쉬운 아이가 된다.

"이 아이는 절대적 확신을 갖고 예측한다"라는 말은 영재아동이 지닌 사고방식의 특징을 단적으로 보여주는 한편, 타인들과의 소통이 더 어려워질 수밖에 없는 이유를 잘 말해주고 있다. 증거를 댈 수도 없는데 어떻게 자신이 옳다고, 자신이 안다고 주장할 수 있는가! 어떻게 자기 존재와 자신의 행위에 대해 확신을 가질 수 있는가! 그러므로 영재아동을 둘러싸고 언쟁과 갈등이 끊이지 않을 수 있다. 요컨대 이 아이는 자신의 견해를 확고하게 주장하며 굽히려 들지 않는 반면, 남들은 이런 얼토당토않은 고집을 받아들이기 힘든 것이다.

직관은 또한 세상 만물이 더 실감 나게 세상을 살아가는 방식이기도 하다. 왜냐하면 이 아이는 사물의 외관 혹은 겉으로 드러나는 현상 너머로 또 다른 상황들을 이해하고, 느끼고, 예견하기 때문이다.

창의성

우뇌는 창의성과 상상력의 뇌다. 바로 예술가들의 뇌! 좌뇌의 준엄한 논리와 이성에 갇히지 않는 사람들의 뇌다. 우뇌는 비합리적이고 비상식적이다!

우뇌는 '확산적 사고'를 생산한다. 확산적 사고란 고정된 틀을 깨는 사고, 논리적 질서의 궤도에서 벗어나는 사고를 말한다. 확산적 사고는 본래 창의적이고 독창적이며, 의외성을 띠고, 기대되거나 특별히 요구되었던 바를 십중팔구 비껴난다. 확산적 사고는 여러 갈래의 다양한 길을 열어주고, 새로운 사고를 도입하고, 남다른 사고를 창조한다.

학교라는 틀 안에서 영재아동의 확산적 사고는 이 아이로 하여금 주제에서 벗어난 엉뚱한 대답을 하게 만들고, 교사의 말이나 지시와는 별 상관없는 여담을 늘어놓게 만든다. 이 아이는 애초에 다른 길로 빠져 교사의 질문이나 요구를 '잊게' 되는 것이다. 창의적인 사고는 이 아이를 다양하고 풍부한 창조의 세계로 이끌지만, 이 세계는 학교교육의 요구에 부합하지 않고, 결국 주목받지 못한다!

이런 창의적 사고는 일부 놀이 활동에 막대한 영향력을 행사할 때가 종종 있다. 예컨대 영재아동은 하나의 세계를 창조하고 상상하고 고안하고 공들여 가공하는 데 심취하는데, 이럴 때 이 세계에서 아이를 빼내오기란 여간 힘든 게 아니다.

영재아동의 사고는 좌뇌가 지배하는 현실에만 줄곧 갇혀 있을 수 없기 때문에, 이 아이의 정신적 안정을 위해서는 확산적 사고를 구사할 수 있는 여지가 반드시 주어져야 한다. 영재아동의 이러한 인지 작동의 특성을 억압한다면, 사고의 폭과 지적 표현의 가능성이 상당히 축소될 소지가 있다.

감동성

우뇌는 감정의 지배를 받는다. 우뇌에는 모든 것이 감정적·정서적 색채를 띤다. 우뇌는 정서적 개입 없이는 사고할 줄 '모른다'. 우뇌가 우선적으로 자극받는 작업에는 감정적 측면이 도외시될 수 없고, 이런 감정적 측면이 관념의 형태로든 행위의 행태로든 사고의 정교화와 그 표현에 적극 관여한다.

감정 영역은 영재아동의 지적 작동에 매우 중요한 영역이다. 정서는 삶의 모든 행위와 결부되어 있고, 때로는 사고 영역까지 밀려들어와 상황이나 문제에 대한 논리적·이성적 분석 가능성을 전면 무력화시킬 수도 있다.

학교에서 이런 영재아동들이 청소년기에 이르기까지 교사들과 얼마나 정서적 종속 관계에 놓여 있는지를 들여다보면 놀랄 정도다. 이상하다 싶게도, 이 아이들은 가령 어떤 해에 생물 과목에서 두각을 나타내다가도 이듬해에는 초라한 성적을 받는 경우가 있다. 이런 결과는 아이의 역량 문제가 아니라 정서적 관계와 관련된 문제다. 아이 자신이 높이 평가하는 교사와는 수업 참여도와 동기부여가 완벽한데 반해, 아이 자신이 어떤 형태의 존경심도 느끼지 못하는 교사와는 공부를 하지 못하는 것이다.

이렇듯 감정 영역이 모든 인지 행위와 학습 행위에 부단히 개입한다는 점은, 영재아동의 지적 작동과 학교생활을 이해하는 데 반드시 고려해야 할 주요한 특성이다.

– 퀴즈 –
좌뇌일까, 우뇌일까?

위에서 살펴본 내용을 잘 이해했는가? 그럼 아래의 각 기능이 좌뇌의 관할에 속하는 것인지, 우뇌의 개입이 필요한 것인지 진단해보자.

글을 쓸 때　　　　　　　　　　좌뇌 ☐　　　우뇌 ☐

쓰는 행위와 철자 표기는 글자를 하나씩, 단어를 하나씩, 그리고 문장을 하나씩 차례로 써내려가야 하는 행위다. 즉 분석적·순차적 처리가 우선한다. 그러나 텍스트를 생성하고 어떤 이야기를 상상할 때는 우뇌의 상상력과 창의성이 활성화된다.

말을 할 때　　　　　　　　　　좌뇌 ☐　　　우뇌 ☐

단어가 하나씩 입 밖으로 발화(發話)되어야 한다. 어쨌든 이해할 수 있는 말이 되려면 말이다. 물론 좌뇌가 관장하는 순차적 처리만이 정확하고 유창한 화법을 가능하게 한다.

예술작품을 감상할 때　　　　　좌뇌 ☐　　　우뇌 ☐

이때 활약하는 것은 우뇌다. 왜냐하면 이 행위는 예술작품을 이루는 요소들을 총체적으로 이해하는 것이기 때문이다.

누군가의 말을 들을 때　　　　　좌뇌 ☐　　　우뇌 ☐

뇌의 양쪽 반구가 다 자극을 받는다. 좌뇌는 하나씩 순차적으로 발화되는 청각적 정보를 처리하고, 우뇌는 그것에 의미를 부여하거나, 혹은 부여하는 동시에, 발화되고 있는 내용을 시각적으로 상상한다.

영화를 볼 때　　　　　　　　　좌뇌 ☐　　　우뇌 ☐

우리 머릿속에 언뜻 드는 생각과 달리, 순차적 처리는 영화의 기본이다

(좌뇌). 각 장면이 하나씩 연속해서 다음 장면으로 이어지고, 그 장면 하나하나가 이야기의 의미를 우리에게 부여한다.

수학문제를 풀 때　　　　　　　　좌뇌 ☐　　우뇌 ☐

　보통 추론을 전개할 때는 추론 절차를 한 단계씩 차례차례 밟아가야만(좌뇌), 교사의 요구에 부응하고 좋은 점수를 얻을 수 있다. 그러나 영재아동은 거의 언제나 수학적 직관으로 답을 알아내기에, 결국 그것이 정답임에도 나쁜 점수를 받게 된다.

피아노를 칠 때　　　　　　　　좌뇌 ☐　　우뇌 ☐

　악보를 보고 해독하다시피 칠 때는 좌뇌가 활약한다. 그러나 즉흥 연주에는 오히려 창의적인 뇌, 우뇌가 활약한다.

글을 읽을 때　　　　　　　　좌뇌 ☐　　우뇌 ☐

　글을 해독하는 일은 순차적 처리(좌뇌)를 필요로 하고, 글을 이해하는 일은 뇌의 여러 영역이 함께 역량을 합쳐야 가능하다. 영재아동은 보통 총체적으로 읽는다. 즉 문장의 구조적 연결에 신경 쓰지 않으면서 한 단어에서 다른 단어로 홀쩍홀쩍 '건너뛰고', 텍스트 상에 존재하지 않는 단어들을 '읽어내고', 어떤 단어는 다른 단어로 대치하기도 한다. 왜냐하면 이 아이는 문장의 정확한 구조보다 의미에 더 중점을 두기 때문이다.

놀이를 할 때　　　　　　　　좌뇌 ☐　　우뇌 ☐

　무슨 놀이를 하느냐에 따라 다르다. 체스 같은 놀이는 예컨대 인형을 가지고 역할놀이를 할 때처럼 우뇌의 역량을 우선적으로 자극하는 반면에, 비디오 게임이나 일정한 지식을 요하는 보드게임은 좌뇌의 분석적·순차적 기능에 의지한다.

기억의 특성

오늘날 우리는 기억이 하나가 아니라 여러 형태로 존재한다는 사실을 잘 알고 있다. 이 기억들은 저마다 고유한 기능과 분명한 메커니즘을 갖고 있다. 일괄하여 기억은 크게 장기기억과 단기기억, 이 두 가지 범주로 분류된다.

장기기억

• 지식의 '저장'

장기기억에는 여러 유형이 있다. 개인적인 추억에 해당하는 일화기억, 알고 있는 지식을 구성하는 의미기억, 자전거 타기와 같은 요령이나 노하우에 해당하는 절차기억이 그것이다.

장기기억에 저장된 추억은 우리에게 필요한 지식을 자유로이 꺼내 쓸 수 있게끔 구성되고 조직된다. 물론 늘 감정에 물들어 있는 개인적인 추억은 다른 법칙을 따르고, 우리 삶의 어떤 일화들은 '잊히기도' 한다.

• 영재아동의 놀라운 기억력

"우리 애는 기억력이 정말 굉장해요." 영재아동을 둔 부모라면 이 아이들이 실로 엄청난 양의 정보를 저장할 수 있음에 누구도 이의를 제기하지 않을 것이다.

영재아동이 기억할 수 있는 데이터는 온갖 종류를 망라한다. 세상 관측 데이터, 가지각색의 지식, 삶의 이런저런 순간, 아주 사소한 디테일, 자신에게는 아무짝에도 쓸모 없는, 타인들에 관련된 정보 등등.

영재아동은 아주 어린 시절의 추억을 정확하게 기억하고 있는 것으로도 우리를 놀라게 한다.

게다가 기억의 구조가 아주 정교하고, 장기기억의 저장 능력을 증진시키는 다중 연결 고리들이 아주 풍부하다.

성능이 뛰어난 장기기억은 저장되어 있는 정보를 빠르게 동원하여, 즉 '다시 불러내어' 새로운 이해와 지식을 생성한다. 예컨대 이 아이는 해묵은 지식을 이용하여 새로운 문제를 해결할 수 있다.

어떤 종류의 작업에서는 장기기억을 동원할 수 있는 능력이 인지 역량과 사고의 정교화를 대단히 풍요롭게 만들어준다.

단기기억, 일명 작업기억(working memory)

• 활동기억

처리해야 할 정보를 수 초간 우리 의식 속에 담아두는 것이 '활동기억'이다. 우리 뇌에 정보가 유입되면, 작업기억이 그중 통합되어야 할 정보에 한해 의미를 부여한 뒤 이를 장기기억으로 보낸다. 이를테면 우리가 어떤 문장의 의미를 '처리하고' 누구에게 방금 들은 말을 이해할 수 있게 해주는 것이 바로 이런 형태의 기억이다. 우리가 방금 읽은 문장을 이해할 수 있는 것도 이 기억 덕분인데, 이는 문장의 단어들이 수 초간, 말하자면 우리가 읽고 있는 것을 이해하는 시간 동안 기억 속에 활성화된 상태로 머물기 때문이다.

'단기기억의 지속 시간은 짧다.' 고작 이십 초 정도다. 이 처리 단계에서 기억에 보유할 수 있는 정보는 7개(±2) 항목에 불과하다.

이를 테면 7개가 홀쩍 넘어가면 작업기억에 저장할 수 없다는 뜻이다. 저장 용량을 늘리려면 항목을 재편해야 한다.

예컨대 일련의 숫자를 암기해야 할 때 작업기억은 곧 포화상태에 이른다. 숫자가 7개가 넘어가면 정말 쉽지 않다! 전화번호를 '블록'으로 나누는 것도 바로 이 때문으로, 그렇지 않으면 기억할 수가 없다!

학교에서는 작업기억이 끊임없이 자극받는다. 이 기억이 활성화되어야 수업을 받아가는 족족 이해할 수 있고, 교사의 지시를 이해할 수 있으며, 장기기억에 통합될 수 있게끔 지식에 의미를 부여할 수 있기 때문이다.

단기기억의 성능이 뛰어날수록, 보유할 수 있는 데이터의 양은 늘어나고 이해력은 향상된다.

요컨대 단기기억의 정보 처리 능력이 뛰어나면 정보를 쉽게 장기기억으로 통합할 수 있다(장기기억화).

• 영재아동의 비범한 단기기억력

영재아동의 작업기억력은 월등히 뛰어나다. 실험 결과, 활동기억에 저장할 수 있는 데이터의 양은 IQ와 함께 증가하고, 데이터가 기억에 머물러 있는 시간 또한 IQ가 높을수록 훨씬 길어진다. IQ 100과 IQ 140을 비교하면 단기기억의 저장 능력은 두 배로 차이가 난다.

시몽(10세)은 지능검사를 치르는 중이다. 그런데 뺄셈을 해야 하는 산수 문제가 나오자 대뜸 내 뒤쪽 공간을 뚫어지게 응시한다. 그러고는 시선은 여전히 허공에 고정시킨 채 바로 답을 내놓는다. 내가 시몽에게 뭘 한 거였냐고 물어본다. 이 아이는 뺄셈을 하기 위해 내 집무실에 배치되어 있는 물건들을 시각화하여 활동기억에 머물러 있게 했고, 그런 다음 머릿속으로 제거해야 할 분량을 빼면서 남은 물건들을 '헤아린' 것이다. 그러니까 이 아이는 손가락셈을 할 때와 동일한 메커니즘을 이용한 것이다. 단, 손가락을 꼽는 대신 일련의 물건들을 시각적으로 기억하는 방식으로!

영재아동은 비범한 활동기억력 덕분에 다량의 데이터를 기억에 담아둘 수가 있고, 그 많은 데이터를 동시에 처리할 수 있다. 이런 메커니즘으로, 아이가 정보를 결합하고 조합하는 폭은 상당히 넓어진다.

기억은 잠자는 동안에도 만들어진다

우리가 수면 중에 꿈을 꾸는 단계, 과학자들이 일명 '역설수면'(렘수면)이라 부르는 이 단계는 우리의 기억에 매우 중요한 국면이다. 꿈을 꾸는 동안, 하루에 겪은 이런저런 사건과 새로 습득한 지식이 이미 기억에 저장되어 있던 데이터와 결합되고 조합된다. 이렇게 해서 정보가 우리의 기억 속에 고착되고 통합되는 것이다.

수면에 관한 연구에 의하면, 영재아동은 역설수면의 단계가 일반적인 경우보다 더 길다. 따라서 꿈을 많이 꿀수록 더 많이 기억하게 된다는 사실을 알 수 있다.

기억의 함정

영재아동의 비범한 기억력이 지식을 정교화하는 데는 오히려 걸림돌이 된다. 실제로 이 아이의 기억은 사진을 찍듯이 놀라우리만치 정확하다. 어떤 텍스트를 읽기만 해도, 아니 눈으로 죽 훑기만 해도 기억할 수가 있다. 예컨대 이 아이가 시를 외우는 방식을 보면 특히나 놀랍고 당혹스럽다.

이런 기억 덕분에 영재아동은 최근에 습득한 지식을 쉽게 재현할 수는 있지만, 통합해야 할 지식의 내용과 구조를 정교화하는 작업은 전혀 하지 않는다. 이 말은 즉 피상적인 지식만을 얻을 뿐, 그 지식을 완전히 '자기 것으로 소화하기' 위해 필요한 인지기제를 작동시키지 않는다는 뜻이다.

그 결과 학습하는 법을 익히지 못한 영재아동에게 흔히 나타나는 어려움이 닥친다. 왜냐하면 이 아이에게는 이런 인지기제가 오랫동안 필요치 않았기 때문이다. 이 아이는 자신이 지금껏 남들처럼 공부하지 않았다는 사실과, 지식을 자기 것으로 소화하기 위해 해야 할 '작업'(지식의 정교화 작업)이 따로 있다는 사실조차 모르고 있었다.

　"정말 이해할 수가 없어요!" 한 엄마가 열에 받쳐 한탄을 토해낸다. "무슨 애가 책을 펼쳐놓고 그 앞에 몇 시간을 앉아 있으면서도 뭘 해야 하는지를 모른답니다!"

　정말 그렇다! 영재아동은 누가 공부하라고 하면 당혹스럽다. 이런 종류의 작업에 일반적으로 필요한 기제를 갖고 있지 않기 때문이다. 지금까지는 '플래시를 번쩍 터뜨려 촬영하듯이' 수업 내용을 한눈에 기억해둔 것으로 충분했으니까.

데이터의 전송 및 처리 속도

　정보를 매우 빠르게 처리하는 영재아동의 능력은 유발전위(誘發電位)* 연구를 통해 확인된다. 유발전위란 대뇌피질에서 발생하는 뇌파의 총체로서, 정보가 신경임펄스** 형태로 전달된다는 증거물이다.

　영재아동은 단위시간당 대뇌피질에 아주 엄청난 양의 정보를 전송한다. 이 전송 속도가 워낙 빨라서 다른 아이에 비해 훨씬 다량의 정보를 입력할 수 있다. 이는 즉 영재아동이 주어진 시간 안에 다른 아이들로서는 전혀 포

---

*evoked potentials. 외부의 각종 자극에 의해 중추신경계에 유발되는 전위 변화. 전위란 어떤 물체가 축적해 있는 전기 에너지를 일컫는다.
**자극에 의해 신경섬유를 따라 전도되는 활동 전위.

착하지 못한 갖가지 정보를 처리한다는 뜻이다.

메타인지(초인지) :
"나는 내가 무엇을 알고 있는지에 대해 무엇을 아는가?"

메타인지라는 조금 복잡한 용어를 간단히 풀이하면, 자신이 보유한 지식과 인지 작동에 대해 알고 있는 바를 의미한다.

"나는 내가 프랑스 지리를 잘 알고 있다고 생각하는가?"
"나는 내가 이 영어 텍스트를 읽을 수 있다고 생각하는가? 다시 말해 그럴 능력이 있는가?"
"나는 이 수학 문제를 풀 수 있는가? 풀기 위해 필요한 연산 원리를 알고 있는가?"

대개의 경우 메타인지 기제는 무의식적이다. 다시 말해 우리는 자신이 어떤 일을 할 수 있는지 없는지, 그럴 능력을 지니고 있는지 없는지 자문하지 않고 바로 일을 수행한다.

비교적 더 복잡한 작업에 직면했을 때 우리는 이 메타인지 기제의 존재를 발견하게 된다. 작업에 직면한 순간 우리는 대뜸 이렇게 자문한다. 어, 내가 이걸 알고 있나? 내가 이걸 할 수 있는 능력이 되나?

예컨대 우리가 어떤 잡지를 뒤적일 때는, 자신이 좋아하는 스타에 관한 기사를 자신이 읽을 수 있는지, 또 그 스타의 연애 스캔들을 자신이 잘 이해할 수 있을지 자문하지 않고 그냥 무의식적으로 읽는다.

반면에 기술 관련 기사나 다소 어려운 경제 관련 기사를 읽어야 한다면, 우리는 대번에 자신이 그런 기사를 읽을 능력이 되는지, 또 그걸 이해하는 데 필요한 지식을 지니고 있는지 자문하게 된다.

메타인지는 크게 다음의 세 단계에 따라 이루어진다

• **문제가 있음을 인식하는 단계(인풋)**: 문제가 있는가? 문제가 있음을 인식하지 못하면 문제를 해결할 수 있는 여지가 단번에 가로막힌다.

• **활성화할 전략을 예상하고 조절하는 단계(정교화)**: 문제를 해결하기 위해 어떤 전략을 사용할 것인가? 내가 선택한 전략이 이 문제를 실제로 해결하게 해줄 것인가? 다른 전략이 있지는 않을까? 그게 더 적절하지 않을까? 달리 해결할 만한 방법들을 내가 더 알고 있지는 않은가?

• **결과를 산출하고 제어하는 단계(아웃풋)**: 내가 행한 작업이 내게 요구된 바에 제대로 부합하는가? 내가 행한 작업이 올바르고 정확한가? 내가 산출한 결과에 확신을 가지려면, 어떻게 해야 그 결과를 입증할 수 있을까?

이 단계들은 문제의 성격이나 작업의 성격에 따라, 난이도에 따라, 그리고 내가 이 문제를 해결할 수 있다는 자신감에 따라 다소의 차이는 있지만 어쨌든 의식적으로 이루어진다. 이를 우리는 긍정적 메타인지라고 부른다.

우리의 메타인지가 부정적일 때, 다시 말해 자신이 할 줄 모른다고, 혹은 할 줄 모를 거라고 믿어 의심치 않을 때는 난관을 극복하는 데 훨씬 더 큰 어려움을 느낀다. 설령 우리에게 실제로 문제 해결 능력이 있다 하더라도, 부정적 메타인지로 인해 우리의 사고는 기능이 완전히 마비될 지경에 이를 수도 있다. 부정적 메타인지는 우리가 우리 자신과 우리 자신의 능력에 대해 갖고 있는 신뢰, 즉 자신감을 공격한다. 이러한 자기 비하는 지적 능률과 잠재력의 발현에 심각한 걸림돌이 된다.

영재아동은 지식을 그 어떤 정교화 작업도 없이 그대로 '흡수'하기 때문에 메타인지 과정을 전혀 모르기 십상이다. 자신이 어떻게 하는지, 어떻게 했는지, 어떻게 해야 하는지를 모르는 것이다.

그 결과는 '전부 아니면 무(無)'라는 이분법적 작동이다. 영재아동으로서는 자신이 '알고 있거나 모르거나' 둘 중 하나다.

— **전부 안다** 이것은 절대 권력이라는 환상, 전지전능의 감정에 해당한다. '나는 안다'고 말함으로써 지식을 통제할 수 있고 절대적 지배라는 환상을 품을 수 있다. 이는 대개 나약한 자기상을 드러내는 징후이다. 자신이 뭔가를 놓치거나 자신에게 뭔가가 부족하다는 사실을 받아들이지 못하는 것이다.

— **아무것도 모른다** 이것은 회피 전략, 자신이 느끼는 무력감으로부터의 도주에 해당한다. '아무것도 모른다'고 말함으로써 타인의 시선과 대면하는 상황을 피할 수 있다. 이 또한 마찬가지로 '자기'의 표지에 문제가 있다는 징후이다. 자신에 대해, 또 타인들에 대해 위험을 감수하면서까지 실패를 피하려는 방식이다.

아이가 자신의 지식 습득 방식을 이해하도록 도와주자

영재아동에게 메타인지 조절력이 없다는 것은 인지 과정의 결여를 의미하고, 대다수의 학습에 불리하게 작용한다. 이는 '학습 과정'에 대한 투자가 이루어지지 않아 빚어진 결과이다.

따라서 어릴 때부터 반드시, 지식을 습득하기 위해 자신이 행하는 방식을 아이 스스로 의식하게끔 도와주어야 한다. '너 그거 어떻게 알았니?' 이런 기본적인 질문을 아이에게 끊임없이 물어봐주어야 한다. 그러면 아이는 점차 자신의 인지 작동에 대해 생각해보게 될 것이다. 그것이 비록 다른 학생들의 작동과는 다르다 하더라도, 자기 자신이 어떻게 사고하는지를 알 수 있게 된다. 그러면 좀 더 쉽게 자신이 사고하는 방식을 남들에게 전달할 수 있고, 자신의 작동 방식에 관해 숙고해볼 수 있게 된다. 자신이 어떻게 작동하는지를 자신이 알지 못한다면, 남들은 어떻게 사고하는지, 혹은 자신이 어떻게 사고해야 하는지 이해하는 문제는 훨씬 더 어려워진다.

과제를 내줄 때마다 마지막에 다음과 같은 질문들을 제시하면 학생들의 이런 훈련에 도움이 될 것이다.

'과제 수행에 필요한 지식을 이미 알고 있었다고 생각하는가?'

'과제를 올바르게 수행했다고 생각하는가?'

'좀 더 잘해낼 수 있었을지도 모른다고 생각하는가?'

'자신이 수행한 이 과제물이 어떤 점수를 받을 만하다고 생각하는가?'

이런 자가 평가를 통해 영재아동은 자기 자신과 자신의 학습법에 대해 곰곰이 생각해볼 기회를 갖는다. 또한 자신의 작동과 한계에 대해 자각할 수 있는 기회도 갖는다. 학생으로서의 자기 모습을 자신은 어떻게 생각는지도 살펴볼 수 있다.

가정에서도 자녀와 함께 이 같은 훈련을 해볼 수 있다. 아이가 자신에 대해, 또 자신의 역량에 대해 어떻게 생각하는지 알게 되면 부모는 놀랄 때가 많을 것이다.

메타인지, 자존감, 그리고 학업적 성공

지금까지 알려진 일반심리학과 인지심리학에 따르면 메타인지, 자존감, 그리고 학업적 성공 사이에는 매우 깊은 연관성이 있다.

긍정적 메타인지, 자신의 내면 작동을 이해하는 능력, 그리고 자존감은 아이를 바람직하고 만족스러운 학업적 성공으로 이끄는 핵심 열쇠이다.

역설적이게도, 지식은 더 많이 갖추었으나 초라한 자기상에다 자신의 능력에 대한 신뢰가 없는 경우보다 지식은 더 적더라도 만족스러운 메타인지와 자존감을 지녔을 때 인간의 성취도는 더 높다.

> 자신에게 잘해낼 수 있는 능력이 있음을 아이 스스로 믿도록 도와주자. 그러면 학교 공부는 상당히 수월해질 것이다. 아이의 역량을 억지로 과대평가하자는 말이 아니라, 아이가 자기 자신을 신뢰하는 데 필요한 능력을 발휘할 만한 수단을 아이에게 제공하자는 말이다.
>
> 아이의 가치를 알아주고, 용기를 북돋워주자. 자신의 작동 방식을 스스로 밝혀내도록, 나아가 그것을 철저히 규명하고 깊이 연구하여 더욱 풍요롭게 발전시키도록 도와주자. 그러면 성공은 저절로 뒤따를 것이다!

  요점 정리

남다른 사고란 무엇인가?
- 그 체계와 구조가 일반적인 작동과 통례에 부합하지 않는 사고
- 생각의 다중 연결 고리들, 다중 연상망을 '동시에' 활성화하는 사고
- 생각이 꼬리에 꼬리를 물며 끊임없이 전개되는 사고
- 강력하면서도 한계가 없는, 따라서 조직화되려면 어떤 틀이 필요한 사고
- 교과서적인 길에서 벗어나는 창의적인 사고
- 서로 동떨어진 분야의 생각들을 연결할 수 있는 직관적인 사고
- 자르고 부연하고 증명하고 논증하기 어려운 '총체적인' 사고
- 의미가 정확하게 규정되지 않으면 구축될 수 없는 사고

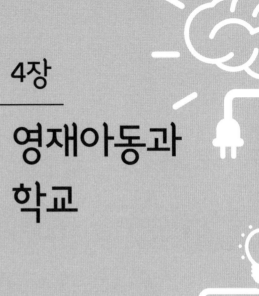

4장
———

영재아동과
학교

이제 학교다! 자, 이 장에서는 온갖 괴물로 들끓는 세계가 우리 앞에 펼쳐진다! 영재아동에게 학교란 그야말로 험난한 가시밭길이다. 왜냐하면 학교는 영재아동의 특이한 성향 대부분을 드러내는 주체이고, 이 아이의 남다름을 부각시키는 확대경이며, 부모들의 모든 불안과 걱정이 분출되는 공간이자, 아주 지독한 갈등과 아주 터무니없는 희망이 교차하는 지점이기 때문이다.

이렇듯 아이가 영재임이 일차적으로 밝혀지는 곳이 학교이며 영재아동이 가장 큰 고통을 겪는 곳이 대개 학교다. 학교에서 이 아이는 작동의 차이로 소외되고, 학교교육이 요구하는 바를 왕왕 이해하지 못해 적응하는 데 어려움을 느낀다. 교사는 교사대로, 머리는 똑똑해 보이나 좀처럼 잘해내지 못하는 이 아이를 받아들이는 데 애를 먹는다.

> 다음 수치는 사태의 심각성을 단적으로 보여준다. 영재학생 중 절반 가량이 학교교육에 어려움을 겪는다. 거의 둘 중 하나가 유급한다. 그 중 30% 이상이 상급 학년에 진학하지 못한다.

다만 이 수치는 영재성이 '발견된' 아이들만을 대상으로 산출된 것임을 유념하자. 이 말은 다시 말해, 학교생활에 어려움을 겪는 문제로 상담을 받은 아이들을 주로 대상으로 삼았다는 뜻이다.

사실 반에서 일등 하고 자신에게 만족감을 느끼며 교우관계도 원활한 아이는 부모가 걱정하거나 문제를 제기할 까닭이 전혀 없다. 따라서 이런 아이가 이런저런 검사를 받고 이런저런 통계 수치에 포함될 가능성은 거의 없다고 봐야 한다. 즉 학업에 실패하는 영재아동들은 수량화할 수 있어도, 성공하는 영재아동들에 관해서는 전혀 혹은 거의 알 길이 없다. 비록 대중 매체와 관련 단체들의 보도에 경각심을 느껴, 예방적 차원에서 자녀에게 검사를 받게 하는 가정이 점점 늘고 있다 하더라도 말이다. 어찌됐든 이런 예방적 행보는 긍정적인 현상이며, 아이로 하여금 학업 과정에 흔히 도사리고 있는 함정들을 피할 수 있게 해줄 것이 분명하다.

무엇보다 영재아동에 관한 역학 조사(특정 표지(標識)와 관련해서 표본 인구에 대해 실시하는 체계적인 조사)가 매우 시급한 실정이다. 아닌 게 아니라, 현재 학교를 다니고 있는 영재아동의 수, 그리고 이들 가운데 어려움을 겪는 아이들과 우수한 아이들의 정확한 분포를 좀 더 잘 파악할 수만 있다면, '영재로서 어떻게 해야 학교에서 성공할 수 있을까?'라는 가장 중요한 핵심 문제에 대한 해답의 실마리를 얻을 수 있을 텐데 말이다. 이 모든 영재아동들의 공통점을 찾아내어, 거기서 성공에 이르는 보편적인 방법들을 뽑아낼 수 있지 않을까? 어떤 비결, 어떤 요령이 있지 않을까? 성공은 영재아동 자신들에게 달린 것일까, 학교가 시행하는 교수법에 달린 것일까? 아니면 양쪽 모두에게 달린 건 아닐까? 아마 십중팔구 그렇지 않을까?

고등학교 1학년 엘렌(12세 반). 반에서 일등에, 모두에게 인정받는 학생이자 학급 반장에, 청소년 지역위원이기도 한 이 여학생의 성공 비결은 다음 네 가지 요소로 열거해볼 수 있다.

1. 학교 수업을 경청한다.
2. 활동에 적극 참여한다.
3. 생각의 실행을 즐긴다.
4. 학교의 교육 방침을 받아들인다. (좀 더 분명히 말하면, 학교가 하라고 요구하는 방식, 좋은 성적을 얻게 해줄 방식을 받아들인다)

다들 알다시피, 여자아이들이 대체로 남자아이들보다 학교에 더 잘 적응하고 학교생활을 더 잘해낸다. 여자아이들이 더 많은 융통성을 발휘하고 더 쉽게 학교 방침을 받아들인다. 남자아이들은 더 대립적이고 더 반항적이며 주어진 틀 안에 들어가기를 더 꺼리는 성향이 있어, 곤경에 처하는 일이 더 잦고, 결과적으로 더 쉽게 눈에 띈다. 심리전문가의 상담실을 찾는 남자아이들이 여자아이들보다 무려 세 배나 많다!

영재아동과
마주한 학교

학교도 힘들다!

우리가 비록 영재학생들의 실패와 성공에 관한 정확한 통계 수치는 낼 수 없지만, 학교가 이 아이들이 지닌 잠재력에 걸맞게 학업 성과를 내도록 지도하는 데 많은 어려움을 겪는다는 사실에는 변함이 없다. 그리고 더 심각한 문제는, 학교가 틀 안에 들어오지 않는 이 아이들을 거의 언제나 '심리적으로 가혹하게 대한다'는 점이다. 영재아동은 틀 안에 들어가지 않으면 왜 안 되는지, 자신이 따돌림당하는 이유가 무엇인지 이해하지 못하기 때문에 이 아이에게 학교는 고통의 공간이 돼버린다. 학교는 학교대로, 다른 아이들처럼 성공의 길로 이끌기 너무 힘든 이 특이한 아이들로 인해 괴롭다.

끝내 학교 공부와 그 어떤 형태의 학습에도 더는 열정과 에너지를 투자하지 않는 영재아동의 수가 이제 우려할 만한 수준에 달한다. 이 아이들은 지적 호기심을 잃고, 지능을 활성화하는 기쁨도 완전히 잃었다. 개중에는 다른 아이들처럼 되고자, 소속감과 동질감을 느끼고자 자신의 잠재력을 스스로 억누르는 아이들도 있다. 영재아동에게 이러한 억제는 일종의 적응 전략이다.

심리적 차원에서 이들이 치러야 할 대가는 때로 아주 무겁다. 청소년기에 학창 시절 내내 정체성과 관련해서 당하는 집단 공격, 주위의 철저한 몰이해, 남들과 다르다는 이 혼란스러운 인식에서 비롯되는 이질감, 또래 집단에 동화되고 받아들여지기 어려움, 내면의 깊은 고독감 등이 때로 심각한 심리장애를 초래한다.

학교의 잘못인가?

이는 민감한 주제로, 그 대답은 양면가치적이다. 즉 학교의 잘못이기도 하고 아니기도 하다.

다음과 같은 이유로 학교의 잘못이다

- 학교는 모든 형태의 다름(차이)을 포용하는 곳이어야 하는데, 실상은 더러 그렇지 않다.
- 교직원은 영재아동을 어려움을 겪는 학생으로 간주해야 하는데, 실상은 더러 그렇지 않다. "쟤가 그렇게 똑똑하다면, 뭐, 잘해내겠지."
- 일부 교사들은 영재아동에 대해 반에서 일등이라는 이미지를 머릿속에서 좀체 버리지 못한다. "쟤가 영재라면, 두고 보면 알겠지!" "네가 읽을 줄 안다니까, 그럼 어디 한번 증명해보렴!"

• 영재아동은 순식간에 '서커스의 광대'가 된다. 모두가 이 아이에게 아주 특출한 성과를 기대하는데, 조금이라도 부진한 구석이 보이면 아이는 대번에 손가락질을 받고 도마 위에 오른다. "아니, 천재가 어떻게 그걸 몰라!"

• 교사들은 아이들을 가르치는 저들의 교수법에는 문제가 없는지 검토해보려 들지 않고, 그럴 필요성도 느끼지 않는다. "그렇게 뛰어난 재능을 타고났는데, 좋은 성적을 받지 못할 이유가 없지!"

• 교사들은 줄곧 학부모를 비난한다. "부모는 너나없이 자기 자식이 천재인 줄 안다니까!" 영재라는 것은 이처럼 부모의 환상으로 낙인찍힌다.

• 교사들은 영재아동이 겪는 이런저런 어려움의 원인이 열심히 공부하지 않고 노력하지 않는 데 있다고 생각한다. "좀 더 열심히 하면 얼마든지 해결될 일인데!"

다음과 같은 이유로 학교의 잘못이 아니다

• 교사들은 지금껏 이 아이들에게서 나타나는 작동의 특성과 이들에게 맞춰진 교수법에 관해 훈련받지 못했다. 학습부진아를 다루는 법은 알아도 영재아동을 다루는 법은 알지 못한다. 프랑스에서는 지적 능력이 떨어지는 아이들의 장애와 이들을 돕는 방법에 관해 교사들을 대상으로 연수를 실시하지만, 영재아동들은 학습장애를 겪을 수 있는 학생으로 반드시 간주하지는 않는다. 이와 달리 일부 다른 국가에서는 영재아동 역시 특별 지원을 받을 수 있는 학생으로 간주하고 있다.

• 체계적인 연구가 아직은 미미하고 교육학적 실험도 너무 개별적인 영역에만 머물러 있는 실정이라, 어떻게 이 아이들이 좋은 성과를 거두게끔 도울 수 있을지 그 방도를 사실상 알기가 어렵다.

• 영재 자녀를 둔 부모들의 기대가 때로는 지나치고, 그들이 자녀와 학교에 과도한 압력을 행사할 수 있다.

영재아동과 학교:
서로 융합하기 힘든 두 체계

학교, 왜 필요한가?

학교는 학생들이 지식을 습득하고 '학습 과정'에 시간과 역량을 투자하는 곳이다. 다시 말해 학교는 지식을 전수하는 한편, 전수한 지식을 학생들이 이해하고, 배우고, 소화하고, 재현하기 위한 방법들을 가르친다. 학교는 최대 다수의 학생들이 이런 지식과 이런 학습 방법을 터득할 수 있도록 고안된 교수법을 채택하고 있다. 학교는 결국 지식을 알아가는 즐거움, 지능을 연마하는 즐거움을 불러일으켜야 한다. 그런데 이런 학교가 영재아동이 본디 타고난 지적 '장치'와는 조금씩 골이 깊어지기 시작한다.

괴리

영재아동은 입학하기 전에 이미 오랜 학습 시간을 거친다. 늘 만사에 호기심을 느끼고, 새로운 지식을 갈구하고, 미지의 것에 자극을 받고, 어른들의 앎의 세계에 흥미를 갖는 아이이기에, 영재아동은 많은 지식과 때로는 상당한 역량을 갖춘 채로 학교에 들어간다. "학교에 가면 훨씬 더 많은 걸 배우고, 훨씬 더 많은 걸 할 줄 알게 될 거야. 그뿐 아니라 내가 이미 알고 있는 걸 친구들과 함께 나눌 수도 있어." 그러나 이 아이가 '학교란 코흘리개들을 위한 곳이구나!' 하고 이 분명한 사실을 인정하는 데는 그리 오랜 시간이 걸리지 않는다. 아이는 새로운 지적 자극에 맞닥뜨리고 싶어 그토록 안달했는데, 정작 아무도 자신이 요청하는 지식의 길을 열어주지 않는 것이 이해가 가지 않는다. 이것이 최초의 실망이다. 영재아동에게 학교란, 제 아무리 학습 과정에 시간과 역량을 투자해도 만족감을 얻을 수 있는 곳이 아니다.

게다가 자신의 지식이 높이 평가받지 못할 뿐 아니라 그 지식을 절대 드러내어서도 안 된다는 사실이 아이는 도무지 이해가 가지 않는다.

몰이해

"다른 친구들이 말할 수 있게 가만 좀 있으렴.", "그래, 네가 알고 있다는 거 선생님도 잘 알아!", "친구들 대신 대답하지 마.", "질문 좀 작작하렴.", "지금은 선생님이 다른 친구들한테 설명하게 해주겠니." 등등의 지적이 교사로부터 나온다.

이렇게 해서 아이는 순식간에 아래와 같이 놀랍고도 기이한 상황에 처한다.

• 교사가 아직 설명하지 않은 수업 내용을 미리 알고 있는 것은 바람직하지 않다.

• 교사가 던진 질문의 답을 알고 있어도 꼬박꼬박 대답해서는 안 된다. 그러면 벌을 받는다.

• '교과 외의' 질문은 수업의 원활한 진행을 방해하고 다른 아이들의 흥미를 끌지 못하기 때문에, 교사가 가르치는 것에 만족해야 한다.

이어서 평가의 시간이 찾아오고, 생활통지표에는 영재아동에 대한 학교 당국의 몰이해가 오롯이 담긴다. 이 아이로 하여금 공부할 의욕을 상실하게 만드는, 그야말로 기를 꺾는 평가들이다.

기를 꺾는 평가

"더 분발하기 바람", "똑똑한 아이지만 공부를 열심히 하지 않음", "전혀 노력하지 않음", "조직화하는 능력이 부족함" 등등.

영재아동은 자기 고유의 특이한 작동 방식에서 비롯되는 막대한 핸디캡으로 인해 불리한 처지에 놓이는 것이다. 자신의 사고체계를 학교 체계의 요구에 맞추려 할 때 이 아이는 실제로 어려움을 느낀다. 이런 어려움을 학교는 단지 아이의 태만과 의욕 상실, 흥미 부족, 공부 불충분 때문인 것으로 치부한다.

영재아동은 과도한 지각 감수성을 통해 지식을 습득하는데, 이런 방식이 제도화된 학습에 걸림돌이 되는 것이다. 이 아이는 정보를 그대로 '흡수하고', 이렇게 흡수한 정보는 사진을 찍듯이 정확한 기억력 덕분에 별다른 통합 작업 없이도 곧바로 기억 속에 고착된다. 아닌 게 아니라 영재아동은 별다른 노력을 하지 않는다. '선험적으로' 그럴 필요를 느끼지 않기 때문이다. 공부를 지식에 대한 이해 절차와 정교화 전략을 실행하는 과정으로 볼 때, 이런 의미에서 영재아동은 '공부하지 않는다'고 할 수 있다. 학교에서 공부하라고 요구하는 지식을 체계적으로, 또 규정된 학습 형태로 공부하려는 '노력'이 이 아이에게는 전혀 불필요하고 재미있지도 않아 보인다. 이 아이는 뭔가를 들으면 그대로 '흡수하고' 바로 이해함으로써 '아는' 것이다. 그러나 이것이 학교교육의 방법론에는 부합하지 않고, 따라서 아이는 학교교육이 요구하는 '양식'대로 지식을 재현함에 있어 커다란 번민에 사로잡힌다. 자신이 수행한 과제물은 낮은 점수를 받고, 왜 그런 점수를 받는지 자신은 이해할 수가 없고, 또 우리 생각과 달리 겉으로야 아무렇지 않은 척해도 속으로는 엄청난 실망감을 느낀다. 더욱이 이 아이가 무엇을 알고 있으며 어떤 식으로 알게 되는지, 다시 말해 이 아이가 가진 지식과 그 습득 방식을 심지어 주위에서 알아보는 경우도 드물다. 결정적으로 교사가 몰라본다. 알려고도 하지 않았기 때문이다!

제레미(12세)는 이렇게 토로한다. "수업시간에 배운 건 완벽하게 이해하고 알고 있는데, 성적이 형편없어요. 더는 참을 수가 없어요. 부모님은 늘 야단만 치시죠. 제가 공부하지 않는다고, 수업시간에 충분히 열심히 배우지 않았다고 말이에요. 열심히만 배웠다면 얼마든지 좋은 성적을 거두었을 거라고요. 하지만 사실 전 열심히 배웠거든요. 정말이지 왜 이런지 이해가 안 돼요. 더는 모르겠어요. 이젠 지쳤어요!"

영재아동과 학교 관계가 흔히 결정적으로 단절되는 마지막 단계는, 학교가 이 학생이 실제로 학교생활에 어려움을 겪고 있고, 나아가 학업에 실패하고 있으며, 더 심하게는 학교에 반항하고 있다는 확신을 갖게 되는 시점이다.

학교는 실패와 반항만 본다

"주제를 벗어난 얘기잖아.", "답은 그런데, 추론은 어디 있지?", "네 답의 논거를 대봐.", "왜 그런 결과가 나왔는지 증명해봐." 등등.

그런데 이 아이가 자신의 논리를 증명해보려 하면 정작 교사의 반응은 이렇다. "건방 떨지 마.", "시도 때도 없이 그만 좀 따지고 들어.", "네 논거는 듣고 싶지 않아. 내가 하라는 대로 해."

영재아동의 사고방식,
왜 학교에서 문제가 될까?

이미 앞 장에서 영재아동의 사고방식에 관해 살펴본 바와 같이, 이런 아이가 타고난 지능의 특이성이 학교생활에 막대한 핸디캡으로 작용한다.

예측 능력의 결여

한 집단에 공통된 암시(누구에게나 자명한 사실로 추정되기에 암묵적인 것)를 공유하지 못하면 예측 능력이 떨어지고 예측에 오류가 생긴다. 영재아동이 주제에서 벗어난 답을 적거나 백지 답안을 내는 것은 그 때문이다. 이 아이는 다른 학생들처럼 교사의 지시나 진술을 제대로 이해하지 못하고 거기에 다른 의미, 흔히 글자 그대로의 의미를 부여한다. 혹은 교사가 기대하는 답은 이 아이가 보기에 도저히 답이 될 수 없기 때문에 저로서는 답이 뭔지 모르겠다고 생각한다.

폴(성인)은 어렸을 때 불어 숙제로 텍스트 설명하는 문제를 풀었던 기억이 유독 잊히지 않는다. "'등장인물들은 무엇을 하고 있는가?' 이런 문제에 저는 정말 난감했습니다. 그냥 텍스트를 읽기만 하면 되니까요! 이런 건 질문이 될 수 없죠! 그러니 선생님이 이런 문제를 낸다면, 거기엔 필히 어떤 의미가 있는 겁니다. 그런데 어떤 의미란 말이죠? 그때 전 이 문제가 도대체 뭘 하라는 건지 도저히 이해할 수가 없더군요. 결국은 답을 쓰지 못했습니다. 제가 반항심에서 그런 것도 아니고, 텍스트를 이해하지 못해서도 아니고, 고의로 그런 것도 아니에요. 단지 이게 텍스트에 뻔히 들어 있는 내용을 단순히 옮겨 쓰라고 요구하는 문제일 줄은 상상도 못한

겁니다."

카미유는 '그리스 도시국가란 무엇을 의미하는가? Que représente une cité grecque?'라는 역사 문제에 '주제에서 벗어난' 답을 적었다. "그리스 도시국가란 민주주의를 의미한다"라고 자신만의 독자적인 의미를 적은 것이다. 교사가 원한 건 수업시간에 배운 지식을 재현하는 것인데, 카미유는 이질문의 진술 자체에 정확하게 대응하는, 문자 그대로 합치되는 답을 쓴 것이다. 동사 représenter가 사전에는 이렇게 정의되어 있다. '어떤 것을 다른 것을 통해 머릿속에 나타내다, 표현하다, 상징하다.' 그런데 이런 식으로 답을 쓴 학생이 반에서 한 명이 더 있었으니, 바로 미국인 학생이다. 이 학생은 이 문제와 동사 'represent'를 자기 모국어로 번역한 다음 불어로 답한 것이다. 이렇듯 영재아동은 모든 것을 마치 우리가 외국어로 해독하듯이 해석하는 식이다. 그러니 그 모든 오해와 곡해, 주제를 벗어난 답들이 나올 수밖에!

나무 형태의 연결망 사고

영재아동의 사고는 나무가 가지를 치듯 여러 방향으로 동시에 전개되고, 생각이 꼬리에 꼬리를 물고 빠르게 연결되며, 사고 영역이 무한히 확장되면서도 동시에 활성화한다. 이런 특성 때문에 이 아이는 특정한 주제의 틀 안에 머물러 있기가 어렵다. 사고의 작동이 너무도 빠르게, 너무도 멀리까지 뻗어나가기 때문이다. 이렇듯 아이는 수많은 연상의 고리들, 수없이 가지를 치며 확산되는 생각들과 마주하고 있어, 주어진 문제와 관련 있는 정보만을 선별해서 조직화할 수 없게 되고, 따라서 문제의 정확한 답을 내놓을 수가 없다.

수학적 직관

영재아동은 추론 과정을 거치치 않고 바로 답을 얻는 수학적 직관을 지니고 있고, 자신만의 자의적인 계산 방식을 사용하며, 대뇌의 반구 기능차(한쪽 뇌의 편중된 발달)로 인해 자신이 산출한 답을 증명하고 논증하는 데 무능하다. 이런 특성이 학교교육을 따르는 데 중대하고 무거운 걸림돌로 작용한다.

> 영재아동이 학교에서 다른 아이들처럼, 혹은 그들보다 더, 잘해내지 못하는 것은 고의가 아니다. 이 아이는 단지 그들과 동일한 유형의 지능, 동일한 학습 과정과 동일한 이해 절차를 갖지 못했기 때문에 그저 잘해낼 수 없을 뿐이다.

해결책:
학교를 동반자로 간주하자

학교를 적대적인 권력이 아니라 우리 자녀들 교육의 동반자로 간주하면 어떨까?

이 아이들이 배우고 이해하고 알게 되는 방식은 우리에게 친숙한 방식과는 매우 다르기 때문에, 이 아이들로 인해 우리는 우리 자신의 한계와 마주하게 되고, 또 우리 자신을 되돌아보고 재검토할 수 있는지의 문제와도 직면하게 된다.

사실 우리 자신의 지식을 재검토하고 우리의 방식과는 다른 방식을 인정할 수 있는지를 문제 삼기보다는 "내가 하라는 대로 해. 그냥 그렇게 해야 하는 거야."라고 말하는 편이 더 수월하다.

"네가 그걸 어떻게 배웠는지, 어떻게 알았는지 설명해보렴." 이렇게 접근하기가 우리로서는 다소 힘들지 않은가. 여기서 '우리'란 아이들 교육의 동반자, 즉 부모와 교사 양측 모두를 일컫는다.

이는 다시 말해 상대방 탓만 하고 아이가 겪는 어려움이나 실패의 책임을 상대방에게 씌우는 편이 언제나 더 쉽다는 뜻이다. 부모들은 으레 이렇게 말한다. "학교가 우리 애를 어떻게 다뤄야 하는지를 모른다, 교사들이 우리 애를 제대로 이해하지 못한다, 학교가 우리 애한테 맞춰주질 못한다……." 학교는 이렇게 말한다. "부모가 아이한테 스트레스를 주지만 않아도, 부모가 아이를 왕처럼 떠받들지만 않아도, 부모가 일일이 간섭하지만 않아도……." 그러다가 정작 아이가 잘해내면 양측의 반응은 일치한다. "다 내 덕분이지!"

이 아이들이 남다른 지적 작동과 학습 과정의 특이성을 지니고 있다는 건 결국 부모든 교사든 일상에서 이들을 지도하는 데 큰 어려움이 따름을 의미한다. 물론 학교교육은 학교의 소관이지만 부모 역시 깊이 연루되어 있다.

학교는 이 아이들의 학업적 성공과 실패의 책임을 홀로 떠안을 수 없고, 부모는 학교를 대신할 수도 학교를 도외시할 수도 없으며, 학교를 거부할 수는 더더욱 없다. 만일 그런다면 아이가 학습에 투자한 그 모든 것을 위태롭게 만들고, 차후의 학업 과정에서 지적 잠재력을 발휘할 그 어떤 가능성도 전부 가로막을 위험이 있기 때문이다.

여전히 우리 사회에서 학교와 학교 체계는, 아이가 장차 상급 학년, 상급 학교로 올라가 자신에게 적합한 진로, 즉 자신의 풍요로운 지능과 창의성과 특이성을 마음껏 펼칠 수 있는 길을 선택하자면 반드시 거쳐야 하는 도정이다. 이 험난한 도정을 거친 뒤에야 비로소 지능이 틀의 굴레에서 벗어나 자유롭게 활약하고, 지적 잠재력을 개발하는 기쁨이 넘쳐날 수 있다. 또한 그런 대가를 치르고서야 성인이 된 영재는 직업 차원에서, 또 삶의 차원에서 성취감과 만족감을 느끼며 살 수 있다. 그렇지 않고 혼란한 학창 시절을 보내고 성인이 된 영재는 자신의 지능을 활용할 수 있는 직업적 행보에 실패했다는 쓰라림과 자기 자신의 일부를 '죽이고' 말았다는 고통이 늘 마음속 깊이 자리하게 된다.

학교와 대화를 나누자. 그러면 아이로 인해 맞닥뜨리는 온갖 어려움을 부모와 교사가 함께 나눌 수 있다. 부모와 교사는 자신과 상대의 이중적 관점을 통해 이 아이를 다양한 측면에서 바라보게 되고, 이로써 아이의 성공을 도울 수 있는 새로운 여지가 눈앞에 보일 것이다. 문제를 공유할 수 있으니, 상대를 공격하기보다 함께 대처해나가는 것이 더 쉽다. 공격적인 태도는 이 문제를 해결할 수 없는 자기 무력감의 표현일 뿐이다. 각자 이 아이에 대해 이해하는 것과 이해하지 못하는 것을 공유함으로써 함께 해결책과 아이디어를 모색할 수 있고, 이것이 모두에게 평화를 주는 건설적인 조치가 될 것이다.

부모와 교사가 서로 상대를 공격하지 않고 상대를 무작정 이 문제의 장본인이나 책임자로 몰지도 않으면서 교류와 공유라는 건설적인 목적으로 만남이 이루어질 때, 대화의 물꼬는 언제든 트일 수 있다. 협력이야말로 아이의 학업 과정을 효과적으로 도울 수 있는 최선의 방법이다.

아이의 학업 성취도와 행복한 학교생활, 배움의 기쁨, 학습에 대한 투자, 거기에다 원만한 교우 관계와 사회성까지, 이것이 우리 아이들 교육에 꼭 필요한 요인들이다. 이는 우리 아이들이 활짝 만개하도록 우리가 다시 일으켜

세워야 할 핵심 쟁점이자 도전이다. 이는 교육을 둘러싸고 동반자 관계에 있는 모든 이들과 관련된 도전이요, 우리 사회가 해결해야 할 쟁점이다.

각양각색의 아이들로 이루어진 학급, 이 혼성 집단을 이끌어가는 교사의 고충을 존중하자. 교사들과의 협력은 자기 자녀에게 특별한 관심을 베풀도록 요구하기 위함이 아니라 자녀가 자신의 남다른 특성에 대해 이해받고 도움받게 하기 위함이다. 다른 종류의 어려움을 겪는 아이들도 으레 그런 이해와 도움을 받듯이 말이다.

어떻게 해야 아이가
학교에 동화될 수 있을까?

첫 번째 단계: 다름을 인정하기

"우리 애가 완전히 자기 세계에 틀어박힌 지 3년, 매일 아침 등교 시간이면 난리도 아니었습니다. 학교에 가지 않겠다고 울고불고 야단이었죠. 그러더니 언제부턴가는 어김없이 배가 아프다고 호소하기 시작하더군요. 병원에선 아무 이상 없다는데두요. 쉬는 시간에도 알렉스는 아무하고도 어울리지 않고 혼자 구석에 처박혀 있었습니다. 5학년(초등학교 졸업반) 때는 성적이 무섭게 곤두박질치기 시작했구요. 선생님이 애한테 이러다간 유급될 거라며 공개적으로 엄포를 놓을 정도였어요."라고 이 엄마는, 자식을 어떻게도 도울 수 없었던 엄마로서 죄책감을 느끼며 당시를 회상한다. "지금은 모든 게 달라졌답니다. 중학교에 들어가면서부터 애가 명랑해지고, 잘 웃고, 학교도 보란 듯이 잘 다녀요. 전화도 오구요.

친구들이 생긴 거죠. 애가 이만큼 나아진 걸 보면서 제 마음이 얼마나 놓
이는지 모릅니다. 물론 성적은 아직 그리 좋지 않지만, 그래도 점점 나아
지고 있어요. 지금은 저도 믿음이 생겼습니다. 우리 애가 학교의 즐거움
을 되찾았다는 걸 아니까요. 삶의 즐거움두요!"

이 아이에게 과연 무슨 일이 있었던 것일까? 아주 단순하지만 본질적인
뭔가가 있었다. 요컨대 이 아이의 특이성이 인정받은 것이다. 아이의 남다
른 점이 아이의 인성 차원으로 받아들여진 것이다. 아이의 독특한 작동 방
식이 학교가 아이를 지도하는 데 있어 고려해야 할 요소로 간주된 것이다.
무엇보다 여기서 영재아동은 교사들이나 다른 학생들의 도움과 배려를
필요로 할 수 있는 아이로 인정받는다. 그리고 아이에 대한 이런 표상이 모
든 것을 바꾼다! 우선 아이 자신이 달라질 뿐 아니라 교육 환경 전체가 달
라진다. "이 아이가 도움을 필요로 한다면, 교사로서 제 역할은 이 아이의
가치와 생각을 오롯이 지켜주는 겁니다." "이 아이가 도움을 필요로 한다
면, 저는 친구가 되어줄 수 있어요. 이 아인 자기가 세상 어느 누구보다 뛰
어나다고 자만하는 콧대 높은 왕재수가 아니니까요." 이런 관점에서 우리
모두가 각자 자기 역할을 찾을 수 있고, 그러면 이 아이와의 동거 내지 공
동생활도 그럭저럭 견딜 만하고 편안해진다.

"저는 늘 배가 아프고 머리가 아팠어요. 성적이 좋으면 애들한테 따돌림
당하고, 재수 없는 수재 취급이나 당하고 그랬어요." 하고 쥘리에트는 회
상한다.

마르세유에 있는 어느 학교를 들여다보자. 이곳은 상황을 변화시키는

원동력을 제대로 깨달은 학교다.

"이런 아이들, 여기서는 '얼룩말'이라 부른답니다! 이 얼룩말 아이들이 입학하면, 우리는 부모님과 아이에게 분명히 못을 박습니다. 우리에게 마법 같은 해결책은 없다고, 여기는 본래 제약과 속박이 있는 학교라고 말이지요. 그러나 이런 얘기도 해줍니다. 우리는 영재아동이 어떤 아이인지 잘 알고 있으며, 아이가 마음 편히 생활하고 학업에도 좋은 성과를 거둘 수 있게 최선을 다하고자 애쓰고 있다고 말이지요. 그리고 매해 학년 초에는 이 얼룩말 학생들을, 유치원부터 고등학교 3학년까지, 전부 불러 모아놓고 이런 메시지를 전합니다. 간단하지만 꽤 효과적인 메시지죠. 뭐냐 하면, 우린 너희가 이곳에 재학 중임을 인지하고 있고, 학교생활이 너희로서는 늘 쉽지만은 않음을 잘 알고 있으며, 그러니 너희에게는 학사과정을 조정해줄 수도 있다, 그리고 무엇보다, 뭔가 고민이 있거나 묻고 싶은 질문, 제안하고 싶은 안건, 해결하고 싶은 문제 등이 있으면 언제든 그 즉시 우리를 찾아와 터놓고 의논하길 바란다, 우리 함께 머리를 굴려 해결책을 찾아보자꾸나, 하고 권유하는 겁니다."

아이를 우리가 투사한 모습대로가 아니라 타고난 실제 모습대로 인정해주는 것이 아이의 정체성 구축에 토대가 된다. 영재아동의 특이성을 인정하고 본래 모습 그대로 받아들일 것, 이것이야말로 아이가 재능을 꽃피우고 학교에 동화되는 데 꼭 필요한 선결조건이다. 아이를 인정하는 것만으로 성공적인 학교생활을 보장할 순 없지만, 아이를 따돌리거나 아이의 다름을 부인한다면 이는 분명 학업의 파탄과 개인적 좌절을 초래하게 될 것이다.

자신이 인정받을 때, 비로소 영재아동은 자신의 인성을 활짝 꽃피울 수 있고 자신 또한 타인들의 다름을 인정할 수 있게 된다. 자신이 인정받을 때, 비로소 이 아이는 자신이 학교에 동화될 수 있을 전략을 강구하게 되며, 자신이 가진 남다른 특성에도 불구하고 도리어 그 특성을 이용하여 학교생활을 성공적으로 이끌어갈 계획을 세우게 된다.

두 번째 단계: 두 체계를 존중하기

첫째 체계: 자체의 규율, 자체의 작동 방식, 자체의 학습 과정, 자체의 요구 사항을 가진 학교 시스템.

둘째 체계: 고유의 작동 방식·이해 방법·학습 형태, 고유의 사고 규칙, 고유의 연상망, 고유의 창의성을 가진 영재아동의 시스템.

이 두 체계는, 마치 우주에 두 개의 태양계가 존재한다면 그 둘 사이에 떨어져 있을 법한 거리만큼이나 서로 동떨어진 체계다. 이 두 체계는 동일한 작동법을 따르지 않는다. 둘은 서로 그 어떤 접점도 없이 평행으로 작동하며, 둘 사이에는 거의 언제나 소위 귀머거리 대화가 오간다. 소통 불가다. 그러니 서로를 이해하지 못한다.

관건은 다음과 같다.

— 학교 체계가 유일하게 가능한, 단 하나의 모델이 아님을 받아들일 것.

— 두 체계가 서로 경쟁 없이 작동하게 해줄 것.

— 학교 체계와는 다른 체계, 즉 영재아동의 체계도 우수할 수 있음을 인정할 것.

— 우리의 체계와는 다른 체계, 즉 영재아동의 체계를 이해하려고 노력할 것.

이 아이들은 학교에서 실제로 암시적이든 직접적이든 상처 되는 말을 아주 일찍부터 듣기 시작한다. "넌 우리가 하라는 대로 해야 해.", "네 사고방식은 옳지 않아.", "숙제를 그런 식으로 하면 안 돼.", "그렇게 해서 잘 되겠어?" 등등.

이런 말을 듣고 사는 아이는 결국 자신의 사고방식을 아래와 같이 결론짓는다.

• 내 사고방식은 쓸모없다 : "내가 줄곧 생각하고 대답하고 질문해보았자 아무짝에도 쓸모없어. 하여튼 난 잘해낼 수 없어. 절대 좋은 성적을 받을 수 없어."

• 내 사고방식은 위험하다 : "내 사고방식은 늘 문제만 일으키고, 비웃음만 사고, 따돌림만 당하게 만들어."

• 내 사고방식은 우려스럽다 : "아무도 나처럼 생각하지 않는 걸 보면, 내가 아마 미쳤거나 멍청한 게 아닐까."

그 결과는 아이가 학업에 대한 투자를 중단하기 시작해서 급기야 학교를 완전히 거부하게 되고, 나아가 다소간의 심각한 심리장애를 겪는 지경에까지 이를 수 있다.

그러나 자신의 사고방식을 겨냥한 주위의 거듭되는 공격에도 불구하고 아이의 내면 깊은 곳에서는 '그건 사실이 아니야, 나는 똑똑해, 나는 미치지 않았어, 다른 사람들이 잘못 생각하고 있는 거야, 공부하는 데 한 가지 방법만 있는 게 아니야, 다른 방법들이 얼마든지 있을 수 있어' 하고 자신을 향해 끈질기게 속삭이는 목소리가 있다. 이 작은 목소리, 이 고집스러운 한 줄기 통찰이 그나마 아이 자신을 지켜주지만, 이 아이를 더 많은 몰이해와 따돌림의 무고한 희생자로 만들기도 한다. 아이는 다른 사고가 얼마든지 존재할 수 있다는 자신의 확신과 자신을 무능력한 부적응아로 낙인찍는 현실, 그 사이에서 고뇌하며 점차 제자리를 잃고 어찌할 바를 모르게 된다. 아이는 결국 내면의 지표를 잃고, 자신감도 완전히 잃고, 어른들과 교육자에 대한 신뢰도 잃고, 사고하고 작동하는 즐거움마저 몽땅 잃게 된다.

이 아이로서는 자기 고유의 체계를 유지하려는 욕구와 그 체계를 학업적 성공을 위해 억눌러야 할 필요성 사이에서 파괴적인 내적 갈등이 일어나지 않게 하는 것이 매우 중요하다.

따라서 아이의 사고방식이 자발적으로 중단되거나 자멸하지 않도록 길을 열어주는 것이 절대적으로 필요하다. 그렇지 않으면 아이의 인성과 정신적 안정이 보다 총체적인 파국을 맞게 될 위험이 있다.

어떻게 해야 아이가 학교 체계를 받아들이게 도울 수 있을까?

먼저 아이에게 똑똑히 일러주어야 한다. 우리는 아이가 다르게 사고한다는 걸 잘 알고 있고 아이가 그럴 수 있음을 인정한다, 그러나 학교 체계는 아이의 체계와 다르다, 그 이상도 그 이하도 아니고 단지 다를 뿐이다, 그리고 오늘날 학교 체계는 의무적으로 거쳐야 하는 과정이다, 그래야 상급 학년·상급 학교로 올라갈 수 있고, 또 그래야 장차 아이 자신의 체계를 직업 활동에 이용할 수 있게 된다는 것을.

원칙: "학교는 규칙에 따라 작동하고, 그 규칙은 네가 찾아내야 한다."

이 아이에게 학교는 무수한 비밀과 코드를 찾아내야 할 탐험의 장이 되어야 한다. 아이는 용의주도한 탐험가로 변신하여, 학교라는 영토의 명확한 지도와 그곳 주민들의 관례·풍습에 관한 정확한 연구서를 들고 돌아와야 한다. 이 말은 아이에게 다음 사실을 이해시켜야 한다는 의미다. 즉 우리는 아이에게 학교에서 중시되는 사고 형태를 취하라고 요구하지 않는다, 특히 아이의 체계를 학교 체계와 맞바꾸라고는 더더욱 요구하지 않는다, 그러나 아이의 체계로 학교에서 필요한 답을 얻기 위해서는 학교가 어떻게 움직이고 작동하는지를 알아야 한다는 것을. 이는 학교 체계를 폄하하고 조롱하고 공격하고 업신여기라는 의미가 아니다. 사실 학교 체계는 최대 다수 아이들의 지능 형태에 부합하고, 나름의 논리를 갖추고 있다. 그러므로 이 아이 역시 학교 체계를 존중해야 한다.

> "학교에서 잘하고 싶다면, 이렇게 해보면 어떻겠니. 넌 너의 체계를 그대로 유지하렴. 그건 아주 흥미롭고, 아주 우수하고, 아주 풍요롭고, 아주 복잡한 체계니까. 그런데 학교에서는 그게 잘 통하지가 않는단다. 그러니 이를테면 자명종이 어떻게 작동하는지 알아보려고 그걸 뜯어보는 것처럼 학교에 대해서도 그렇게 해보는 거야. 학교 체계를 분해해서 그 모든 장치를 이해하려고 해보렴. 그렇게 해서 이해가 잘 됐다면, 그다음은 좋은 성적을 얻기 위해 그 체계가 요구하는 바대로 하는 거야. 그럼 되는 거지. 과목마다, 선생님마다, 고유의 습성과 요구 사항, 규칙이 있단다. 그걸 찾아내서, 네가 이해한 것들을 적용해보렴. 과연 좋은 점수를 받게 해줄 요인들이 무엇인지 그걸 밝혀내야 하는 거지. 그게 네가 해야 할 임무란다. 좋은 성적을 거두고 격려를 얻으려고 학교에 가는 거잖니."

메시지는 분명하다. "넌 너의 사고체계를 '유지할 수' 있되 학교 체계를 반드시 '이해해야' 하고, '너의' 성공에 필요한 요인들을 너의 지적 능력을 발휘하여 학교 체계에 보여주어야 한다."

사고방식의 공유

마찬가지로, 학교 역시 최대 다수의 학생들에게 적합한 자기 고유의 작동 체계를 유지하면서 영재아동의 남다른 사고에도 문을 열어놓아야 한다는 의미다.

영재아동이 학교 체계가 어떻게 작동하는지 해독하는 법을 배워야 한다면, 교사들도 이 아이에게 아이 자신의 체계를 다른 아이들과 공유해보도록 제안할 수 있다. 그러면 영재아동은 자신이 어떻게 사고하고, 어떻게 작동하고, 어떻게 추론하고, 어떻게 이해하는지 등을 급우들에게 설명해줄 수 있다. 이런 공유를 통해 이 학급은 다른 사고방식, 다른 추론 방법, 다른 학습 전략을 경험하게 된다. 이것이 서로를 풍요롭게 만들고, 다양성을 이해하게 하며, 아이들 각자가 자신의 사고를 변화시키고 발전시킬 수 있는 여지를 준다.

사고방식의 공유는 가정에서도 큰 의미를 지닌다. 자녀의 사고 형태를 깊이 이해하는 법을 배우면 뜻밖에도 거기서 부모가 몰랐던 하나의 온전한 세계를 발견하게 되는데, 바로 이 세계가 자녀와 더 잘 소통하고 자녀를 더 잘 이해할 수 있는 길로 부모를 인도해줄 것이다. 또한 부모가 이런 공유를 제안할 때 자녀는 부모가 자신에게 관심을 갖고 있고 자신의 사고방식을 중요시한다는 것도 알게 된다. 이것만으로도 당신의 자녀는 이미 대만족이다!

학교와 마주한
영재아동

영재아동의 학업 과정

이 책은 독자를 불안하게 만들려는 게 아니다. 영재이면서도 얼마든지 학업 과정에서 눈부신 성과를 거둘 수 있다. 학업의 실패라는 귀신이 교정의 어느 귀퉁이에서 여러분의 모든 자녀를 음흉하게 기다리고 있는 것은 아니다. 성공하는 영재들도 분명히 있다. 다만 앞에서 역설했듯이, 성공하는 영재아동들은 별 문제를 겪지 않으므로 잘 알려지지 않고, 그 수를 파악할 수도 없다. 그러니 오늘날 우리는 학교생활의 혼란을 겪는 아이들을 더 잘 알고 있고, 이들이 성장하는 동안 내내 겪는 어려움이나 실패의 고통스러운 여파도 잘 알고 있다. 이 책의 목적은 바로 이런 어려움과 실패를 예방하자는 것이다. 이 아이들의 작동에 관해 더 많은 정보를 알고 있을수록 이들이 겪는 어려움의 의미를 이해하고 또 그것을 극복하려면 어떤 대응책을 마련해야 할지 알게 되므로, 이들의 성장 과정을 더 올바르게 지도해나갈 수 있다.

초등학교 : 비교적 순조롭게 지나간다

초등학교에 입학한 아이는 학교가 제시한 학습의 장으로 무리 없이 스며들고, 오직 자신의 지적 잠재력에만 의존해도 좋은 성적을 거둘 수 있다. 이아이가 초등학교 지식을 자기 것으로 소화하고 그것을 학교가 받아들일 만한 형태로 재현하는 데는 자신의 지능으로 충분하다. 비범한 기억력 덕분에 공부를 많이 할 필요도 없다. 심지어 배운 것을 따로 복습하지 않아도 이미 알고 있는 경우가 허다하다. 수업시간에 교사가 설명하는 것을 귀담아 듣거나, 노트를 책가방에 집어넣기 전에 한번 훑어보는 것만으로 다이해하기 때문이다. 게다가 암기하고 암송하는 데도 그것으로 충분하다. 예컨대 시(詩)도 그렇다. 수업시간에 옮겨 적는 것으로 시 한 편을 암기하고, 이튿날 그 시를 첫 주자로 나서서 암송할 필요가 없다면야 반 친구가 먼저 암송하는 걸 귀담아 듣고 나면 거뜬히 따라 외울 수 있다.

구구단의 비극

부모들이여, 안심하라. 영재아동이 구구단을 알고 있다면, 이는 그야말로 희대의 미치광이이니. 아니면 부모를 기쁘게 해주려고 부모 앞에서 기계적으로 구구단을 외는 착한 아이이든가. 그러나 이 아이가 구구단을 사용하는 일은 절대 없을 것이다! 숫자를 암산으로 조작하는 저만의 계산법이 우리의 구구단보다 훨씬 더 빠르고 효과적이기 때문이다. 그러므로 구구단의 유용성을 이 아이는 잘 이해하지 못한다.

이 문제의 해결책: 초등학교 2학년 때부터 아이에게 나눗셈을 시켜라. 그러면서 나눗셈은 어렵지 않느냐, 이 어려운 것을 순식간에 풀 수 있는 묘수가 있노라 일러주자! 그리고는 '마법의 구구단'을 슬쩍 찔러주자. 아이는 2학년 수준에서 저만의 셈법으로 풀 수 없는 복잡한 나눗셈을 아주 빠르게 풀 수 있게 된다. 이 놀이에 자극받은 아이는 이제 이 어려운 나눗셈 문제들을 해결할 수 있다는 자부심에 차서, 장차 유용하게 써먹게 될 조작 원리를 자연스레 습득하게 된다.

중학교 초반: 문제가 생기기 시작한다

중학교에 입학한 아이는 초등학교 때와 달라진 수업 유형에도 불구하고 여전히 자신이 가진 지식과 지능에 의존해 큰 걸림돌 없이 일 년을 보내게 된다. 새로운 환경이 주는 매력이 아이를 자극하고 고무한다. 아이는 초등 시절의 타성에서 벗어나, 중학교가 작동하는 방식에 호기심을 느끼고 재미있어 한다. 그러나 성적은 이따금 초등학교 마지막 학년 때보다 살짝 뒤처지는데, 부모는 이를 리듬의 변화와 적응의 필요성 문제로 여긴다. 당분간은 잘 굴러간다.

2학년으로 올라가면, 비축된 지식이 충분하고 적응도 잘하는 아이들은 여세를 몰아 계속 나아간다. 그러나 여하튼 2학년 말쯤 되면 부진이 감지되기 시작한다.

중학교 3학년: 치명적인 해

3학년이 되면 격동의 시기를 맞는다. 갑자기, 학업을 수행하는 데 있어 정교화 전략과 사고 전략을 구사하도록 요구받는다. 교사들은 아이에게 지금껏 매 학년마다 정상적으로 익혀 자기 것으로 소화한 추론 방식을 활성화할 것을 기대한다. 이전 단계의 '학습 과정'들을 활용하는 것이 지식을 구현하는 데 반드시 필요하게 된 것이다. 그러나 이 아이로서는 마른하늘에 날벼락 같은 일, 아이는 당혹을 금치 못하며 어쩔 줄을 모른다. 한 번도 '학습하는 법을 익히지' 못했기에, 학교의 이런 요구 앞에서 곤혹스럽기만 하다. 이제 지능만으로 충분치 않은 것이다. 아이는 얼이 빠져 자신에게 닥친 상황을 '이해하지 못한다'. 자신이 다른 아이들처럼 공부해오지 않았음을 여태 한 번도 인식하지 못했고, 학교에서 좋은 성과를 내기 위한 수단과 도구가 자신에게 없다는 사실도 줄곧 모르고 있었던 것이다. 저로서는 만사가 늘 마법처럼 뚝딱 해결되어왔으니까!

중학교 4학년*: 붕괴

아이는 이제 곤경에 처하고, 실패의 소용돌이에 빠르게 휘말린다.

이 단계에서 아이는 자기애에 치명상을 입는다. 이해하고 학습하는 데 익

---

* 프랑스 학제는 중학교가 4년제다.

영재의 심리학

숙한 자신인데, 갑자기 형편없고 무능하게 느껴지는 것이다. 이 상황이 수치스럽기만 하다. 그 결과 아이는 학업에 대한 관심과 투자를 거두는 데서부터 자폐증, 우울증, 행동장애 같은 보다 심각한 심리장애에 이르기까지, 다양한 행동을 보일 수 있다. 아이가 다시 학업에 투자할 수 있을 여지를 중재하고 조성하기란 점점 어려워진다.

오늘날 중학교 4학년 말은 결정적 전환점이 되는 시기다. 대학에 진학해 공부를 계속할지 말지, 방향을 정하는 시기다. 이 시기의 대대적인 실패는 차후의 가능성을 전부 가로막는다. 대학 진학의 길은 여기서 끊긴다. 되돌아갈 수 있는 여지는 아예 없거나 거의 없다.

> 이 문제는 심리적 측면·교육적 측면에서 매우 중요하다. 영재아동들의 학업 실패는 막중한 결과를 초래하기 때문이다.

유급: 위험하니 주의하자

유급은 낙제한 아이에 대해 시행하는 고전적이고 획일화된 대응이다. 우리는 흔히 아이가 '학업을 공고히 하려면' 한 해가 더 필요하다고 생각한다. 그러나 영재아동들을 기꺼이 받아들이는, 통찰력 있고 현실적인 어느 중학교 교장은 이렇게 증언한다. "유급해서 성공하는 경우는 아주 드뭅니다!"

실제로 유급이 좋은 결과로 이어지는 성공 사례는 드물고, 특별한 사정이 있는 경우에만 가능하다. 유급은 아이가 외부적인 요인, 예컨대 건강 문제, 일시적인 가족 문제, 심리장애 등으로 인해 해당 학년의 지식을 자기 것으로 소화하지 못한 경우에만 의미를 가질 수 있다. 어려움을 겪는 아이를 유급시킨다고 해서 아이의 학업 과정에 긍정적 변화를 가져오는 예는 드물다. 실상은 오히려 그 반대다. 유급한 아이는 환멸감에 젖고, 죄책감을 느끼고, 마음의 상처를 입기에, 심리적으로 재기해서 성공할 재간이 없다. 자기상은 타격을 입고, 자존감은 상실되고, 사람들이 던지는 시선 속에 '저 아이는 유급생'이라는 낙인이 찍힌다. 이 말이 암시하는 의미는 '저 아이는 열등생'이지 않은가. 상황은 다시 원점이다. 학습 측면에서 보자. 만일 아이가 전년도에 학교에서 요구한 필수 지식을 습득할 수 없었다면, 과연 이듬해에는 무슨 기적으로 별안간 더 쉽게 그걸 습득할 수 있겠는가. 학습 구조와 학습 능력은 유급한다고 달라지지 않는다. 오히려 학습에 대한 투자와 관심, 동기부여가 상당히 저하될 뿐이다. 유급은 어떤 학습이든 간에 그에 대한 결정적 투자 중단을 의미한다. 그리하여 아이의 지적 능력이 활기를 되찾을 기회는 사라진다. 이 영재아동은 자신의 능력에 대한 자신감을 완전히 상실하고 만다.

영재아동을 유급시키는 일은 지적 측면에서만큼이나 심리적 측면에서도 재앙이다.

부모들이여, 자녀에 대해 알기를 소홀히 하지 말자. 아이는 이 어려운 시기에 부모의 관심을 필요로 한다. 손을 놓지 말자. 포기하자 말자. 아이와 의논하고, 학교와 의논하자. 지금 닥친 상황을 진실로 이해하려고 노력하자. 이 실패의 원인을 한번 분석해보자. 당신과 아이, 학교, 모두가 함께 힘을 합쳐 다른 해결책, 다른 대안을 모색해보자. '부모로서' 아이의 말을 귀담아 듣고 이해할 수 있다는 자신감을 유지하고, 특히 아이에 대한 믿음을 간직하자. 만일 당신의 아이가 그전까지 학습에 별 뚜렷한 문제를 전혀 보이지 않았다면, 아이가 수 년 동안 우수한 성적을 거두었다면, 생활통지표에 "똑똑한 아이, 분발하면 더 잘할 수 있음, 열심히 공부하지 않음"이라는 평가로 채워져 있다면, 만일 그렇다면 학교에서 제시하는 유급의 타당성을 심각하게 의심해보자.

무료함 : 부적응의 다른 얼굴

"아시겠어요, 문제는 아이가 재미없어한다는 거예요.", "아이가 흥미를 못 느낀다고 생각지 않으세요?", "아이가 지루해하지 않을까 걱정이에요." "자기가 따분할 때는 꼭 남들을 귀찮게 한답니다.", "심심하지 않으면 그렇게 떠들어대지 않을 텐데 말이에요."

이런 종류의 무료함은 영재아동이 늘어놓는 불평 가운데 으뜸이다. 이것은 부모가 자녀에게서 가장 많이 듣는 말이자 상담자에게 가장 많이 보고하는 문제며, 교사들의 주의를 수도 없이 환기시키는 문제다.

무료함이란 무엇인가?

사전에서는 무료함을 '딱히 할 일이 없을 때, 혹은 뭔가에 흥미가 없을 때 생기는 무력감이나 정신적 피로'라고 정의하고 있다.

수업시간에 느끼는 권태나 무력감은 학습의 내용이 아니라 그것이 전달되는 형식에서 비롯된다. 영재아동에게 학교란, 제 아무리 학습 과정에 투자해도 만족감을 얻을 수 있는 곳이 아니다. 세상과 지식에 대한 이 아이의 투자는 학교 체계에서 찾아볼 수 없는 다른 과정을 거쳐 이루어지기 때문이다.

— 바로 그것이 무료함의 원인이고,

— 바로 그것이 진정한 정신적 피로다.

아이가 흥미를 못 느끼는 것은 학교에서 배우는 '내용'이 아니라 학교에서 가르치는 '방식'이다.

반복 학습과 수업 속도, 단순화된 수업 내용, 작은 단위로 분할된 학습, 강제된 학습의 틀 안에 머물러 있어야 할 의무, 교과 과정을 벗어나는 지식의 통합 불가능성 등이 무료함을 강화하고 증폭시킨다.

무료함은, 학교 체계가 제시하는 학습에 도저히 투자할 수 없는 아이, 이 영재아동의 학습 구조와 너무도 동떨어진 그 모든 교수법 전체를 망라한다.

요컨대 무료함은 내용이 아니라 용기(容器)에 적용된다. 따라서 형식을 바꾼다면 아이는 활기를 되찾게 될 것이다. 아이는 오직 그것만을 기대하고, 아이에겐 그것이 꼭 필요하다.

이 아이가 학교에서 따분하다고 말할 때, 그것은 교사에 대한 모종의 공격이 아니다. 흔히 교사들은 이 학생이 자기들 수업을 따분해한다고 생각하고, 그래서 자기들 능력이 비판받는다고 느낄 수 있다. 그러나 문제는 그게 아니라 수업이 전달되는 방식이다. 따라서 이와 관련된 문제는 교사의 지식 역량도 아니고 지식 자체에 대한 관심도 아니라, 학습이 구성되고 제시되는 방식이다. 그 방식의 차이는 아주 엄청나고, 그 차이를 잘 이해한다면 일부 상황들은 심각하게 여기지 않아도 될 만큼 순조롭게 타개할 수 있다.

기다림: 무료함의 다른 얼굴

영재학생은 다른 학생들보다 더 빨리 이해하고 더 빨리 배운다. 일반적으로 처음부터 이해하고, 때로는 교사가 수업을 끝내기도 전에 이해한다. 이렇게 수업을 귀담아 듣는 것만으로 충분히 이해하고 그 결과를 예측할 수 있다. 이것이 현실이다. 그렇다면 교사가 같은 내용을 반복하고, 다른 식으로 다시 설명하고, 예를 들어 설명하고, 쉽게 풀어 설명하는 동안, 이 학생은 뭘 해야 할까? 어떻게 해야 할까?

피에르는 중학교 2학년 학생으로, 모범생이다. 이 학생은 학교에 동화되기 위해, 좋은 성적을 얻기 위해, 실제로 최선을 다하고 있다. 그러나 몇 주 전부터 그 의지가 무너지고 있다. 어떻게 하면 교사에게 지적받지 않고 수업을 방해하지도 않으면서 지루함과 싸울 수 있을지 이젠 정말 모르겠다. 교사를 존중하고 다른 학생들의 수업 속도도 존중해야 함을 잘 알고 있지만, 더는 견딜 수가 없다. 상담하는 동안 아이는 눈물을 글썽인다. "이해하시겠어요? 선생님이 다른 애들한테 설명할 동안 잠자코 기다리는 게 너무 힘들다구요! 그런 순간이면 불안이 엄습해와요. 정말 끔찍하죠. 그래서 전 외부 세계와 단절하고 내면 세계를 만들어 거기로 도피해요. 너무 외로워요. 정말 힘들다구요!"

지식을 빠르게 소화하고 이해하는 능력은 영재학생이 타고난 지적 작동의 한 요소로서, 학습 시 반드시 고려해야 할 사항이다. 흔히 우리는 반복 학습이 지식을 암기하고 소화하는 데 유리하다는 생각에서, 같은 것을 여러 번 되풀이하고 이래저래 달리 표현해보는 경향이 있다. 그러나 이보다 더 영재아동을 짜증나게 하는 일도 없다. 이런 학습 방식은 이 아이를 곤혹스럽게 만들고 외부와 단절되게 만든다.

카롤린(10세)이 잔뜩 흥분해서 말한다. "저는요, 누가 저한테 똑같은 얘기를 열 번이나 반복하면 정말 짜증나요. 그런데 우리 아빠 늘 그래요. 제 공부를 봐주실 때, 똑같은 걸 여러 번 설명하지 않으면 큰일 날 것처럼 구신다구요. 저한테도 여러 번 되뇌라고 시키시구요. 정말 됐다구요, 한 번이면 충분해요. 한 번이면 이해한단 말이에요!"

쓰기장애, 읽기장애, 철자장애:
영재아동들의 특징적인 장애

쓰기나 읽기에 곤란을 겪는 문제, 혹은 철자법에 심각한 어려움을 느끼는 문제와 같은 특정학습장애는 영재학생들에게서 빈번히 나타난다. 이런 장애들은 이 아이들의 인지 작동의 특성과 직접적으로 관련된 문제이거나, 직접적인 관련은 없지만 그 특성과 결합해서만 나타나는 장애일 수 있다.

쓰기장애(난필증)

영재아동은 쓰기 단계로 넘어갈 때 어려움을 호소하는 일이 잦다. 대체로 글씨 쓰기를 배우기 시작할 때부터 어려움이 나타난다. 이 장애는 글씨를 아주 삐뚤게 쓰거나 쓰는 속도가 너무 느린 증세로 드러나는데, 그러다 점차 쓰기에 거부반응을 보이는 지경까지 이를 수 있다.

이런 문제가 나타나고 또 지속되는 원인을 아래와 같이 몇몇 가설로 설명해볼 수 있다.

• 구어 표현력의 발달과 대뇌운동의 발달에 차이가 나기 때문이다. 영재아동은 말솜씨가 유창하고 읽기도 거뜬히 배우는데 반해, 정신운동의 발달은 그보다 뒤처진다. 글씨 쓰기 행위는 정신운동의 발육에 달린 문제이므로 말하고 읽는 행위와 나란히 발달하지 못한다. 그래서 아이는 쓰기 행위를 제어하고 조절하는 데 어려움을 느끼고, 그러다 보니 의욕을 잃고 위축되며 머지않아 쓰기를 몹시 싫어하게 될 수 있다.

• 사고의 속도와 쓰기 행위 간에 시간 차이가 나기 때문이다. 영재아동의 사고는 아주 빠르게 전개된다. 생각이 급속도로 꼬리에 꼬리를 물고 서로 이어지고 연결되는데, 아이가 아주 어릴 때부터 쭉 그래왔다. 그러나 아

이의 쓰기 행위는 그보다 더 서투르고 더 느려서, 아이는 사고하는 속도만큼 빠르게 쓸 수 없다. 머릿속은 T+5에 있는데 연필은 아직도 T+0에 있다. 그러니 아이는 뒤로 소급해 처음 단계로 돌아갈 수밖에 없고, 돌아가서 거기 머물러야 하지만 사고는 다시 잽싸게 출발해버린다. 이 순환의 고리가 계속된다. 아이는 허덕이기 시작한다. 그러다 사고의 추이를 놓친다. 결국은 쓰기를 중단하든지, 알아볼 수 없는 글씨로 쓰든지, 시간을 벌기 위해 소리 나는 대로 쓰든지 할 수밖에 없다.

학교에서 쓰기는 학습의 중심이다. 따라서 서투르고 느린, 때로는 지극히 느린 글씨 쓰기는 이 아이들이 빈번하게 겪는 어려움의 원인이자, 부모와 교사들 간에 빚어지는 갈등의 원인으로 작용한다.

특히, 읽기를 완전히 터득한 아이들의 경우, 초등학교 조기 입학이나 1학년에서 2학년으로의 월반을 거부당하는 것도 쓰기에 대한 논란과 관계있을 때가 많다.

초등학교에서, 나아가 중학교에서도, 상급 학년으로 올라갈수록 이 아이들은 쓰기 문제로 인해 교사들로부터 수시로 지적을 받거나 벌을 받는다. 벌이 때로는 부당한 때도 있다. 여하튼 이들의 느리고 산만한 글씨는 학업 성적에 불리하게 작용한다. 쓰기 문제는 고등학교에서도, 특히 시험에서, 계속 이들을 괴롭힌다. 필기의 가독성이 읽는 사람에게 얼마나 긍정적인 '선입견'을 갖게 하는지 다들 잘 알고 있지 않은가.

그러나 다음 사실에 주의하자.

• 영재아동들이 모두 쓰기장애를 겪는 것은 아니다. 그 반대다. 일부 아이들에게 글씨 쓰기는 큰 만족감을 안겨주는 즐거운 작업이다. 이들은 주로 시나 수필, 중단편소설 들을 즐겨 쓰는데, 이는 어느 장르 할 것 없이 이들에게 강력한 만족감을 선사하는 유희활동이다. 자기 생각을 남에게 전

하고 함께 나누는 기쁨으로 이들의 열정은 더욱 불타오른다.

• 쓰기장애는 대개, 이 아이가 입으로 자기 생각을 표현하는 것만큼 글도 빠르고 유려하게 써주기를 기대하는 학교의 요구에서 비롯된다. 이런 '악착같은 기대'는 아이를 곤혹스럽게 하고 죄책감이 들게 하기 때문에, 종종 쓰기장애의 원인이 된다.

• 지식의 대상을 혼동하지 않도록 주의하자. 예컨대 수업시간에 칠판에 적힌 내용을 반드시 옮겨 써야만 제대로 습득할 수 있게 되는 걸까? 문제는 영재아동이 다른 아이들과 같은 속도로 필기를 끝내지 못한다는 것이고, 그 때문에 이중으로 불이익을 당한다는 점이다.

— 첫째, 필기를 끝내지 못했으니 차후에 온전히 복습할 수 없을 거라고 오해를 받는다.

— 둘째, 수업 내용을 완전하게 혹은 올바르게 필기하지 못했기 때문에 교사로부터 실제로 벌을 받는다.

"지금은 이런 아이들의 문제를 잘 이해하게 되었죠." 어느 중학교 1학년 불어 담당 교사가 털어놓는다. "처음에는 이 아이들에게 강제로 옮겨 적게 했습니다. 그런데 절대 그렇게 되질 않더군요. 이 아이들이 첫 줄을 베끼는 동안 다른 아이들은 이미 끝내버리니까요. 제가 설명을 시작할 때도 이 아이들은 여전히 베끼는 중이죠. 그래서 이제는 몇 가지 요령이 생겼습니다. 수업 내용을 제가 아예 복사해서 주거나, 글씨가 빠른 아이에게 부탁해서 필기한 노트를 친구를 위해 복사해서 주라고 하는 거죠. 이런 방식이 학생들 간에 협동심도 길러주고, 무엇보다 반 아이들에게 영재 학생은 그들보다 우월한 아이가 아니며 영재학생 역시 실질적인 어려움을 겪을 수 있음을 이해시킬 수가 있더군요. 쪽지시험의 경우, 쓰기장애가 심한 아이들은 학년 초에 구두시험으로 대처하기도 한답니다. 중요한 건, 이 아이들이 수업을 소화했는지, 배운 것을 제대로 알고 있는지 확인하는 거니까요. 필기고사를 치를 땐 좀 더 기다려주는 편입니다. 이렇게 제가 먼저 이 아이들의 어려움을 존중해주니까, 녀석들도 용기를 얻어 저들 스스로 속도와 가독성 면에서 쓰기 실력이 향상될 수 있게 전력투구하더군요. 점차 그렇게 해서 학년 말에 이를 무렵이면, 스스로 쓸 수 있게 되고 또 웬만큼 잘 쓰게 된답니다."

쓰기장애를 겪는 자녀를 어떻게 도울 수 있을까?

• 학교교육의 틀 밖에서 재미삼아 글을 써보도록 권하자. 광고나 포스터를 만들거나, 재미난 이야기, 편지 같은 걸 써볼 수도 있다. 그렇다 보면 글씨를 쓴다는 것이 학교의 속박이라는 힘겨운 짐을 내려놓고, '의사소통'이라는 본래의 목적을 되찾을 것이다.

• 이 문제를 너무 심각하게 생각지 말고, 잘 굴러가는 일에 전념하자. 아이가 잘해내는 분야는 칭찬하고, 더 많이 어려워하는 분야는 향상시키도록 용기를 북돋우자.

• 아이의 발육 속도를 존중하자. 아이가 쓰기 행위를 단련하는 데 몇 달이 더 필요하다면 시간을 주고 기다리자. 재촉하면 더 큰 화를 부를 수 있지만, 아이가 준비될 때까지 기다리면 오랜 시간을 두고 해결할 문제를 미연에 방지할 수 있다. 학교의 압력이 있더라도, 급하게 서둘러서 완벽하게 잘 써야 할 이유는 전혀 없다. 오히려 쓰는 즐거움을 알게 되면 그 즐거움은 평생 간다.

읽기장애(난독증)와 철자장애

읽기장애는 흔히 철자장애와 병행해서 나타나는데, 이것은 영재아동에게서, 그중에서도 특히 남자아이에게서 빈번히 나타난다. 이런 특정학습장애의 메커니즘을 이 책에서는 자세히 다룰 수 없지만, 다음 사실들은 기억해둘 필요가 있다.

• 읽기장애에 관한 연구(심리학자 스프링거와 도이치의 연구, 2000년)에 따르면, 언어를 처리할 때 우뇌가 강하게 활성화되는 뇌에서 이 같은 비정형적인 작동이 보인다. 또한 읽기장애를 겪는 아이들 상당수가 왼손잡이이며, 이런 특징은 영재아동들에게서 빈번히 나타난다. 왼손잡이와 읽기장애, 그리고 영재아동 사이에 존재하는 관련성을 성급하게 결론짓고 일반화할 수는 없겠지만, 이 세 부류의 집단에서 언어 자극을 처리할 때 공통적인 양상이 관찰된다.

• 읽기장애는 철자장애처럼 순차적 처리의 결함과 관련이 있다. 앞에서 살펴보았듯이 영재아동은 정보의 총체적·동시적 처리에 능하고, 이 능력은 아이 자신의 순차적 처리 능력보다 훨씬 우세하다. 영재아동은 정보를 '총체적으로' 읽어서 그 의미를 이해하는 반면, 해독하는 능력은 떨어진다.

• 영재아동은 머릿속에 떠오르는 이미지들로 작동한다. 시공간(視空間)적 능력이 매우 뛰어나다. 글을 읽을 때 이 아이는 여러 단어를 포괄하는 이미지들을 만들어내고, 이 이미지들이 이 아이에게 의미를 부여한다.

예컨대 받아쓰기 시간에 교사가 '배'라는 단어를 내뱉는 순간, 영재아동의 머릿속에서 활성화되는 것은 이 단어를 구성하는 일련의 철자들이 아니라 물 위에 둥둥 떠다니는 배의 이미지다. 이 이미지는 순식간에 바다 항해, 갈매기들의 비상, 바닷가에서 보낸 지난 방학의 추억, 돛을 부풀리는 바람의 감각, 요오드 냄새……, 등과 관련해서 추가적으로 연상되는 다른 이미지들로 꼬리에 꼬리를 물고 이어진다. 받아쓰기 중인 아이는 이 이미지를 '언어 기호(철자)'로 변환해야 하는데, 이 아이에게 언어 기호란 단어가 가진 그 모든 상징적 의미를 몽땅 들어내는 것이고, 따라서 이 이미지를 단어로 변환하려면 아이는 부득이 뒤로 돌아갈 수밖에 없다. 게다가 아이의 사고는 연상 작용이 초고속으로 전개되고 있는 반면 교사는 받아쓰기를 계속해나가니, 아이는 더 이상 자기가 어디 있는지 몰라 헤매게 된다. 어쩌다 잽싸게 단어 하나, 문장 하나를 '포착'해도 이미 앞 단어 혹은 앞 문장과 연결되지 않는다. 급기야 받아쓰기는 의미를 잃고 철자는 엉망이 되고 만다.

• 의미가 형식에 비해 중요시된다. 여하튼 영재아동은 자기가 써야 하는 것의 의미를 대단히 중요하게 여긴다. 이 아이에게는 형식, 즉 의미를 포맷하는 용기(容器)가 의미의 본질을 잃게 하는 쓸데없는 제약처럼 보인다!

이런 관점에서 우리는 이 아이를 서예, 표의문자, 필기체 등의 예술작품 세계로 안내함으로써 도움을 줄 수 있다. 예술 세계에서 글씨 쓰기는 부수적인 도구가 아니라 그 자체로 의미가 되니까.

학교에서 어떻게 영재아동을 식별할 수 있을까?

다음은 영재아동을 식별할 수 있는 지표들이다. 이것이 무조건적인 완벽한 식별 기준은 아니고 영재아동의 모든 특성을 총망라한 것도 아니지만, 아이에게 이런 특징들이 보인다면 주의를 환기하고 아이에게 지능검사를 받게 할 근거로 삼을 수 있다.

관찰되는 사실	무엇을 이해할 수 있는가
들쭉날쭉한 성적. 어떤 과목의 성적이 한 해는 뛰어난데 이듬해는 그렇지 못하고, 또 역으로 한 해는 저조한데 이듬해는 그렇지 않다.	학업에 대한 투자가 교사와의 정서적 관계, 교사에 대한 평가(존경심 여부)에 따라 달라진다. 교사들의 능력의 한계를 시험한다. 적절한 틀과 신뢰가 갖춰져야만 제대로 작동할 수 있다.
교사들에게 끊임없이 증명을 요구한다.	의미를 추구하고, 의미에 대한 절대적인 욕구를 지녔다.
시의적절치 않을 만큼 적극적으로 학교생활에 참여하거나, 아니면 완전히 자기 세계에 틀어박힌다.	학교에 대한 열정과 지적 호기심을 갖기 전과 갖고 난 후의 모습.
말이 많고, 주의가 산만하고, 걸핏하면 몽상에 잠기고, 흥분되고 들뜬 상태다. 그러나 주의력이 강하다.	특수한 주의력 메커니즘을 갖고 있다. 주의력을 유지하려면 여러 가지 일을 동시에 해야 한다.
자신이 산출한 답을 증명해 보이지 못하고, 논거를 제시하고 전개하는 데 어려움을 느낀다.	우뇌를 통한 직관적·유추적 작동.
자기 생각을 말로는 유창하게 표현하지만, 글로는 형편없다.	사고의 구어적 형태와 문어적 형태에 차이를 보인다. 사고를 글로 표현하는 데 장애가 있다.
교정에서 혼자 논다.	남다른 성향 때문에 또래 집단에서 소외되고, 자신과 동일한 작동, 동일한 관심사를 지닌 아이들을 찾기가 어려워 고독하다.
다른 관점에서 보면 뛰어난 학생인데, 종종 답이 틀리거나 아예 답을 하지 못한다.	남들과 공통된 암시(암묵적 전제)를 갖지 못하고, 문자 그대로의 의미를 중요시하며, 나무 형태의 연결망 사고와 확산적 사고를 갖고 있다.
수업 내용을 잘 소화한 것 같은데도, 주제에서 벗어나거나 엉뚱한 대답을 한다.	

맞춤식
교육을 향해

교수법을 영재아동에게 맞춘다는 것은 학습 동력을 다시금 문제의 중심에 놓고 생각하겠다는 의미다. 영재학생이 겪는 가장 큰 어려움이 학습 형태와 관련되어 있기 때문이다. 이 아이는 지식욕이 왕성하고 새로운 지식에 의욕적이다. 배우는 데 열정적이고 배우기를 열망한다. 그러나 학교가 제시하는 형식으로는 아니다. 왜냐하면 학교교육 형태는 이 아이가 학습하는 방식과 너무 다르고 너무 동떨어진 것이기 때문이다. 이 아이에게는 아이 자신의 작동에 맞춰진 학습 형태가 필요하다. 그래야만 학습에 제대로 투자하고 지식을 자기 것으로 소화할 수 있다. 그렇지 않으면 대개 실패로 끝난다. 이것이 바로 영재아동 교육에 본질적으로 존재하는 역설(逆說)이다.

학습 형태

학습 형태를 논하자니 상당히 교육학적인 차원으로 진입하게 되는데, 그렇게 되면 이 책에서 다룰 수 있을 범위를 넘어선다. 그러나 이런 아이들을 위해 특별히 연구된 교육학적 조정안들을 학교가 시행할 때 따라야 할 주요 방침들은 여기서 소개하고자 한다.

아울러 부모는 어떻게 해야 자녀가 가장 효과적으로 학습에 투자할 수 있고 어떻게 해야 성공 동력을 높일 수 있는지를 이해해야 한다. 부모로서 어떻게 해야 이런 자녀를 도울 수 있는지도!

총체적 학습

대체로 학교교육이 시행하는 학습은 서로 구분되는 작은 단위들로 나뉘어 있다. 기차의 원리와 같다. 먼저 각 차량을 차례대로 하나씩, 오랜 시간 공부한다. 이렇게 장기간에 걸친 차량별 반복 학습이 끝나고 나면, 이 차량들을 서로 연결해서 기차를 만든다. 그제야 비로소 학습의 총체적인 의미가 드러나고, 새로 습득한 이 학습을 어떻게 활용할지 모색할 수 있게 된다. 이렇게 새로 습득한 일련의 학습들이 서로 조금씩, 한 단계씩, 점진적으로 연결되어 새로운 지식을 만들고, 이 지식을 어떻게 구사할지 배우게 된다. 이 원리는 어떤 기초 지식을 습득하든 동일하게 적용된다.

반복 학습, 각 학습 단위의 완벽하고 세밀한 분석, 기초 지식을 활용하는 훈련 등은 대다수 학생들에게 두말할 나위 없이 효과적인 학습 형태다. 그들이 학습하기 위해서는, 또 학습한 것을 자기 것으로 소화하기 위해서는 이런 방식이 필요하다. 그러나 영재학생은 그렇지 않다!

• 학습을 단위로 쪼개는 것은 영재아동으로서는 동조할 수 없는 방식이

다. 이 아이에게 무슨 악의가 있어서가 아니라, 이 아이의 뇌가 총체적인 방식으로 작동하기 때문이다. 다시 말해 이 아이가 학습하고 이해하고 학습에 투자하고 그것을 소화하기 위해서는, 총체적 시각을 갖는 것이 절대적으로 필요하다. 이 아이는 반드시 전체를 파악할 수 있어야 한다. 그래야만 비로소 전체를 구성하는 각 부분들을 분석할 수 있다. 분석이 꼭 필요하다면 말이다.

주의할 점

총체적 학습은, 단어를 구조적으로 검토하기 전에 바로 암기해버리는 총체적 독서법과는 전혀 별개의 것이다. 설령 단어를 음절로 쪼개는 작업이 영재아동에게는 '지금 자신이 어디로 나아가고 있는지', 지금 배우고 있는 것의 의미는 무엇인지 알 수 없게 만들기 때문에 고문과도 같은 행위라 해도 말이다. 단어는 상징적 의미를 가진 단위이지, 소리를 내기 위해 해독해야 할 기호들의 나열이 아니다.

영재아동에게는 학습할 내용을 '먼저' 총체적으로 보여주는 것이 중요하다.

예컨대 수학의 경우, 풀어야 할 문제를 우선 전체적으로 설명한다. 그런 다음 문제를 푸는 데 필요한 각각의 연산 구조를 다룬다.

역사 시간에는, 학습할 시기를 전체적으로 소개하고, 그런 다음 이 역사적 사실을 '야기한' 사건들을 연대순으로 다룬다.

• 이 원리를 집에서 활용해보면 분명 그 효과에 놀랄 것이다. 아이가 잘 이해했는지 확인하려고 매 단계마다 멈출 필요는 없다. 먼저, 공부할 내용

을 전체적으로 소개하자. 거기서 좀 더 나아가도 좋다. 아이에게 내용 전체를 총체적으로 소화할 기회를 주자. 아이가 개개의 지식을 충분히 소화했는지 걱정하지 않아도 된다. 과목의 성격상 그래야 한다면, 다음 단계에서 걱정해도 늦지 않다.

복잡한 학습

교사는 가르칠 내용을 단순화하기 마련이다. 전달해야 할 지식을 최대 다수 학생들에게 이해시키는 것이 목적이기 때문이다. 이를테면 식품산업과 비슷하다. 맛이 너무 강하지 않아야 하고, 재료 구성이 너무 복잡하지 않아야 하며, 냄새는 은은해야 하고, 모양은 동일해야 하므로.

학교교육은 울퉁불퉁 튀어나온 것이 전혀 없도록, 모든 것이 매끄럽도록, 복잡한 개념·복잡한 지식은 치워버리도록 설정되어 있다. 수업은 학생들이 잘 소화될 수 있게끔 이미 쉽게 손질되어 있다.

이처럼 단순화된 수업이 영재아동에게는 그 어떤 호기심도, 어떤 흥미도, 어떤 자극도, 어떤 동기부여도 불러일으키지 않는다. 그래서 아이는 학습에 '매달리지' 못하고 그만 손을 놓는다. 아이의 잠재력과 역량이 동원되지도 못하는 것이다.

복잡성이 배제된 이런 학습은 다양한 행동장애로 표출된다. 수업시간에 산만하고, 떠들고, 더 심하게는 공격적인 행동을 보인다.

복잡한 학습의 필요성

- 복잡한 학습은 공부에 대한 관심과 투자를 지속시킨다.
- 복잡한 학습은 주의력과 집중력을 활성화한다.
- 복잡한 학습은 어려움을 이겨냈을 때 진정한 인지적 기쁨을 느끼게 해 준다. 인지적 기쁨은 지능의 각성제다. 고도의 지적 작업을 수행하여 좋은 성과를 거두었을 때 얻는 기쁨은, 산 정상에 오른 산악인의 그것과 견줄만하다. 이런 순간은 기뻐서 어쩔 줄 모른다. 그리고 이런 희열 때문에 또다시 시작하고 싶은 마음이 생긴다. 인지적 기쁨은 강력한 학습 동력이다.
- 아이의 잠재력이 클수록, 과제가 복잡해야만 인지적 기쁨을 지속시킬 수 있다. '어려우면 어려울수록 더 많이 노력하고, 더 많이 노력할수록 더 좋아진다!'
- 복잡한 학습은 과제를 수행하는 데 동원해야 할 '인지 잠재력'에 활력을 불어넣는다. 즉 복잡한 학습은 노력의 의미를 북돋운다.

• 공격적인 행동은 자신의 지능을 마음껏 행사할 수 없는 욕구불만, 사고할 만한 주제, 자신의 능력을 십분 발휘하며 빠져들 만한 주제를 찾을 수 없는 욕구불만에서 비롯된다.

• 영재아동의 욕구불만과 분노는 지적장애아동이 복잡한 학습에 직면했을 때 느끼는 감정과 다를 바 없다. 그럴 때 상황은 대번에 참을 수 없는 지경이 되고, 거기서 비롯되는 엄청난 욕구불만이 우리가 잘 알고 있는 여러 부적응 행동으로 표출된다.

> 영재학생에게 난도가 완화된 학습을 제시하는 것은 지적장애아동에게 고도의 복잡한 학습을 제시하는 것만큼 해롭다. 두 경우 모두 결과는 학습에 대한 투자 중단과 여러 행동장애로 나타난다.

주의할 점! 그렇다고 영재아동이 복잡한 학습에 쉽게 답할 수 있다거나 그 어떤 까다로운 문제도 뚝딱 해결할 수 있는 전지적인 능력을 갖고 있다는 얘기가 아니다. 여기서 의미하는 것은 영재아동이 자신의 지적 잠재력을 동원하고 활성화하기 위해서는, 또 학교교육이 제시하는 학습에 열중하기 위해서는 복잡한 학습과 마주할 필요가 있다는 것이다.

혁신적인 교사들에게서 빌린 아이디어들

• 계단을 거꾸로 내려가기

중학교 1학년 때부터 이 아이들에게 중학교졸업자격시험 수준의 과제를 부과하자. 전 과목 모두 그렇게 해도 좋다. 물론 아이는 잘해내지 못할 것이다. 그러나 까다롭고 복잡한 과제 앞에서 아이는,

— "왜 내가 해내지 못하는 거지?"라는 핵심 질문을 스스로 묻게 된다.

— 자신의 모든 역량을 결집하게 된다. "이 문제를 풀려면 뭐가 필요하지? 어떤 능력이 필요할까?"

이제 역량의 총동원이 불가피하다. 어떤 잠재력도 더는 잠자고 있을 수 없다. 모든 잠재력이 불려나와 구원에 나선다. 그럼 성공이다! 아이는 이런 놀이에 빠져들고, 호기심은 강렬해지고, 난관을 극복하려는 욕구는 커진다.

이렇게 학습이 시작될 수 있다. 단, 거꾸로 접근해야 한다. 학습의 계단을 한 층 한 층 거꾸로 내려가는 것이다. 아이에게 먼저 "네가 이 어려운 문

제를 풀려면 어떤 지식, 어떤 절차가 필요할까?" 묻는다. 그러곤 아이와 함께 한 계단 아래로 내려서고, 거기서 또 다른 지식이 필요함을 발견한다. 그래서 다시 한 계단 내려서야 한다. 이런 식으로 조금씩 아래로 내려가면 맨 첫 번째 계단에 이르고, 거기서부터 다시 한 계단씩 거슬러 올라가면 되는 것이다.

• 책을 거꾸로 읽기

이것도 마찬가지로 책을 끝에서부터 읽기 시작하는 기법이다. 즉 한 학년을 교과 과정의 마지막 단원부터 시작하는 것이다.

이 기법에는 또 다른 중요한 이점이 있다. 바로 아이들 간에 대화의 길이 열린다는 점이다. "어떻게 해야 하는지 넌 알겠니?", "뭐 좋은 생각 없어?", "어때, 이렇게 한번 해보는 게 좋을까?" 등등.

이 기법은 또한 아이가 부모나 다른 어른에게 어떻게 대처하면 좋을지, 알고 있는 바가 없는지 물어서 도움을 구한다는 이점도 있다. "내가 어떻게 하면 좋을까요?", "엄마는 이거 할 줄 아세요?" 등등. 이런 요청을 통해 아이는 어른들의 지식을 대하는 태도가 완전히 달라진다. 갑자기 어른은 아이가 최종 목표에 도달할 수 있도록 돕는 그럴듯한 동반자 내지 동조자가 된다. 이제 어른은 더 이상 따분한 형식으로 학습을 강요하는 사람이 아니라 공통의 목표를 놓고 함께 숙고하고 서로 의견을 나눌 수 있는 사람이다. 이 상황에서 어른에게도 역시 어려움이 있을 수 있는데, 그것이 아이에게는 오히려 더 활력소가 된다. 이제는 '함께' 머리를 굴릴 수 있기 때문이다. 뭔가를 모르는 아이와 당연히 알고 있으리라 여겨지는 어른의 관계는 더 이상 존재하지 않는다. 두 주역이 함께 '공부해나가는' 것이다.

가정에서

이런 학습법은 아이에게 더없이 고무적인 도전이 된다. 그리고 부모 역시 여기에 적극 동참한다면 부모에게도 고무적인 도전이 아닐 수 없다. 부모들이여, 모르는 걸 겁내지 말자! 자녀의 눈에 우습게 보일까 봐 겁내지 말자. 이건 부모에게도 어려운 일이니! 오히려 아이는 부모가 진실로 어려움을 표할 때 깊이 존중하는 마음을 갖게 된다. 이는 또한 모른다는 것이 충분히 받아들일 만한 일이며 배움의 기회를 열어주는 계기임을 의미한다. 특히, 모르는데도 아는 척하지 말자! 대신 아이와 함께 노력해보자. 그러면 두 눈으로 직접 확인하게 될 것이다. 아이가 이를 통해 얻게 될 그 모든 혜택과, 부모와 아이가 다함께 느끼게 될 기쁨을!

맥락화하기

영재아동은 외부에서 유입되는 모든 데이터와 이미 저장되어 있는 모든 지식, 이것들 간에 끊임없이 연결고리를 만들고 다리를 놓고 서로를 결합시킨다. 이런 식으로 아이는 수많은 정보를 통합하고 의미를 부여하여 계속해서 기억 속에 저장한다.

반면에 학교에서 제시하는 개개의 학습은 저마다의 맥락과 유리되어 있고, 서로 간에 결합되지 않는다.

예컨대 불어 시간에 어떤 작가들을 다룰 때는 이들을 역사 과목과 관련지어 당시의 역사적 맥락 속에 놓고 생각해볼 수는 없을까? 더 나아가 시민교육 과목을 '통해' 당시의 사회 체제와 연결 지어 생각해볼 수는 없을까? 그렇다면, 이 그리스 철학자는 피타고라스(그리고 피타고라스 정리)와 동시대 인물이 아니던가, 하는 식의 학습이 가능해진다. 다윈의 이론도 당시의 역사적 맥락, 당시의 사상사, 당시의 생리학적 지식에서 끄집어내어 이와 같은 식으로 이해해볼 수 있을 것이다.

가정에서

자녀에게 필요한 이런 맥락화를 부모가 재현해줄 수 있다. 아이에게 어떤 목표를 넓은 각도로 열어보이자. 아이의 시야를 넓혀주자. 개개의 학습을 저마다의 맥락 속에서 바라보고, 탐구하고, 조사하고(인터넷 덕분에 점점 더 수월해진다), 분석하고, 재구성해보자. 이는 매우 유익하고 흥미로운 작업이다. 이 작업은 장기기억화를 용이하게 한다. 맥락화된 학습은 기억 속으로 보다 깊이 있게 통합되기 때문이다.

학습의 의미와 목적

• 무엇을 위해 공부하는가? 공부는 왜 필요한가? 내게 어떤 쓸모가 있는가?

만일 이 세 가지 질문에 답할 수 있다면 우리는 학습 과정에 기꺼이 투자할 수 있고, 배우고 싶은 욕구가 생긴다.

학습의 의미는 영재아동에게 꼭 필요한 전제조건이다. 이 아이가 보기에 학교교육은 학습의 목적이 모호하다. 학교에서 가르치는 것들을 배워서 무슨 소용이 있는지 알 수가 없다. 그런데 앞에서 강조했듯이, 영재아동은 의미가 명확히 규정되지 않으면 작동할 수가 없다. 보통의 아이는 학교가 제시하는 대로 받아들일 수 있다. 왜냐하면 "학교는 그냥 그런 곳이니까." 그러나 영재아동은 학습의 규칙과 목적을 밝혀주지 않으면 학교의 규정에 따를 수가 없다.

"그놈의 불어 수업, 정말 한심해요. 작가가 텍스트에서 무엇을 말하려 했는지, 머리 빠지게 생각해봐야 무슨 소용 있어요? 어쨌든 중요한 건, 불어를 제대로 구사해서 글을 잘 쓸 줄 아는 거잖아요. 게다가 작가가 그 글을 썼을 때 무슨 생각을 하고 있었는지는, 어쨌든 우리가 지어내는 거잖아요. 그건 절대 알 수 없는 거니까요."

"솔직히, 역사 수업은 영 아니에요. 나폴레옹이 이 전투에서 승리한 걸 제가 알아서 뭐해요? 내 삶이 달라지는 것도 아닌데! 게다가 엔지니어가 되는 데 아무런 도움도 안 되잖아요!"

"수학에서 정리(定理)는 왜 배워야 하는 거죠? 다른 방식으로도 얼마든지 문제를 풀 수 있거든요. 이런 걸 암기하는 건 정말 무의미해요. 전혀 관심도 없고, 무슨 소용이 있는지도 모르겠어요."

문제의 의미에 관한 문제 제기는 더 심각하다!

"이 문제를 푸는 데 왜 꼭 이 정리(定理)여야만 하는 거죠? 달리 풀 방법이 과연 없을까요? 이 정리만큼 적절한 정리가 또 있으리라곤 생각지 않으세요?"

"이런 그림을 그릴 때 왜 꼭 이 기법을 사용하는 거예요? 다른 기법을 고안해내면 안 되나요? 처음에 사용한 기법도 꽤 괜찮았잖아요! 제가 13살이라고 해서 새로운 걸 생각해내지 못하는 건 아니지요!"

이런 예를 열거하자면 한이 없다. 이런 예들은 일반적으로, 특히 영재아동의 경우, 학교의 의미에 대해 불가피하게도 중대한 의문을 품고 있다는 증거다.

우리 어른들은 학교를 그 어떤 명백한 것으로 여기는 경향이 있고, 학교에서 배우는 것을 당연시하고, 교육 프로그램이 그러하다면 거기에 따라야 한다고 생각하기 때문에, 이런 의문 앞에서 곤혹스러워진다. 그러나 영재아동은 학교와 학교교육을 명백한 것으로 보지 않는다.

영재아동에게는 모든 것이, 진정 모든 것이 의미를 지녀야 한다. 그것도 분명하고 확실한 의미, 받아들일 만한 의미를. 학교와 학교생활은 더더욱 그래야만 한다. 왜냐하면 학교는 '의무적으로' 다녀야 하고, 아이 자신이 대부분의 시간을 학교에서 보내기 때문이다.

이런 시각을 각별히 유념해야만 이 아이들이 학교 체계를 받아들이고 잘 따를 수 있게 도울 수 있다. 학교 공부가 왜 필요한지, 어떤 면에서 유용한지, 아이 자신들에게 무엇을 가져다줄 수 있는지, 시간을 들여 찬찬히 설명해주자. 이는 절대 시간 낭비가 아니다. 오히려 공부를 해야 할 때 불필요한 대립과 갈등의 시간을 벌게 해주는 귀중한 시간이다.

특히 아이에게 "그냥 그런 거라니까"라는 대답은 절대 해서는 안 된다. 그런 답변은 아이가 학습에 투자할 여지를 모조리 가로막고, 아이와의 소통을 갈등 국면으로 몰고 갈 수 있다.

만일 아이의 물음에 답하기가 곤란하다면, 그 물음을 아무리 곱씹어도 사실상 답이 명확하지 않다면, 아이에게 좀 더 알아보자고, 분명히 그럴만한 이유가 있을 거라고 말해주고, 좀 더 알아보았지만 그럴만한 이유가 정말로 없다면, 그래도 어쨌든 '이렇게'(학교 방식대로) 한번 해보자고, 그러면 학교생활이 좀 더 편해질 거라고 말해주는 것이 바람직하다. 부모 역시 학교 방식이 별 의미가 없음을 인정한다면, 그런 부모가 그래도 어쨌든 해보지 않겠느냐고 제안해올 때 아이는 받아들이게 된다. 부모가 동조자가 되어주는 이 방법은 꽤 먹혀든다.

여기서 주의할 점! 영재아동에게 있어 의미에 대한 절대적인 욕구는 학교 규칙에도 적용된다. 이 아이는 학교가 왜 이런저런 규칙을 강요하는지 이해하고 싶어 한다. 왜 이건 금지일까? 왜 이건 허용될 수 없지?

이런 경우, '그냥 그런 거라니까'라는 대답은 절대로 아이를 만족시킬 수 없다. 이 아이로서는 절대 받아들일 수 없는 대답이다.

여하튼 영재아동은 규칙이 이치에 맞지 않고, 이런저런 허점이 있으며, 아무짝에도 쓸모없다는 걸 증명해 보일 증거와 논거를 찾아내고야 만다. 그러므로 왜 이건 이렇고 저건 저런지 아이에게 설명하고, 아이와 함께 숙고해야 한다. 그리고 필요하다면, 아이가 의미를 찾을 수 있도록 아이와 함께 교사들이나 다른 교육자들을 만나러 가야 하리라.

 요점 정리

- 영재아동은 만사에 의미를 부여하고 싶어 한다. 따라서 학교에서 하라는 것들이 어떤 쓸모가 있는지 스스로 이해해야만 그것을 받아들이고 따를 수 있다. 이는 명백한 반항이나 도전이 아니다. 단지 이 아이는 다른 식으로는 작동할 수 없기 때문이다.
- 아이와 대화를 통해, 학교 공부와 학교 체계의 규칙이 지닌 의미와 목적을 '함께' 탐색해보자. 이 과정에서 아주 풍부한 의견 교환이 이루어질 수 있고, 이를 통해 아이가 학교 공부를 자기 것으로 소화하고 학교 체계도 받아들이게끔 효과적으로 도울 수 있다.

동기부여

"우리 애는 공부에 통 흥미를 못 느껴요." "공부는 자기가 하고 싶을 때만 한답니다." "여하튼 어쩔 수가 없어요. 애가 도무지 의욕이 없는걸요." "대체 어떻게 해야 애한테 의욕을 불러일으킬까요?"

이것은 매우 중요한 문제다. 학습에서 가장 핵심적인 문제다. 동기부여가 없으면 어떤 학습도 가능하지 않다.

오늘날의 학술연구들이 모두 이 점에서 의견을 같이한다. 동기부여야말로 학업 성취의 가장 강력한 요인 중 하나다. 동기가 부여된 아이, 학습 의욕이 고취된 아이는 자신의 역량을 최대한도로 발휘한다.

동기부여가 모든 인지 활동을 조직하고 지휘한다. 동기부여가 없으면, 그 어떤 지적 작업도 효과적으로 이루어질 수 없다.

동기부여가 없으면 조금의 노력도 기울일 수 없다.

> 동기부여를 찾아내고, 또 찾아내며, 발전시키는 것이야말로 영재아동으로 하여금 자신의 잠재력을 최대한도로 발휘하게 해주는 핵심 관건이다.

동기부여의 메커니즘

- 동기부여가 있으려면, 분명한 목적과 구체적인 목표가 있어야 한다. 나는 무엇을 원하는가? 왜 그것을 원하고, 그것으로 무엇을 얻을 것인가?
- 동기부여는 개인적인 계획에 해당한다. 즉 그것은 '나'와 관계된 것이

고, '내' 계획인 것이다.

- 목적이 정해지면, 목표를 향한 욕구와 긴장이 활성화되고, 이어서 목표에 도달하려는 의지가 활성화된다.
- 동기부여는 정해진 목적을 달성하기 위한 행위들을 가동시킨다.
- 동기부여는 목표에 도달하려는 노력을 유발한다.
- 동기부여는 목적이 달성될 때까지 노력을 지속시킨다.

동기부여에는 크게 두 종류가 있다. 외적 동기부여와 내적 동기부여.

- 외적 동기부여는 외부에서 비롯된 것이다. "네가 열심히 공부하면 좋은 성적을 받을 거야." "네가 그렇게 해주면 난 정말 기쁠 거다." "좋은 직업을 가지려면 공부를 해야 한단다." "대학입학자격시험을 잘 쳐야지 넌 엔지니어가 될 수 있어." "수시평가에서 (20점 만점에) 16점을 받으면, 네게 20유로를 주마."

외적 동기부여는 아이가 공부로 얻게 될 대가를 겨냥한다. 좋은 성적을 얻게 되면 남들 눈에 비칠 긍정적인 이미지로 보상을 받고, 사회적 인정이라는 이익을 얻는다.

- 내적 동기부여는 내부에서 비롯되는 것이다. "'내가' 좋은 점수를 받아서 기분이 좋아." "'나는' 내가 유능하다고 느껴." "'나는' 내가 자랑스러워." "좋은 성적을 받는 게 '나는' 즐거워." "부모님을 만족시켜드려 '나는' 기뻐."

내적 동기부여는 내가 느끼는 기쁨, 내가 내 행위에 기울이는 관심, 내가 경험하는 만족감과 관계가 있다.

이런 형태의 동기부여 메커니즘은, 아이로 하여금 자신의 여러 활동과 학교 공부를 자율적으로 하게 해준다. 그러므로 아이 개인의 역량이 한껏 피어날 수 있는 길을 열어준다.

학교 공부에는 내적 동기부여가 단연코 가장 효과적이다. 내적 동기부여 덕분에 아이는 학업 성취에 꼭 필요한 노력을 지속적으로 기울일 수 있다.

어떻게 동기부여를 발달시킬 수 있을까?

• 아이 스스로 성취에 열을 올리고 그 성취를 자기 것으로 삼게 해주자

아이는 부모를 기쁘게 하거나 부모에게 좋은 성적을 가져다주려고 공부하는 게 아니라 자신을 위해, 자기 자신의 기쁨을 위해 공부한다. 그런데 이런 실상과 달리 부모는 이렇게 말한다. "네 미래를 위해서야. 네가 공부하지 않으면 나중에 곤란해지는 건 너니까. 내가 이렇게 말하는 것도 다 널 위해서란다. 나야 상관없지. 난 직업이 있으니까……." 이런 발언은 자녀의 사적인 영역을 침해하는 것이다. 왜냐하면 "'나'는 너에게 '너'를 위해 공부하라고 요구한다'는 역설이 담겨 있기 때문이다. 부모의 가상한 마음을 앞세운 이런 발언이 아이를 꼼짝 못하게 옥죈다. 아이는 공부하고 성공하려는 욕구를 자기 내면에서 스스로 느껴야 한다. 학업 성취가 '아이 자신의' 계획이어야 하는 것이다.

• 자존감을 키워주자

아이를 격려하고 칭찬하자. 아이에게 일단 동기부여가 촉발되면, 그다음엔 외부로부터의 적극적 지원군이 필요하다. 이 지원군이 바로 '부모의' 격려다. 아이가 잘해냈을 때 부모가 기쁨의 감정을 더 많이 표현할수록,

아이는 다시 또 잘해내고 싶은 욕구가 생긴다. 아이가 이룬 성취가 충분히 인정받을 때 또 다른 성취로 이어지는 것이다. 반대로, 실패에 대한 평가는 최소화하자. 성취에 더 큰 가치를 부여하는 것이 실패를 벌하는 것보다 훨씬 더 효과적이다.

자녀에게 보상을 주고 싶은 부모들에게

보상이 지나치게 크면, 아이는 자신이 이룬 성취에서 유리된다. 다시 말해 보상이 자신과는 관계없고, 이 선물이 자신이 해낸 것과는 전혀 무관하다는 인상을 받는다. 따라서 보상을 줄 때는 신중해야 한다. 아이에게 가장 큰 선물은 바로 부모와 함께 나누는 기쁨임을 잊지 말자!

• 자신의 역량에 대한 자신감을 강화시켜주자

동기부여가 되려면, 수행할 과제에 자신감을 가져야 한다. 애초에 잘해내지 못할 거라고 생각하면, 자신감도 잃고 시도해보고자 하는 동기부여도 전혀 일어나지 않는다. 일단 성취할 수 있는 분야들을 정비해야 한다. 뭔가를 성취해야 동기부여가 되고, 동기부여가 되어야 또 뭔가를 성취할 수 있는 법! 이 과정이 제대로 연동되려면 아이가 먼저 성취를 경험해야 한다는 말이다. 따라서 아이 스스로 잘해내리라는 확신을 가진 분야, 재능이 있는 분야에서 우선 좋은 성과를 거두게끔 도와야 한다. 이렇게 해서 아이가 성취의 기쁨을 느끼고 자신의 역량에 자신감을 가질 때, 점차 다른 분야에서도 성취가 이어질 것이다. 그러나 만일 잘하는 분야를 굳이 공부하게 해봐야 소용없다는 핑계로 아이가 어려워하는 분야를 바로 들이대면, 동기부여를 활성화할 여지를 전부 가로막을 위험이 있다. "어쨌든 난 잘해내지 못할 거야.", "난 무능해.", "내가 어떻게 감히 잘해낼 수 있겠어."라고 아이가 생각하는 상황은 어떻게든 일어나지 않도록 해야 한다.

주의력과 집중력

주의력과 집중력 장애는 아동 및 청소년 심리 상담에서 가장 빈번히 거론되는 소재다. 자녀가 학교생활에 어려움을 겪기 시작할 때, 부모의 머릿속에 제일 먼저 환기되는 것이 바로 주의력장애다. 이 장애가 아이의 문제 가운데 부모의 눈에 가장 잘 띄는 부분이기 때문이다. 이를테면 빙산의 일각인 셈이다.

주의력장애는 과잉행동을 동반하는 경우도 있고 아닌 경우도 있다. "아이가 자리에 얌전히 앉아 있지를 못합니다.", "끊임없이 움직입니다.", "수업시간에 정말 성가시게 굽니다.", "도무지 잠자코 있지를 못합니다."

그러나 여기서 주의할 것은 '주의력결핍 과잉행동장애'*로, 이는 오직 전문가만이 진단 내릴 수 있는 신경심리학적 증후군이다. 이 장애는 정확한 진단 지표에 들어맞아야 하고, 아이들에게 일반적으로 더 빈번히 나타나는 집중력 문제나 산만한 태도 문제와 혼동해서는 안 된다. 예컨대 불안장애는 과잉행동을 일으킬 수 있지만, 이는 주의력결핍 과잉행동장애와 무관하며 따라서 같은 방식으로 접근해서는 안 된다. 또한 주의력결핍 과잉행동장애의 진단 지표는 장애가 처음 나타난 연령과 지속 기간의 개념을 포함하고 있다.

---

*불어로는 THADA(Trouble d'hyperactivité avec déficit de l'attention), 영어로는 ADHD(Attention Deficit Hyperactivity Disorder)이다.

주의력결핍 과잉행동장애는 치료를 요하는 특수 장애다. 치료는 두 가지 종류를 고려해볼 수 있는데, 대개 보완적인 성격의 것들로, 의사의 지시 하에 실시하는 약물 치료와 장애에 관련된 신경기능 재활 치료가 그것이다. 여기에는 주로 심리전문가의 지원도 함께 투입된다.

영재아동과 과잉행동, 혼동하지 않도록 주의하자!

영재아동들이 수업시간에 보이는 행동은 쉽게 과잉행동증후군을 환기시킨다.

이 아이들은 제자리에 얌전히 앉아 있지를 못한다. 의자에 앉은 채로 끊임없이 움직이고, 몸을 좌우로 흔들고, 느닷없이 벌떡 일어서고, 소지품을 땅에 떨어뜨리고, 필통으로 무슨 짓을 하는지 시끄럽게 부산을 떤다.

이들은 쉬지 않고 지껄인다.

또 허공을 응시하고, 몽상에 잠기고, 하늘을 주시하고, 반수(半睡) 상태에 빠지곤 한다.

과제를 끝까지 완수하는 법이 없고, 연습 문제는 건너뛰며, 곰곰이 생각지 않고 머릿속에 곧장 떠오르는 대로 답을 적고, 일단 적은 것은 절대 다시 읽지 않는다.

지시사항의 일부분만을 읽거나 지나치게 빨리 읽고, 주어진 데이터의 일부분에만 근거해서 답을 한다.

자진해서 불쑥불쑥 말을 뱉고, 교사나 급우들의 말을 자르고, 친구들이 말하고 있는데도 끼어들어 동시에 말한다.

책가방이며 사물함이며 노트며 정리·정돈하는 법이 없다. 프린트물은 둘둘 말린 채로 아무렇게나 책가방 속에 널브러져 있다. 노트는 너절하고, 글씨는 대충 휘갈겨 쓰다시피 한 모양새다.

소지품을 걸핏하면 교실이나 집에 두고 나오고, 해야 할 숙제든 제출해야 할 숙제든 까먹기 일쑤다.

항상 무엇에든 의문을 제기하고, 규칙과 규범에 저항한다.

영재아동의 특이성 가운데 유념해야 할 점

• 영재아동의 사고는 무한하고 늘 작동 중이다. 이로 인해 아이는 생각이 꼬리에 꼬리를 물고 확산되는 연상망 속으로 빠져든다. 다시 말해 늘 이 생각에서 저 생각으로 옮겨가고, 하나의 생각을 끝까지 전개하기 힘들고, 순식간에 생각을 바꾸고, 사고의 맥을 놓치고, 여러 가지를 동시에 생각한다.

결과: 사고가 뒤얽힐 수 있어 정신이 어수선해질 수 있고, 관련성 있는 정보를 선별하는 데 어려움을 겪을 수 있다.

• 영재아동은 순차적 처리에 비해 총체적 처리가 우세하다. 다시 말해 문제의 핵심 요소는 잘 인지하지만 세부사항은 잘 파악하지 못하고, 문제는 쉽게 이해하지만 조직적인 추론은 전개할 줄 모른다.

결과: 주어진 데이터의 일부분에만 근거해서 추론하고, 지시문의 세부사항은 전혀 고려하지 않으며, 과제를 하나하나 순차적으로 해내지 못한다.

• 영재아동은 복합한 학습을 필요로 한다. 그래야만 주의력을 집중하고 노력의 의미를 동원할 수 있다. 단순한 과제에는 아이가 의욕이 저하되어, 주어진 활동에 무관심해지고 도피할 전략을 강구한다.

결과: 숙제는 대충 해치우고, 별 생각 없이 아무렇게나 답을 하고, '부주의'로 인한 실수와 우리가 이해할 수 없는 과실을 숱하게 저지른다.

• 영재아동은 지속적인 자극을 필요로 한다. 그래야만 자신의 활동을 통제하고 조절할 수 있다. 학교 공부에서는 아이가 충분한 자극과 흥미를 발견하지 못한다.

결과: 수시로 공상에 잠기고, 교사가 제시하는 것에 관심이 없거나 순 겉으로만 그런 척하고, 아니면 과잉행동장애를 보이기도 한다.

• 영재아동은 학교교육이 제시하는 학습 과정에 좀체 투자하지 못한다. 무료해하고 지루해하며, 신경질적이 된다.

결과: 수업시간에 산만하고 과잉행동을 보인다.

영재아동을 주의력장애와 구별해야 할 점

• 동기부여의 부재(의욕상실)와 주의력장애를 혼동해서는 안 된다. 아이에게 동기부여가 부족하면, 어떤 과제와 마주하기 이전에 주의력장애가 나타난다. 이는 아이가 그 과제에 집중하지 못해서가 아니라 해야 할 공부에 흥미를 느끼지 못해 나타나는 것이다.

• 영재아동은 상황 여하를 막론하고 무조건 주의력장애를 보이지는 않는다. 실은 그 반대다. 무언가에 열정을 느낄 때는 놀라울 정도로 지속적인 주의력을 과시한다. 미국인들은 이를 '몰입'*의 상태라 부른다. 즉 '강렬하고 기분 좋게 집중하는 상태'다. 이런 경우에는 오히려 아이가 한창 몰두하고 있는 일에서 아이를 빠져나오게 하는 것이 힘들다. 이는 주의력결핍

---

*Flow. 긍정심리학 분야의 선구적 학자 미하이 칙센트미하이가 창안한 개념. 삶이 고조되는 순간에 물이 흐르듯 행동이 자연스럽게 이루어지는 느낌을 뜻하는 말로, 어떤 행위에 깊게 빠져들어 시공간뿐 아니라 자기에 대한 인식까지도 잊게 되는 심리적 상태를 가리킨다.

영재의 심리학

과잉행동장애 아동에게서는 결코 찾아볼 수 없는 현상으로, 이런 장애를 가진 아동은 자신이 흥미를 느끼는 과제에서조차 주의력을 유지할 수 없기 때문이다.

• 영재아동은 일반적으로 활동 수위가 매우 높다. 사고하고 행동하는 데 있어 체질적으로 대단히 활동적인 아이다. 게다가 뇌의 활성상태가 보통 아이들보다 더 높기 때문에 대체로 잠이 많지 않다.

• 영재아동이 마치 반항아처럼 규칙과 규범, 교사를 문제 삼는 것은 아무런 이유도 근거도 없는 도전 행위, 시쳇말로 반대를 위한 반대가 아니다. 그것은 의미에 대한 절대적인 욕구와 끊임없이 의미를 추구해야 하는 작동의 특성 때문이다. 자신을 둘러싼 환경이 왜, 또 어떻게 움직이고 돌아가는지를 필히 알고 이해하고 싶어 하는 것이다. 이 아이의 '대화법'을 주의 깊게 관찰해보면, 주의력결핍 과잉행동장애 아동과 차이가 있음을 알 수 있다.

• 영재아동은 수업시간에 딴짓하는 중에도 교사의 질문이나 호명에 침착하게 답할 수 있다. 예컨대 교사가 "그래, 캉탱 학생, 내가 방금 뭐라고 했지?"라고 물으면, 한창 그림을 끼적이거나 옆자리 친구에게 얘기를 하거나 소지품으로 뭔가 엉뚱한 짓을 하고 있더라도 얼마든지 그 물음에 답할 수 있다.

영재아동이 가진 주의력 메커니즘의 특성

일반적으로 우리가 뭔가에 몰두하기 위해서는 차분한 마음으로 주의 깊게 귀를 기울이고, 집중하고, 지금 하고 있는 일에만 관심을 쏟아야 한다고 생각한다. 수업시간에는 학생들에게 조용히 할 것이며, 교사를 주시하고 교사의 말을 경청할 것이며, 되도록이면 움직이지 말 것을 주문한다. 그렇게 하는 목적은 학생들이 한눈팔 만한 요인을 피하고, 주의력을 최대한 동원하여 수업을 잘 이해하고 잘 소화하도록 하기 위해서다. 가정에서는 부모가 자녀에게 책상 정리를 잘 하고, 책은 한 권씩 차례로 꺼내고, 공부하는 동안에는 음악을 듣지 말고 공부에만 몰두하라고 주문한다.

그런데 영재아동은 여러 감각 경로를 통해 유입되는 수많은 정보를 동시에 다룰 수 있다. 따라서 일반적인 경우와 달리, 관련성 없는 자극, 다시 말해 지금 하고 있는 과제에 필요치 않은 자극이라고 해서 금지시키면 영재아동은 '더 이상 집중할 수 없게' 된다.

실제로 영재아동은 여러 경로에, 동시에, 주의력을 동원한다. 그러니 이런 아이에게 과제에 불필요한 경로라고 해서 차단하도록 강제하면, 이는 아이의 체계 전체를 차단시키는 것과 같다! 그러면 아이는 더 이상 어떤 것에도 주의를 집중하지 못하고 공상에 잠기게 된다.

> 예컨대 영재아동은 TV를 보면서, 부엌에서 엄마가 두런두런 얘기하는 소리를 들으면서, 누이가 방금 전화에 대고 쏘아붙인 말에 피식 웃으면서…… 그러면서 동시에 공부할 수 있다.

영재아동이 주의를 집중하려면 '필히' 여러 가지를 동시에 해야 한다. 그러니 가만히 있으라고 강제한들 아이는 이 말에 따를 수가 없다.

이것이 영재아동이 자신의 주의력을 동원하는 방식임을 받아들이자. 비록 우리가 감내하기에는 힘든 방식이더라도.

"그러니 애가 어떻게 잘해내기를 바랄 수 있겠어요?" 이 엄마는 아이가 집에서 공부를 할 때마다 매일 치르는 언쟁에 지쳐버렸다. "무슨 애가 의자

영재의 심리학

에 채 이 분도 가만히 앉아 있지를 못하고, 음악을 틀지를 않나, 늘 뭔가 딴짓을 하고 있어요. 심지어 공부한 내용을 저한테 암송해 보일 동안에 도 침대에서 폴짝거린답니다. 이젠 도저히 참을 수가 없어요!"

맞는 말이다. 정말 참기 힘들 것이다. 그러나 이 아이는 고의로 그러는 것이 아니다. 부모를 골탕 먹이거나 반항하려고 그러는 게 아니다. 단지 아이의 주의력 구조가 그런 식으로 이루어진 탓이다. 그러니 아이로서도, 부모로서도 달리 어쩔 수가 없다.

주의력에 관여하는 정서적 측면

• 정서적 요인이 대단히 중요하다

영재아동은 어떤 사람과 마주하느냐에 따라 주의력과 집중력에 큰 차이를 보인다. 자신이 그 사람을 어떻게 평가하느냐에 따라 만사가 좌우되는 것이다. 아이가 어떤 교사의 교수법과 행동을 높이 평가하고 그의 인성을 존경할 때, 요컨대 자신이 아주 좋아하는 교사와 함께라면 상당한 주의력을 발휘한다. 사실, 교사를 기쁘게 하려는 마음이 이 아이에게는 동기부여이고, 수업시간에 얌전히 있으려고 노력하는 이유다. 그게 전부다. 놀라운 점은, 이런 행동이 이 학생의 나이와는 전혀 무관하다는 사실이다. 즉 유치원에서부터 고등학교 3학년에 이를 때까지 이 메커니즘은 동일하게 일어난다.

흥미롭게도, 교무회의에서 보면 교사들이 이 학생에 대해 서로 상반된 이미지를 갖고 있는 경우가 종종 있다. 어떤 교사들에게는 참을 수 없을 만큼 끔찍하고 통제 불가능한 아이인데, 다른 교사들에게는 주의력 깊고 호기심 많고 집중 잘하는 아이다. 그리고 이런 양상은 교사가 가르치는 과

목과는 무관하다. 수업 내용에 대한 흥미는 정서적 요인과는 별개의 요인
이다.

• 자신의 가치가 인정받고 존중받고 받아들여진다고 느낄 때

영재아동은 교사의 권위나 체벌을 좀처럼 두려워하지 않는 편이라, 이런
아이에게는 오히려 긍정적인 지원이 매우 효과적이다. 교사는 아이가 알고
있는 것을 마음껏 표현하게 해주고, 아이의 사고방식에 관심을 가져주고,
아이가 자신의 추론 방법을 설명할 수 있게 기회를 주고, 향상된 부분이 있
으면 격려해주거나 아니면 단순히 칭찬해주기만 해도, 비록 자신의 수업이
학교 코드에 훨씬 더 부합하는 수업일망정 이 아이의 주의력을 이끌어낼 수
있다.

 요점 정리

- 주의력결핍 과잉행동장애 증후군과 영재아동의 작동 간에는 유사한 점
  들이 있다.
- 주의력결핍 과잉행동장애 진단은 전문가가 정확한 진단 지표 하에 내려
  야 한다.
- 주의력결핍 과잉행동장애 진단을 잘못 내릴 경우 매우 위험하다. 아이
  를 잘못된 방향으로 이해하고 지도하게 되며, 그 결과 아이의 성장과 장
  래에 심각한 영향을 미칠 수 있다.
- 영재아동의 주의력 구조가 지닌 '특이하고 별난 점들'을 반드시 인정해
  주어야 한다. 이 아이는 '필히' 동시에 여러 가지를 해야만 주의력을 동
  원하고 집중할 수 있다.

- 정서적 요인은 영재아동의 작동과 주의력 메커니즘에 전반적으로 영향을 미친다.
- 그러니까 요컨대, 영재성과 주의력결핍 과잉행동장애를 '동시에' 가진 아동이 있을 수 있다. 이런 경우는 이 장애를 반드시 치료하여 아이가 자신의 잠재력과 인성 전체를 전적으로 발휘할 수 있게 해주어야 한다.

이 아이들에게
어떤 학교가
필요할까?

오늘날 영재아동들에게 대안교육을 제시하는 학교는 압도적으로 사립학교가 대부분을 차지하며, 이 가운데는 정부와의 계약 하에 운영되는 곳도 있다.

이런 학교들 간에도 큰 차이가 있다.

• 오로지 영재아동들만 받아들이는 특수학교. 니스에 있는 미슐레 고등학교가 가장 유명하다. 이곳에서는 중학교 과정을 속성으로 가르친다.

• 재학생들 가운데 영재아동들을 따로 모아 특별 학급을 개설하는 학교. 주로 중학교 1학년 때 이런 학급을 운영한다. 초등학교나 고등학교에서는 거의 찾아볼 수 없다.

• 한 학급의 일반아동들 사이에 영재아동들을 편성해 넣는 통합 학교. 유치원에서부터 고등학교까지 실로 전적인 장기 교육안을 마련해놓고 있다. 마르세유의 생트-마리-블랑카르드가 이 분야에서 가장 혁신적인 학교다.

영재의 심리학

오늘날 이 중에서 통합 학교의 실험 결과가 가장 고무적이며, 이런 학교들이 영재아동들의 교육적·지적·정서적 기대에 가장 적절하게 부응하는 걸로 판명되고 있다.

통합 학교들의 중요한 교육 원칙

다름을 인정하고 받아들인다

통합 학교에서는 학년 초, 모든 영재학생들과의 만남의 자리를 마련한다. 학기 중에도 주기적으로 대화의 장을 마련하여, 이 학생들이 가진 의문점, 요구사항, 어려움, 그리고 이런저런 아이디어와 제안하고 싶은 것들까지 적극 꺼내놓도록 하여 이를 귀담아 듣고 학교 정책에 반영되도록 고려한다.

교사들은 자기 학급에 이런 학생들이 있음을 분명히 인지하고 있고, 다른 학생들 속에 섞여 있지만 이들을 명확히 식별할 수 있다. 급우들에게, 이들은 우수한 학생이 될 수 있는 아이들이지만 학교 공부에 대해서는 주위의 도움이 필요할 수 있다고 소개된다. 이렇게 해서 이들은 급우들과 마찬가지인 학생으로 받아들여지고 동화되고 존중받는다.

수준별 학습

통합 학교에서는 동기화된 시간표 덕분에 자기 수준에 맞는 수업을 받을 수 있다. 예컨대 수학에 뛰어난 중학교 1학년 학생은 상급 학년의 수학 수업을 들을 수 있다. 그동안 다른 급우들은 그들 학년에 해당되는 수학 수업을 듣는다. 이렇게 해서 영재학생은 또래의 학급에 속해 있되 자신의 잠재력에 맞는 수업을 듣는다. 수준별 학습 원칙은 또한 영재학생에게서 나타날 수 있는 과목별 수준 차이도 고려한다.

- **교과목 특강**: 정규 교과과정의 범위에서 벗어나는 별도의 보충 수업이다. 단, 정규 교과목에 한한다. 예컨대 수학 특강은 교과서 외의 수학적 응용이나 다른 방식의 수학적 접근을 다룬다.

- **다양한 특활**: 영재학생들에게만 제공되는 특별활동이다. 동일한 작동 방식을 가진 영재학생들끼리 만남과 공유의 시간을 갖도록 배려하는 프로그램이다. 철학 교실, 과학실험 교실, 미술 교실, 중국어 교실, 체스 교실 등.

- **메타학습(학습에 관한 학습) 강의**: 학습의 의미에 대해, 또 배우고 이해하고 추론하는 다양한 방식에 대해 고찰해보는 수업이다. 이 강의의 메타인지적 측면이 영재학생들로 하여금 그들 자신의 남다른 학습 과정을 자각하고 그것을 규명할 수 있게 해준다. 교사들 또한 이 강의를 통해 이 아이들이 가진 사고의 특이성을 더 잘 이해할 수 있게 된다.

- **졸업자격시험*의 주제를 미리 제시**하거나, 각 시기별 교육과정에서 이수해야 할 지식을 미리 제시함. 난관을 극복하는 데 필요한 지식과 학습을 거꾸로 한 단계씩 거슬러 올라가며 공부하도록 하는 방법이다. 이로써 이 학생들은 학습의 맥락화가 가능하고, 복잡한 학습과 마주할 수 있게 된다.

- **노력의 '수익성'이 일으키는 동기부여**: 숙제를 내줄 때 채점 기준을 명확하게 제시해주는 방법이다. 예컨대 문제별로 점수 배점을 다르게 매긴다. 그러면 학생은 우선적으로 해결할 문제, 좀 더 깊이 파고들 문제, 마지

---

*프랑스의 중학교졸업자격시험과 고등학교졸업자격시험(대학입학자격시험, 바칼로레아)를 말한다.

막에 풀 문제를 자율적으로 정할 수 있다. 최소의 노력(비용)으로 최고의 점수(효과)를 거두기 위한 전략을 통해, 자신이 왜 이걸 공부하는지, 이걸 공부해서 무엇을 '얻을' 수 있는지 알게 된다.

• **영재학생들 간의 경합:** 아이들은 각자 자신이 잘한다고 생각하는 분야에 참가한다. 그것은 정규 교과목에 관한 것일 수도 있고, 완전히 다른 종류의 시합일 수도 있다. 영어를 잘하면 영어 대회에 참가하고, 음악에 소질이 있으면 음악 경연에, 아니면 모범행동상(한 학기당 교사의 지적을 가장 적게 받는 학생이 우승)이라든가, 성적 우등 타이틀(한 과목이라도 10점 이하의 점수를 받으면 실격)에 도전한다. 이런 경합은, 참가했을 때 승산이 가장 큰 분야에서 동기부여와 노력의 의미, 경쟁의 즐거움을 고취시키기 위한 것이다. 그리고 아이의 능력을 충분히 인정해주기 위한 것이다. 능력을 인정해주는 것이야말로 계속해서 또 다른 성취를 이뤄가게 하는 보상과 격려의 원천이다.

위의 예들이 다는 아니다. 그러나 이 정도의 교육 방안과 실천 사례로도 충분히 영재학생을 위한 맞춤식 교육의 기본 취지와 그 효과를 살펴볼 수 있다.

무엇보다 중요한 것은 교사들이 자신들의 교육 방식을 재검토하고, 다른 형태의 교수법에 대해서도 고찰하며, 혁신과 쇄신을 두려워하지 않고, 설령 실책과 과실이 있더라도 겁내지 않는 그런 역량을 갖추는 일이다.

통합 학교의 힘은, 학생들을 늘 그때그때의 상황에 맞게 현실적으로 이해하고자 교육안을 끊임없이 조정하고 추진하는 데 있는 것이다.

대안들

월반

월반은 흔히 영재아동에게 제안할 수 있는 유일한 해결책이다. 일반적으로 볼 때, 아이의 행복을 위해 받아들임직한 대안이다.

아이가 상급 학년의 수업을 들을 수 있다는 것에는 여러 가지 장점이 있다. 훨씬 더 복잡한 학습과 대면할 수 있고, 학업 과정에 대한 투자가 되살아나며, 새로운 것들을 배울 기회가 생기는 것이다. 원래 학년에 계속 머물다 보면 아 아이로서는 새롭게 배울 것이 없기 때문이다. 또한 상급 학년에서는 자신보다 나이 많은 급우들과 더 쉽게 공통의 관심사를 찾을 수 있다.

그러나 월반이 늘 쉬운 것은 아니다. 교사들은 아래와 같이, 월반이 아이에게 해로울 수도 있음을 부모들에게 입증할 온갖 종류의 반론을 제기한다.

• "아이가 아직 정신적으로 미성숙하다"

교사에게서 이런 평가가 내려지면 월반 추진에 걸림돌이 된다. 이런 말에 부모는 월반이 자녀의 정서 발달에 해가 되지 않을까 당연히 불안해진다. 그러나 정말 그게 문제일까? 아이의 성숙과 감성 사이에서 우리는 혼동을 일으킨다. 그렇다. 영재아동은 감성이 예민하고 때로는 극도의 감정적 반응을 보이기도 하는데, 이것이 정신적 미성숙으로 오인되는 것이다. 과연 성숙하다는 것은 (어른들처럼) 자신의 감정성을 억제하고 정서적으로 자율적임을 의미하는 것일까?

확실한 사실은, 영재아동은 나이를 불문하고 언제나 감정을 자신의 작동에 통합하고, 주위환경의 정서적 요인들과 끊임없이 공명한다는 점이다. 그러나 이것이 과연 정신적 미성숙이나 정서적으로 과도한 감수성 때문일까? 아니면 도리어 과도한 성숙 때문일까? 게다가 이런 정서적 작동은 이 아이의 인성을 특징짓는 요소인 만큼, 시간이 가고 아이가 자라도 절대 없어지지 않는다. 그렇다면 이 아이는 결코 상급 학년으로 올라갈 수 있을 만큼 충분히, 그리고 영원히, '정서적으로 독립적'일 수 없으리라.

정신적 미성숙이라는 반론의 또 다른 양상은 이런 것들이다. "아직도 노는 걸 좋아한다." "(상급 학년의) 학습 속도가 아이에게 너무 버거울 것이다." "하루 일과가 너무 길다." "그렇게 오랜 시간 주의를 집중할 수 없을 것이다."

월반은 아이에게서 어린 시절을 박탈하거나, 육체적으로 극복할 수 없는 환경 속에 아이를 집어넣자는 게 아니다. 이 문제에서도 역시 표준화·규격화에 주의해야 한다.

— 영재아동은 흥미를 느끼는 무언가에 대해 지적 잠재력을 활성화할 때, 노는 시간을 빼앗기는 게 아니라 오히려 긴장이 풀리고 편안해진다.

— 영재아동은 동기부여나 자극을 받는 순간부터 다른 아이들보다 더 빨리 공부한다. 결과적으로 급우들보다 늘 놀 시간이 더 많다.

— 영재아동은 제 나이 또래의 아이들보다 피로도가 훨씬 낮다. 이 말은 즉 활동 수위가 높고, 대부분의 아이들보다(더 나이 많은 아이들이라 해도) 피로를 덜 느낀다는 뜻이다. 또한 일상을 관찰해보면, 잠도 덜 잔다. 이는 보다 강도 높은 학습 속도를 충분히 따라갈 수 있음을 입증한다. 요컨대, 한 번 더 말하지만, 영재아동은 생리학적으로 다르다. 따라서 일반적인 생물학적 발달 기준과 비교해서는 안 된다.

- **"아이에게 기초 개념과 지식이 충분치 않다.", "교과과정의 일부는 결코 배울 기회가 없을 것이다."**

아이에게 월반의 관건은 단지 지식을 습득하는 것이 아니라 학습과정에 투자하는 것임을 잊지 말자. 그런데 만일 아이가 주어진 학습에 자신의 작동 방식을 행사할 수 없다면, 요구되는 지식을 결코 소화하지 못할 것이다. 반면에 동기부여가 될 만큼 복잡한 난이도의 수업에 자극을 받는다면, 그때는 필요한 지식을 아주 빠르게 '따라잡고' 얼마든지 만회할 수 있다.

> 월반의 목적은 어떻게든 학업 연한을 단축하는 것이 아니라 —그래서 무슨 소용이 있을까?— 아이에게 맞는 환경과 수준을 적시에 마련해 주는 것이다. 이 대안은 아이가 자신의 사고를 운용하는 기쁨을 계속 유지할 수 있도록 하는 데 중요한 몫을 하고, 차후의 학업과 진학을 위해서도 중요하다.

홈스쿨링

학교의 몰이해에 절망하거나, 단순히 자녀에게 꼭 들어맞는 해결책을 찾지 못해 절망한 부모들은 흔히 원격교육으로 방향을 튼다(프랑스 국립원격교육센터(CNED)*). 원격교육을 허가받기 위해서는 학교교육에서 탈퇴하는 이유를 증명하는 진단서를 제출해야 한다. 그러고 나면 아이는 학교에서 제적 처리된다. 국립원격교육센터는 자신에게 필요한 보완 교육이나 혹은 정규 학교에서보다 더 적절한 교육 프로그램들을 각각 임의대로 선택해서

---

*초중등교육과정에서부터 대학원 수준의 교육과정, 각종 자격시험 준비과정, 평생교육과정까지 다양한 교육 프로그램을 시행하고 있다.

수강할 수 있는 학교가 아니다. 이곳은 아이가 한 학년을 온전히 정규 학교에서 탈퇴한 경우를 전제로 하는, 그 자체로서 하나의 교육이다. 그런 다음 이곳 교사들이 아이가 상급 학년으로 올라갈 수 있는지 없는지 결정한다.

국립원격교육센터는 아이가 학교 체계에 도저히 몸담고 있을 수 없는 정말 부득이한 경우에만 고려해야 한다. 오직 아동심리학 전문가(심리전문가, 아동정신의학자)만이 아이의 정신적 안정을 위해 이런 결정을 내릴 수 있다. 이곳은 대안학교가 아니라, 정신적으로 아픈 아이들을 위해 마련된 교육 체계임을 잊어서는 안 된다. 이와 같은 홈스쿨링은 아이에게 충분한 지적 자극을 주지 못할 뿐더러 아이를 사회적으로 고립시킨다. 결과적으로 아이의 장래에 심각한 핸디캡이 될 수 있다.

국립원격교육센터의 유일한 이점은 아이가 자기 속도대로 공부해나갈 수 있다는 점이다. 아이가 6개월 만에 교과과정을 끝낸다면, 자동적으로 상급 단계로 넘어간다.

  요점 정리

- 가능하다면 자녀의 특성에 맞는 학교를 선택해야 한다. 이상적인 학교를 찾으려 하지 말자. 오늘날에 그런 학교는 존재하지 않는다.
- 월반이라는 대안이 일부 문제들을 해결줄 수 있다.
- 홈스쿨링은 아이가 오직 정신적으로, 학업적으로 가장 힘든 상황에서만 고려해야 한다.
- 여하튼 교육 담당자와 대화할 수 있고 의견 교환이 가능한 학교를 선택하자.

자녀를
성공으로
이끄는 지침

자, 이제 무엇을 해야 할까? 영재자녀가 사고하고 학습하는 방식의 주요 원칙들을 이해했다면, 이제 어떻게 이 아이를 성공의 길로 인도할 수 있을까?

• **지적 과정을 학교 공부에 활용할 수 있도록 최적화하자**: 아이의 체계를 이해하려고 노력하자. 그런 다음 그 체계를 학교에서 쓸모 있게 이용할 방법을 아이와 함께 분석해보자.

• **학업 역량을 향상시키자**: 아이가 어떤 과목이나 활동에 뛰어나다면, 어떻게 해서 그렇게 뛰어난지 스스로 파악하게 도와주자. 자신이 어떤 전략을 구사하는지, 어떤 능력을 지니고 있는지, 등등. 이 원리는 아이가 자신의 성공 전략을 스스로 규명하여 뒤처지는 분야에도 적용할 수 있게 유도하는 것이다.

• **학습 과정을 자기 것으로 소화할 여지를 주자**: 아이에게 어떤 과정을 따르도록 강요하기 전에, 먼저 자기 방식대로 학습하게 내버려두자. 자신의

영재의 심리학

체계에 따라 지식을 자기 것으로 소화할 수 있게 내버려두자. 일단 그러고 나면, 다음 단계에서는 학교가 강요하는 규칙들을 애써 적용하기가 조금은 더 수월할 것이다.

• **암기학습의 경우**: 학교에서는 지금도 흔히 학생들에게 수업 내용을 암기하라고 요구한다. '암기'하라는 이유는 지식을 기억 속에 저장해두었다가 재현할 필요가 있을 때나 차후의 학업 과정에서 언제든 쉽게 꺼내 쓸 수 있게 하기 위해서다. 그러나 영재아동에게는 이해할 수 없고 견디기 힘든 학습 형태다. 이 아이에게 중요한 것은 이해하고 아는 것이며, 앎의 형식은 앎의 내용에 어떤 영향도 미치지 않는다. 아이로 하여금 수업 내용을 학교 방식대로 '가능한 한 완벽하게' 습득할 것을 받아들이게 하려면, 수업 내용을 자신의 어휘, 자신의 이해 방법으로 다시 표현해보게 하여 자신만의 버전을 만들도록 격려해주면 된다. 그럼 아이는 이를 더 쉽게 받아들일 것이다.

• **격려와 칭찬을 아끼지 말자**: 자식이 잘해내는 모습이 부모로서 얼마나 기쁜지, 얼마나 자랑스러운지를 아이에게 말해주고 표현해주자. 영재아동에게는 주기적으로 칭찬해줄 필요가 있다. 칭찬이 뜸하면 이 아이는 금세 감정이 메마르고 풀이 죽는다. 아이를 밝아지게 하려면, 자신에 대해 만족감을 느끼게 하려면, 학습에 투자하게 하려면, 반드시 칭찬이 필요하다. 아이의 용기를 북돋우고 격려하기를 서슴지 말자. 이것이 이 아이에게는 최고의 에너지원이다. 긍정적인 말 한마디가 이 아이를 더 많은 성취의 길로 이끈다. 영재아동은 처벌이나 징계에는 그리 민감하지 않지만, 보상이나 칭찬에는 극도로 민감하다. 그렇다고 절대 잘난 체하거나 우쭐해하지 않는다. 왜냐하면 극도의 감성과 자기 자신에 대한 냉정한 통찰력으로는 도저히 그럴 수 없기 때문이다. 그러나 칭찬이 부족하면 아이의 학업과 성취에 심각한 영향을 미칠 수 있다. 그러니 주의를 늦추지 말자. 부모로서 아

이의 행복을 느끼는 것이 얼마나 즐거운 일인가!

• **아이가 학교에서 성공하기를 바란다면 학교 얘기는 되도록 적게 하자:** 어떤 가정에서는 모든 것이 학교 위주로 돌아가고, 결국은 학교 얘기만 하게 된다. 모든 여가 시간은 학교 공부로 채워지고, 학교 공부와 관련된 갈등으로 점철된다. 그리고 실제로 아이가 학교에서 어려움을 겪는 경우라면, 부모는 자녀를 이런 관점에서만 바라본다. 그러니 학교 공부 이외에 아이가 할 줄 아는 것들과 알고 있는 지식들, 노하우들은 전부 가려지고 잊힌다. 아이는 더 이상 칭찬받지 못하고, 듣는 말이라곤 꾸중과 비난뿐! 가장 가혹한 것은 부모가 아이에 대해 품고 있는 이미지가 학업 성적과 연결된다는 점이다. 아무렴, 다음과 같이 말하는 부모도 있다! "넌 정말 형편없어", "이제 더는 널 견딜 수가 없어", "넌 아무짝에도 쓸모없어", "넌 절대 출세하지 못해" 등등, 이런 말들은 상황을 악화시키고 아이와의 소통을 단절시키기만 할 뿐, 그만큼 아이 가슴에 깊고 백해무익한 상처가 된다. 아이가 잘하는 분야는 칭찬해주고, 학교가 아이의 주된 관심사가 아님을 인정해주고, 학교 얘기 말고 다른 얘기들을 나누도록 하자. 그러고 나면 서로가 즐거운 마음이 되어 다시 학교 얘기로 돌아올 수 있을 것이다.

• **아이의 체계를 받아들이자:** 아이가 학습하고 이해하는 방식을 공격하지 말고, 아이의 체계가 어떻게 작동하는지, 아이가 이런저런 것들을 어떻게 알게 되었는지 아이에게 설명해달라고 부탁해보자. 그런 다음에 이제는 아이로 하여금 학교 체계의 방식을 받아들이게 할 수 있을 것이다.

• **창의적이 되어보자:** 일상의 틀에서 벗어나 익숙하지 않은 영역에 뛰어들어보자. 그러면 아이가 학업을 다른 식으로 바라보게끔 도와줄 수 있을 것이다.

• **유머와 조롱을 이용하자:** 아이의 공범이 되어주자. 아이가 교사의 버릇

을 비웃는다면, 아이에게 그것을 흉내내보라고 하고 부모 역시 즐겁게 따라 해보자! 그런 다음, 그 교사에게서 어떻게 하면 좋은 성적을 받을 수 있을지 '함께' 고민해보자.

- **철저히 학교 편만 들지 말자**: "네가 이런 점수를 받는 건, 그럴 만하니까 그렇겠지", "선생님이 네게 그런 지적을 했다면 그럴만한 이유가 있겠지" 등등. 물론 부모로서 아이가 교사와 학교를 존중할 수 있도록 도와줘야 하지만, 부모 역시 아이를 신뢰해야 한다.

- **"아이가 전혀 노력하지 않아요!"**: 어쩌면 아이에게 더 복잡한 학습이 필요한 것인지도 모른다. 학습 형태가 아이에게 자신의 잠재력을 동원하고 기꺼이 빠져들게 할 여지를 주지 않는 것인지도 모른다. 성취의 기쁨과 자기 능력에 대한 자부심은, 오로지 자신의 잠재력에 걸맞은 과제를 성공적으로 수행했을 때만 얻을 수 있다. 난관을 성공적으로 극복했을 때만 기쁨이 따른다. 따라서 노력의 의미를 북돋우기 위해, 아이가 관심 있는 분야에서 먼저 이런 성취의 기쁨을 느끼게 해주어야 한다. 예컨대 아이가 생물 과목을 좋아하면, 이 분야에서 복잡하고 까다로운 과제에 도전하게 해보자. 그럼 아이는 순순히 필요한 노력을 기울이게 될 것이고, 또 이번 성취의 기쁨이 마중물이 되어 점차 관심이 덜한 분야에서도 노력해서 보상을 받으려고 할 것이다.

- **"아이가 관심이 없어요!" "동기부여가 안 돼요"**: 정말 그럴 수 있다! 그런데 아이가 '정확히' 무엇에 관심이 없는지 이해하도록 해보자. 예컨대 테오가 "나는 기술 과목이 정말 싫어요"라고 말했을 때, 그 속뜻은 "기술 선생님은 정말 별로지만, 기술 시간에 배우는 건 정말 좋아요"였다. 이렇게 되면 동기부여의 부재(의욕상실)에 대한 접근이 매우 달라진다. 동기부여를 재가동할 아이디어들도 이제는 더 정확하게 조준될 수 있을 것이다.

• **자율성의 함정을 조심하자**: 우리는 영재아동의 이미지를 스스로 알아서 자율적으로 공부할 수 있는 아이로 보는 경향이 있다. 이것은 잘못된 생각이다! 자율성은 학습 구조를 제어할 수 있어야 하는데, 이것은 지능과는 아무 상관이 없다. 영재아동은 학교교육의 학습 형식에 잘 대처하지 못한다. 예컨대 이 학생에게 이집트에 대해 잘 알고 있으니 이를 주제로 발표해보라고 한다면, 이는 실로 대단한 무관심이다. 영재아동은 자기가 알고 있는 지식을 남들이 받아들일 만한 포맷으로 구조화하는 게 '불가능하기' 때문이다. 따라서 이 아이에게는 도움이 필요하다. '자, 이것이 내가 네게 하라고 요구하는 것이며, 네게 이것을 하라고 요구하는 방식이야.' 아이에게 이런 틀과 구조를 제시해주어야 한다. 그러면 아이는 '빈칸을 채워 넣을' 수 있을 것이다.

• **"아이가 어떻게 공부해야 하는지를 몰라요"**: 정말 그렇다! 왜냐하면 대개 영재아동은 공부하는 법을 배운 적이 없을 뿐더러 이런 법을 배워야 한다는 사실조차 모르기 때문이다. 이 아이는 지식을 그냥 알고 있을 뿐이다. 그게 전부다. 그런데 이제부터는 그냥 알고 있는 게 목적이 아니라 공부하는 게 목적인데, 아이는 이 차이를 모르고 있다! 지식과 공부하는 법, 이 두 가지 측면을 확실하게 구분하는 것이 중요하다. 일단 이 구분이 확고해지고, 부모가 이를 '아이의 의지와는 무관한' 현실로 받아들이면, 그다음은 아이가 공부하는 법을 배울 수 있게 도울 방법을 찾는 것이 중요하다. 이제는 이것, 공부하는 법이 '지식의 대상'이 되었기 때문이다. 그리고 이것이 하나의 '지식'이 되면, 아이가 이 새로운 지식에 접근하도록 부모는 더 쉽게 동기부여를 할 수 있다. 그러나 대개의 경우, 부모는 이 방면에 적당한 인물이 아니기에(물론 아이의 눈으로 볼 때!) 교육전문가의 도움을 받아야 할 것이다.

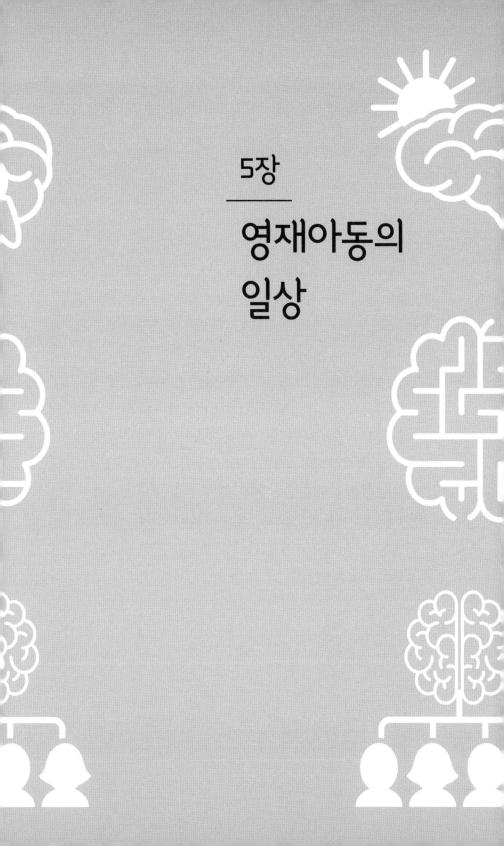

5장
───
영재아동의
일상

영재아동과 함께 살아간다는 것은, 끊임없이 다양한 요구를 해대는 이 아이로 인해 대체로 불안정한 삶이 되고 만다. 욕구불만을 잘 참지 못하고, 틀과 한계를 잘 받아들이지 못하며, 언제나 모든 것에 의문을 제기하고, 최소한의 명령이나 지시에도 협상하려 드는 아이, 한마디로 영재아동은 다루기 까다로운 아이다. 감성이 극에 달하고 온순하지 않은 이 아이 때문에 부모는 정신을 못 차리고 기진맥진한다. 그러나 사고에 한계가 없는 이 아이는 스스로 안심하고 스스로를 보호하고자 타인의 한계를 끊임없이 시험한다. 따라서 아이에게 엄격한 틀을 정해주는 것이 아이의 성장을 위해 절대적으로 필요하다. 또 그것만이 끊임없이 일어나는, 파괴적이고 소모적인 갈등을 예방하고 피할 수 있는 유일한 방법이다.

영재아동의
심리 메커니즘
이해하기

영재아동은 자신의 과도한 정서적 감수성과 극도의 명민한 지능에 크게 영향을 받는 작동 메커니즘에 맞서 늘 고군분투 중이다. 과도한 감정적 부하와 지적 정교화, 영재아동을 특징짓는 이런 점들이 아이의 일부 행동들을 활활 타오르는 불꽃처럼 강렬한 색조로 물들인다. 부모로서도 이런 자녀와의 일상은 때로 감당하기 힘든 것이지만, 아이로서는 하루하루가 실질적인 고통에 맞서 싸워야 하는 숱한 투쟁의 연속이다.

물론 아이라면 누구나 까다로운 행동을 보일 수 있다. 그러나 영재아동의 경우에는 그것이 빈도와 강도에 있어 일반 아동보다 한 단계 더 높은 수위다.

물론 영재아동이라고 해서 다 까다로운 것은 아니어서 개중에는 보다 온순하고 보다 규범적인 아이들도 있지만, 오늘날 많은 부모들이 영재자녀를 키우면서 부닥치는 숱한 어려움과 거기서 비롯되는 죄책감으로 심각하게 고통받고 있다.

영재아동이 지닌 극도의 감정적 감성은 주위환경의 아주 미세한 감정적 변화에도 반응하게 만든다. 그래서 이 아이는 종종 자신이 감정에 사로잡히고 감정에 압도당하고 통제력을 완전히 상실할까 봐 두려워한다. '날카로운' 감성의 소유자, 이 아이는 아주 최소한의 정서적 반응에도 예민하게 반응한다. 그리고 자신의 지적 작동에 비추어, 모든 것이 의미를 지녀야 한다. 어떤 행동이나 어떤 말, 어떤 생각이 '별 의미 없이' 존재할 수 있으리라 곤 상상도 하지 못한다. 만일 누가 이런저런 말, 이런저런 행동을 했다면, 거기에는 반드시 숨겨진 의도, 밝혀야 할 의미가 있다고 생각한다. '별다른 이유'가 없을 수는 없다. 만사가 해석되고 분석된다. 이런 특성이 이 아이를 격렬하고 극단적인 감정적 반응으로 이끈다.

주위환경을 제어하려는 욕구

영재아동은 자신을 둘러싼 주위환경을 제어하고 조절해야 하는, 거의 사활이 걸리다시피 한 절대적 필요성을 느낀다.

마치 관제탑을 방불케 할 정도로, 아이는 아주 미미한 변화라도 놓칠세라 늘 주위환경을 호시탐탐 살펴야 한다. 어떤 상황과도 불시에 맞닥뜨리지 않고, 어떤 것도 자신의 분석 대상에서 빠져나가지 못하도록 하기 위해서다. 아이의 철통같은 경계 태세는 늘 한결같다. 아이는 모든 것을 미리 알기를 원하며, 커브길 뒤에 무엇이 있는지 모르는 채로 전진하지 않는다. 모르는 것, 미지의 것은 이 아이에게 '두려움'을 유발한다.

절대적인 정확성에 대한 욕구

언제나, 모든 것이, 절대적으로, 정확해야 하는 욕구는 이 아이로 하여금 끊임없이 정확함을 추구하도록 충동질한다. 그 어떤 모호하고 불분명한 점도 허용될 수 없다. 단어는 언제나 적확해야 하고, 사고는 언제나 명확하게 규정되어야 한다. 인성과 분리될 수 없는 작동, 그것이 이 아이의 특성이기 때문이다. 어떤 사실이든, 어떤 사물이든, 어떤 상황이든, 아주 사소한 것까지 완벽하게 제어하지 못하면 아이는 그것에 대해 생각할 수 없고 상상할 수 없다. 이는 반항이나 반발심의 표명이 아니라 이 아이에게 '절대적으로' 필요한 욕구다.

욕구불만에 대한 내성이 아주 약하다

욕구불만을 견디지 못하는 아이를 성격이 나쁘거나 단순히 반항적인 아이로 치부하는 것은 그릇된 생각이니, 주의하자. 욕구불만을 참지 못하는 것은 감정적인 취약성에 해당한다. 기쁨이나 만족감이 당장 채워지지 않음을 못 견디는 것은 의심스럽거나 불확실한 상황에 스스로 대처할 수 없음을 뜻한다. (어떤 것에 대한) 욕구와 (그것이 해소되는) 충족, 그 사이의 '시간적 간격'은 뭐든 가능하고 뭐든 일어날 수 있는 시간이다. 그리고 이 시간에 무엇보다도 우선 일어나는 것이 '사고(思考)'다.

일부 심리학 이론에 따르면, 사고는 욕구와 충족 사이의 시간에 형성된다. 예컨대 배가 고픈 아기가 그 즉시 우유를 먹지 못하면, 이 아기는 우유를 '기다리는' 동안 머릿속에 젖병을 떠올리고 젖병을 상상하면서 우유를 먹게 될 때까지 배고픔을 견딜 수 있다. 아기는 젖병에 대한 사고, 젖병에 대한 상상을 '만들어내는' 것이다. 만일 배가 고플 때마다 바로 젖병을 물리면, 아기는 계속해서 구체적인 것, 직접적인 쾌락만을 접하게 되고, 사고를 창조하는 길은 전혀 열리지 않는다.

이렇듯 욕구가 충족될 때까지 '기다리기' 위해 사고를 시작하지 못하면, 욕구불만을 참을 수 없게 된다. 영재아동의 경우에는 '사고하는 두려움' 때문에 사고를 시작할 수 없는 것이다. 복잡하게 얽히며 끝도 없이 뻗어나갈 사고 과정이 두렵기 때문이다. 그렇게 되면 불확실한 상황이 지나치게 우려할 만한 수위에 이를 수도 있다. 그러므로 욕구와 충족 사이의 시간에는 '반드시' 뭔가가 일어나야 한다. 그렇지 않으면 불안이 아이를 엄습하고, 이 불안이 아이의 전반적인 심리적 안정을 상당히 약화시킨다.

영재아동의
일상 행동

무엇이든 당장에

영재아동은 기다릴 줄 모른다. 이 아이는 많은 것을 요구하고 즉각적인 충족을 원한다. 요구는 다양하다. 물질적인 요구, 감정적인 요구는 물론이고, 언제든 시간을 할애해주기를 바라고 이것저것 도와주기를 바란다. 요구에 대한 충족이 조금만 늦추어져도 다양한 반응, 대개는 소란스럽고 요란한 반응을 터뜨린다. 화가 나 툴툴대는 것부터 시작해서 문을 쾅 닫거나 울부짖기도 하고, 복수하겠다는 공갈부터 자살하겠다는 협박까지, 심지어는 사람들 앞에서 고래고래 소리를 지르며 바닥에 뒹굴 때도 있다. 부모는 대개 별것 아닌 일로 촉발된 이런 흥분과 감정의 폭발 앞에서 무장해제되고, 이에 대해 온갖 종류의 대응을 시도해본다.

"이럴 때 제가 뭘 어떻게 할 수 있겠어요?" 이 엄마는 생각 끝에 이렇게 토로한다. "더 이상 제 힘으로 아이를 진정시킬 수가 없네요. 제가 안 돼, 기다려, 하고 말하면, 소릴 지르고, 벽을 탕탕 치고, 심지어 동생을 때리고도 남을 아이에요. 전 더 이상 못 버티겠어요. 더 이상 뭘 어떻게 해야 할지 모르겠어요."

한계를 느끼려는 욕구

영재아동은 자기 주위로 끊임없이 한계를 찾으려 한다. 이 아이는 사고에 한계가 없고 질문은 끝이 없으며 가능성의 장은 무한히 펼쳐져 있기에, 이런 점이 굉장한 불안을 야기할 수 있다. 한계를 느끼지 못한다는 것은 아주 불안한 일이다. 그래서 이 아이에게는 자신을 제지하고 자신의 불안을 억눌러줄 견고한 틀(한계)의 존재가 대단히 중요하다. 자신의 외부에 자신을 보호해줄 방어벽이 둘러쳐져 있고, 안전 표시등이 존재하며, 자신이 거기에 단단히 붙들려 있을 수 있음을 강하게 느낄 필요가 있는 것이다.

이렇게 해서 아이는 이 틀이 충분히 견고한지 확인하기 위해 끊임없이 틀을 공격한다. 틀이 약해지지 않을 것임을, 자신이 백퍼센트 안심하고 거기 기댈 수 있음을 확신하기 위해서다. 그런데 틀에 대한 아이의 부단한 공격이 다른 사람들 눈에는 거의 언제나 스트레스로 비치고, 성질 까다롭고 반항적인 아이의 행동으로 이해된다. 아이로서는 스스로를 안심시킬 표지들을 찾으려는 것뿐인데 말이다.

이 아이에게 틀의 존재는 또한 사랑과 동의어다. 틀의 존재를 시험함으로써 부모의 사랑이 견고하고 신뢰할 만한 것인지를 시험한다.

영재의 심리학

부모를 시험한다

영재아동의 한계 테스트는, 부모의 한계가 어디까지인지를 알기 위한 시험을 거친다. 부모는 과연 어디까지 견딜까? 어느 순간에 무너질까?

이 아이에게 중요한 건, 부모 역시 견고한 존재, 자신이 기댈 수 있는 존재이며, 한계를 설정하고 그것을 지탱할 수 있는 존재임을 아는 것이다. 그러나 주로 무슨 일이 벌어지는가? 부모는 자신의 법을 강요하려 드는 아이, 늘 자신이 이기기를 바라고 점점 더 자신의 요구를 밀어붙이는 이 아이에게 반발하게 된다.

> "저희 집에서 명령하고 지휘하는 건 이 아이랍니다. 세상에, 겨우 8살짜리가 말이에요. 그러니 더 자라면 어떻겠어요! 아마 전 더 이상 아무것도 할 수 없을 거예요!"

그러나 역설적으로, 부모에게서 원하는 바를 얻게 되면 아이는 스스로 전능하다는 느낌에 빠진다. 자신이 뭐든 할 수 있고 뭐든 제어할 수 있다는 환상을 품게 된다. 절대적인 제어와 조절에 대한 욕구가 이 현실에서, 자신이 경험하는 일상에서 실현됨을 확인하게 된다. 그런데 아이에게 이것은 아주 끔찍한 일이다. 비록 원하는 것을 '얻어' 욕구는 충족되었지만, 자신이 전능하다는 느낌은 가공할 고통이다. 왜냐하면 아이는 이제, 인간은 혼자이며 아무에게도 기댈 수 없고, 자기보다 더 강한 자가 아무도 없으니 그 누구에게서도 보호받을 수 없음을 확인하는 꼴이기 때문이다.

역설이게도, 부모는 자녀를 제대로 다룰 수 없어 괴롭고, 자녀는 부모가 그래주지 못해서 괴롭다. 이렇게 부모와 자녀의 고통은 거울처럼 서로 반사되고, 양측의 몰이해와 갈등지수 상승의 악순환은 이런 상호간의 고통을 강화시킨다.

> 내 말 좀 잘 들어보렴, 막스. 마르셀이 네 걸 전부 망가뜨리면, 네 스스로 해결책을 찾아야 해. 이건 굉장히 중요한 문제란다. 왜냐하면 강아지가 제멋대로 하게 그냥 내버려두면 이 녀석은 자기가 무슨 막강한 실력자가 된 느낌을 갖는데, 그런데 막상 이 막강한 힘이 도리어 녀석을 겁먹게 하기 때문이란다. 정말이야, 녀석은 불안과 공포에 사로잡히게 돼. 내 말 무슨 뜻인지 알겠니? 그러니 네가 어떻게든 마르셀을 제어할 방법을 찾아야 해. 또 언제 이런 일이 닥칠지 모르니, 미리 대비해야 하는 거지. 막상 일이 터졌을 땐 해결책을 찾기에 너무 늦을 테니까. 내 말 이해하겠지?
>
> — 알렉상드르 자르댕, 『사랑의 자서전』

물론 이 인용문은 강아지에 관한 문제다. 그러나 영재아동 역시 한계를 간절히 바라고, 한계에 이르지 못하면 곤경에 빠진다는 사실을 명심해야 한다.

> 알리시아(9세)는 외출준비를 위해 엄마가 머리를 빗겨주는 것도, 외투를 입어라, 신을 신어라, 참견하는 것도 철저히 거부한다. 아이는 소릴 지르고 발버둥을 치며, 엄만 나쁘다느니, 엄마가 하는 빗질은 제 머리카락을 잡아당겨 아프다느니, 자기는 지금 너무 덥다느니, 신발이 너무 작다느니 앙탈을 부린다.
>
> 엄마는 참다못해 왈칵 화를 내며 소리치지만, 끝내 아이한테 굴복하고 만다. 그런데 알리시아는 부모 아닌 다른 사람들 앞에서는 완전히 다른

태도를 보이며, 똑같은 참견인데도 다른 사람들 말은 순순히 따른다.

이와 같은 전형적인 예에서, 이 소녀가 실제로 바라는 건 한 가지뿐임을 유념해야 한다. 그것은 엄마가 흔들리지 않고 무너지지 않는 것이다. 엄마가 자기를 보호하기 위해 필요한 한계를 지탱할 수 있는 것, 엄마가 견고한 것, 자기는 언제든 엄마에게 기댈 수 있다고 확신하는 것이다. 그런데 엄마가 자신의 요구를 들어주면, 엄마라는 존재는 감정적으로 취약하고 자신에게 필요한 안전을 보장해줄 수 없다는 메시지로 받아들인다. 이렇게 되면 그 다음번에 알리시아는 자신이 갈구하는 방어벽과 사랑을 얻기 위한 시도로써 훨씬 더 심하게 앙탈을 부릴 것이다. 그러면서 파괴적인 관계의 악순환이 자리를 잡는다.

논쟁과 협상의 기술

"왜 엄만 잠자리에 들기 전에 이를 닦으라고 하는 거예요?

— 왜냐하면 이를 깨끗이 닦고 자는 게 중요하니까.

— 그런데 학교에서는, 밥 먹고 나서 항상 이를 닦아야 한댔어요.

— 그래, 밥 먹고 나서 이를 닦으렴.

— 그런데 엄만 왜 저녁 먹고 나서 이를 닦으라고 하지 않아요?

— 음…… 내가 미처 생각지 못했구나.

— 그럼 저녁 먹고 나서 이를 닦으면, 잠자리에 들기 전에 다시 닦을 필요가 없는 거네요!

— 응, 그렇지.

— 그럼 엄만 왜 자기 전에 꼭 이를 닦으라고 하는 거예요? 거봐요, 엄
만 늘 이랬다저랬다 하잖아요. 그러니까 이 안 닦을래요.

— 당장 가서 이 닦지 못해!

— 싫어요, 왜 닦아야 하는데요?

— 그냥 그런 거라니까!

— 그냥 그런 게 어딨어요?"

등등.

이런 대화 끝에 부모와 자녀는 결국 둘 다 지치고 불행해진다.

논쟁은 생각의 정확성을 추구하는 데서 생긴다

이 이이가 논쟁을 벌이는 이유는 주위 사람들을 시험해야 할 절대적 필요
성 때문이기도 하다. 이 아이는 타인들의 한계, 특히 부모의 한계를 철저하
게 찾으려 한다. 그래서 상대방이 말하는 바가 백퍼센트 정확한 의미를 띨
때까지, 상대방의 생각이 그 내용과 윤곽을 완전히 드러낼 때까지 논쟁을
끝까지 밀어붙인다. 거기에 조금이라도 부정확하거나 모호한 구석이 있으
면 그냥 넘어가지 못한다.

이는 물론 상대방에게 반항하고 반발하는 데서 '기쁨'을 느끼기 때문이
아니다. 단지 어떤 대상이든 어떤 생각이든 정확한 의미가 표명되지 않으
면 그에 대해 사고하는 것 자체가 불가능하기 때문이다.

이 아이는 논쟁의 모든 측면이 명확하게 밝혀지지 않으면 이 논쟁에 '만
족할 수' 없다. 자신의 옳음을 추구하려는 것이 아니라, 대상을 끝까지 파
고들려는 것이다. 그래야 스스로 안심할 수 있으니까.

마리(11세)는 부모와 함께 자동차를 타고 숲을 가로지르는 중이다. 별안간 마리의 엄마가 격분해서 말한다.

"어머, 이 숲 좀 봐. 정말 끔찍하군. 정말 지저분해!"

마리가 되받는다.

"그렇다고 숲이 끔찍한 건 아니에요!

— 그럼 넌 여기저기 널린 저 폐기물들이 아름다워 보이니?" 엄마도 지지 않는다.

마리가 받아친다.

"거봐요, 숲이 끔찍한 건 아니죠. 숲 자체는 아름다워요, 깨끗하기만 하다면.

— 게다가 관리도 엉망이고." 엄마가 덧붙인다.

마리가 말을 잇는다.

"관리가 안 됐기 때문에 숲이 아름답지 않은 건 아니에요! 난 원시림이 더 좋은걸요. 더 아름다우니까! 정글만 해도 그래요. 관리되진 않았지만 세상에서 가장 아름다운 숲이죠!

— 뭐, 그렇다고 치자꾸나." 엄마가 한발 물러선다.

"그러니까 엄만 이 숲이 잘 관리되지 않았다고 해서 보기 흉하다고 말할 수는 없는 거예요. 숲 자체는 아름답다구요!(여기서는 그들이 지나가고 있는 숲을 말한다)

— 알아, 하지만 너무 더럽잖아!"

이 말에 마리는 다시 원점으로 돌아온다.

"숲이 아름답지 않은 건 아니라니까요. 그렇게 말하면 안 되는 거라구요."

논쟁이 이렇게 한참을 이어지다, 급기야 엄마가 왈칵 성을 내어 딸의 입을 다물게 한다. 아빠는 혹여 상황을 악화시킬까 봐 끼어들지 않도록 조심하고, 결국 마리는 눈물을 글썽이며 엄마가 자기 말의 의미를 이해하지 못한다며 볼멘소리로 울부짖는다.

위의 장면을 해독해보자.

엄마는 어떤 상황에 대해 별 대수롭지 않은 평범한 지적을 한다. 그녀로서는 그저 개인적인 의견을 표명할 뿐, 거기에는 어떤 함축적 의미도 없고 특별한 영향을 미칠 것도 없다. 그저 숲이 더럽고 아름답지 않음을 목격하고는 그 사실을 무심코 입 밖에 꺼내는 것이다.

그런데 마리는 엄마의 말에 '불분명한' 점이 있다고 생각하고, 그 점을 짚어 명확하게 밝히려고 한다. 이 아이로서는 숲의 관리가 엉망이라서 더러운 것과 숲이 지닌 본래의 아름다움, 이 둘을 구분하는 것이 매우 중요해 보인다.

엄마는 이런 개입을 자신이 무슨 말을 하든 하는 족족 반박하려는 의도일 뿐, 아무 근거도 없는 지적으로 해석하고, 정확함을 추구하는 딸의 성향, 무슨 단어든 어떤 생각이든 정확한 의미를 지녀야만 하는 딸의 욕구를 인지하지 못한다. 그러니 엄마는 자기 입장만 내세우고 그게 옳음을 밝히려고만 든다.

마리는 자기 말의 의미를 엄마가 이해하지 못하는 것에 실망하고, 정글에 빗대어 다시 설명을 시도한다.

엄마는 그 역시 또 다른 도전으로 받아들인다.

그래서 마리는 엄마가 엄마 자신의 말에 착오가 있음을 인정하도록 깔때기의 논리*로 이끈다.

결국 엄마는 발끈하고, 마리는 눈물을 보인다. 엄마는 딸이 자신을 공격한다고 느끼고, 마리는 엄마에게 이해받지 못한다고 느낀 것이다.

마리에게 이 대화는 끝을 맺지 못한 대화이며, 절대적 정확성의 부재가 불안 요소로 작용한다. 게다가 마리는 엄마가 이러한 의미 추구의 중요성을 이해하지 못한다는 사실이 슬프다. 그리고 엄마의 작동 방식에 실망한다. 이런 실망감이 마리는 또 고통스럽고 엄마에 대해 죄책감을 느낀다.

협상의 기술

또 다른 변수는 협상의 기술과 관련된 것으로, 겉으로는 논쟁보다 더 부드러워 보여도 이 역시 논쟁 못지않게 사람을 지치게 만든다. 부모가 뭔가를 거절하거나 강요하면, 아이는 이에 대해 이의를 제기하고, 논거를 들이밀고, 시시비비를 따지며 자신의 요구를 관철할 때까지 물고 늘어진다. 이는 어떻게 해서든 부모의 입장에 허점이 있음을 찾아내려는 소모전 전략이다. 실제로 아이와 잠시 실랑이를 벌이다 보면, 부모는 자신도 점점 아이가 이 상황을 바라보는 방식, 아이가 부모의 논리를 분석하는 방식으로 슬그머니 기울게 되고, 이제 자신의 논리는 아주 미약하고 옹호할 수 없는 것처럼 보인다. 이렇게 해서 아이는 이긴다. 그러나 진 것이기도 하다! 왜냐하면 아이는 부모가 꿋꿋이 버텨주기를 바라고 있었으면서도, 온갖 방법을 동원해 부모에게 자신의 요구를 관철시켰기 때문이다.

막심(10세)은 수영 보충강습에 가고 싶다. 그런데 엄마가 못 가게 한다.
막심은 바로 협상에 들어간다.
"왜 안 돼요?

---

*여러 가지 의견이나 논리가 결국은 한 가지 의미, 한 가지 결론으로 귀결되는 상황 전개. 깔때기의 법칙이라고도 함.

― 넌 이미 일주일에 3시간이나 강습을 받잖니. 그거면 충분해!

― 하지만 엄만 늘 나 때문에 지친다고 하잖아요. 그러니 내가 가면 좋은 거죠. 수영하면 피로하고, 그럼 집에 와서 더 얌전히 있을 테고, 그럼 엄마도 쉴 수 있잖아요!

― 우리 집에서 너무 멀어, 매번 널 데려다 줄 수 없단 말이야!

― 거봐요, 엄만 늘 우리의 열정을 철저히 밀어붙여야 한다고 말하면서, 엄만 그러지 않잖아요!"

정서의 범람:
과민성, 모욕감, 충동적 반응

이 아이로서는 모든 것, 진정 모든 것이 정서적이다. 그리고 이런 정서의 범람은 그토록 전적이고, 그토록 절대적이고, 그토록 강력해서, 아이는 이를 제어하려고 애쓰고, 감정이 자신에게 미치는 영향과 충격을 숨기려고 애쓴다.

실제로 이 아이는 눈물을 자주 보이고, 밀려드는 슬픔에 자주 휩싸이며, 마음속 깊이 갑작스러운 분노를 경험하기도 한다.

이 아이의 과민성은 극단적이다. 그러나 겉으로 보이는 아이의 행동에서는 이를 전혀 알아차릴 수 없다. 어쨌거나 아이는 그렇게 믿고 있고, 또 그러기를 바란다! 그러나 아이는 모든 것에 타격을 받고, 순식간에 상처를 입는다.

이 아이는 쉽게 모욕감을 느낀다. 그것도 노골적인 모욕이나 공공연한 공격에 의해서가 아니라, 일상적인 잔소리, 별 대수롭지 않은 지적에 의해서 그런 것이다.

이처럼 격앙된 감정적 반응성이 일으키는 고통으로부터 스스로를 보호하기 위해, 아이는 자신이 실제로 겪는 것과는 반대되는 행동을 드러내 보이곤 한다. 화를 내고, 신경질을 부리고, 공격적이거나 부산스러운 행동 등등, 이런 위장술로 자신을 진정 고통스럽게 하는 실체를 감추려 든다.

내가 펠릭스(8세)에게, 아빠와 상담실에서 얘기를 나누는 동안 대기실에서 장난감을 갖고 노는 게 어떻겠냐고 했고, 그래서 아이는 그 장난감을 집으려고 아빠 곁으로 다가간다. 그런데 아이가 당장 나가지 않고 장난감을 집느라 꾸물거리자, 아빠가 과격한 반응을 보인다. "이제 그만하고 얼른 나가!" 하고 아빠가 근엄하고 짜증스러운 목소리로 다그친다. 펠릭스는 눈물을 글썽이며 문으로 향한다. 아무래도 상담실에서 벌어진 일인지라, 펠릭스는 아빠에게 뭐라 대꾸도 못하고 나갈 수밖에 없다. 그래서 내가 이 아빠에게, 아들이 아빠 말에 상처를 입고 모욕을 느꼈다고 일러준다. 왜냐하면 아이는 그저 내 제안대로 하려 했을 뿐이고, 아빠가 왜 화를 내는지 이해하지 못했기 때문이라고. 그러자 아빠가 냉정하게 되받는다. "선생님, 제가 보기에 저 눈물은 가짭니다! 순전히 쇼예요. 선생님 앞에서 아빠한테 학대당하는 가련한 어린애로 보이려고 일부러 저러는 겁니다!"

이 일화는 이런 아이들과 그 부모들 사이에 만연해 있는 완벽한 몰이해를 잘 보여준다. 펠릭스는 이런 몰이해로 끔찍한 고통을 겪고 있는 소년이다. 그리고 이제는 부모가 다루기에 아주 힘든 아이가 되어버렸다. 아이는 끊임없이 한계를 부추기고, 부모는 지치고 기진맥진한 상태다. 이는 당연한 귀결이다. 그리고 펠릭스는 부모가 자신을 다루고, 지도하고, 보호하기 힘들어한다는 걸 인식하면 할수록 더 심하게 한계를 밀어붙이고, 그럴수록 갈등의 골은 더 깊어진다. 오늘날 펠릭스는 심각한 우울증을 앓고 있고, 곤혹스러운 부모는 죄책감에 시달리며 불행한 처지에 놓여 있다.

어떻게 아이를
도우면서도
꿋꿋이 버틸 수
있을까

영재아동을 도와주어야 함은, 이 아이에게는 이 모든 것이 실질적인 고통이기 때문이다. 과도한 감성의 결과, 아이는 외부 자극에 '그대로 노출된' 상태이며, 따라서 끊임없이 자신을 공격하는 과도한 감정적 자극으로부터 거의 보호받지 못한다.

부모 스스로 꿋꿋이 버텨야 함은, 아이의 고통과 마주하고 있으면서도 아이를 제대로 돕고 제대로 다루기 힘든 현실이 부모로서는 고통스럽기 때문이다. 이 아이가 부모를 '궁지로 몰아붙이는' 것이 부모의 사랑을 확인하고 싶어 하는 것임을, 부모는 여간해서 인정하지 못한다. 아이가 정서적 안정을 찾으려는 목적에서 한계를 밀어붙이고 부모의 인내심을 들쑤시는 것임을, 부모는 도저히 받아들이지 못한다. 이런 아이 앞에서 부모는 때로 불가피하게도 평정심과 자제력을 잃는다. 그럴 때 아이는 더 과장해서 말한다. 왜냐하면 부모가 무너지는 것, '버티지 못하는' 것이 바로 아이 자신이 줄곧 두려워하던 것이기 때문이다.

아이를 위해 버티자

부모가 '견디고 버텨야 함'의 중요성을 인식하는 것은, 이것이 아이가 절대적으로 필요로 하는 것임을 이해하는 것이다. 또 이것이 아이의 성장과 인성의 구조화에 반드시 필요한 것임을 이해하는 것이다. 부모가 끝까지 포기하지 않는다면, 이는 오직 '아이를 위해서'다. 부모가 이 사실을 납득하는 것이 아이에게도 부모에게도 대단히 중요하다.

죄책감에 주의하자

아이에게 '안 돼'라고 말했다고 해서, 아이의 요구를 들어주지 않았다고 해서 죄책감을 느끼면,

— 부모 자신이 고통스럽다. 나쁜 부모가 된 기분이 든다. 그러나 그건 틀린 생각이다. 오히려 아이에게 굽히지 않는 순간, 부모는 부모로서의 책임을 온전히 지는 것이니까.

— 아이를 함정에 빠지게 하는 결과를 초래한다. 아이는 부모가 죄책감을 느끼고, 자식의 요구를 거부한 것이 과연 온당한지 의심하고 있음을 알아차린다. 그러면 아이는 부모의 나약함, 부모의 의지박약을 느끼며 또다시 불안해하고, 그러다 아이의 문제는 전보다 더 심각한 상태로 다시 시작된다. 이렇게 되면 아이와 부모 간의 갈등은 기하급수적으로 증가한 위력

을 과시하며 다시 시작되고 악순환에 빠지는 것이다.

분명한 한계를 설정하자

분명한 한계를 설정할 줄 안다는 것은 모든 걸 거부한다는 의미가 아니라, 자기 자신에 대해, 또 자신이 설정한 한계에 대해 일관성을 유지한다는 의미다.

누가 봐도 위험한 상황에 대해서는 쉽게 한계를 정할 수 있다.

— 전기 콘센트에 손가락을 넣지 말 것

— 유통기한이 지난 음식을 먹지 말 것

— 도로 한가운데나 절벽 가장자리로는 걷지 말 것

이런 것들은 정하기 쉬운 금지사항이다. 왜냐하면 우리는 이것들의 정당성을 믿어 의심치 않고, 우리가 이런 한계를 강요하는 것은 순전히 우리의 자녀를 보호하기 위해서임을 백퍼센트 확신하기 때문이다. 이런 종류의 한계에 대해서는 무슨 일이 있어도, 우리의 자녀가 어떤 반응을 보이더라도, 우리는 절대 양보하지 않는다. 우리 자신의 신념에, 우리 자신이 설정한 한계에 어떤 흔들림도 없다. 분명하고 이론의 여지가 없는 사안이다.

반면에 개인적, 문화적, 사회적, 정서적 등등의 요인에 따라 달라지기에, 보다 임의적인 한계들도 수없이 많다.

• 아이가 씻지 않으려 하고, 외투를 입지 않으려 하고, 자기 방 정리를 하지 않으려는 것을 받아들일 수 있는가?

• 고작 8살 먹은 아이에게 핸드폰을 사주는 게 '정상적'인지 아닌지 어떻게 알 수 있는가? 반 친구들은 '모두가 하나씩 갖고' 있다는데, 나만 '무능한 부모'로 취급당하는 걸 받아들일 수 있는가?

• 아이가 방과 후에 미리 알리지도 않고 친구 집에 가서 놀다 오는 걸 받아들일 수 있는가? 아이는 "도대체 저한테 무슨 일이 생긴다고 그래요?"라고 푸념할 텐데도?

• 아이가 밤늦은 시간에 외출하는 걸 허용할 수 있는가?

• 아이가 코나 배꼽에 피어싱하는 걸 눈감아줄 수 있는가? 혹은 몇 시간 동안 컴퓨터나 인터넷 게임에 빠져 자리에서 꼼짝도 하지 않는 걸 봐줄 수 있는가?

요컨대, 부모가 바라지 않는 것, 심지어 금하기까지 하는 걸 아이가 한다면 말이다.

그리고 '부모가 지칠 때까지' 반항한다면 말이다! 이를 받아들일 수 있는가?

허용할 수 있는 한계는 어디까지인가

이런 종류의 한계를 설정하기가 어려운 것은, 부모로서 무엇을 허용할 수 있고 무엇을 허용할 수 없는지를 아는 것이 어렵기 때문이다.

첫 번째 단계: 부모 자신의 한계 영역을 규정하자

우리에게는 각자 자신만의 한계가 있다. 부모는 자신의 한계를 잘 알아야 자녀에게 한계를 설정해줄 수 있다. 규칙은 보편적인 게 아니라 개인적인 것이다. 어떤 개인에게, 혹은 어떤 가정에서 허용되고 받아들여지는 것이 다른 개인에게나 다른 가정에서는 용인되지 않는다. 그 역도 마찬가지다.

예컨대 어떤 부모는 자녀가 친구들과 어울려 놀다 밤늦게 차를 몰고 귀가하는 경우, 불안해서 어쩔 줄을 모른다. 이것이 이 부모의 한계다. 부모는 이럴 때 지나치게 불안에 사로잡혀 마음의 안정을 잃는다. 그러니 이런 상황을 허용하지 않는다. 또 어떤 부모에게 도저히 참기 힘든 것은 끼니때마다 식탁 분위기를 망쳐놓는 나쁜 식사 예절이다. 식사 시간은 마땅히 긴장을 풀고 마음 편히 대화를 나눌 수 있는 시간이어야 하는데 도리어 불안한 시간이 되어버리므로, 식사 예절은 충분히 받아들일만한 한계다. 그러나 반대로, 이 부모에게는 자녀의 밤길 운전이 도저히 참을 수 없을 만큼의 불안을 일으키지 않는다. 그리고 운전 문제로 걱정하는 부모에게는 식사 예절과 식사의 상징적 가치가 그다지 중요하지 않다. 사람마다 한계는 다 다르다. 중요한 건, 절대 허용할 수 없는 것과 좀 더 너그럽게 받아줄 수 있는 것을 규정하는 일이다.

두 번째 단계: 법칙과 규칙

• 법칙

법칙은 '부모'의 정신적 안정은 물론, 결과적으로 자녀의 정신적 안정까지 보장하는 것이기에, '부모가' 자녀에게 강제로 부과하는 것이다. 이것이 '부모의' 영역에 설정된 한계다. 이 한계는 절대 넘어설 수 없고 넘어서도 안 된다.

만일 부모의 법칙에 피어싱이 용납되지 않는다면, 이 문제에 관한 한 자녀와 '절대' 논쟁해서는 안 된다.

만일 부모의 한계 영역이 오토바이 운전은 어림도 없다고 규정한다면, '오토바이' 문제는 두 번 다시 거론해서는 안 될 금기 주제가 되어야 한다. 부모가 걱정하는 이유를 자녀에게 분명하게 설명했으니, 그걸로 끝이다. 더는 이를 주제로 왈가왈부해서는 안 된다.

만일 부모가 생각하기에 저녁에 씻는 일이 위생상 불가피한 규칙에 속한다면, 이것은 불변의 법칙이 되어야 한다.

법칙을 정할 때는 우선 그것이 정당화되어야 한다. 부모로서 왜 이런저런 것을 받아들일 수 없는지 그 이유를 자녀에게 분명하게 설명하자. 그 어떤 이유든 전부 밝히자. 이유가 아무리 개인적이고, 아무리 감정적이고, 아무리 불합리한 것이라 해도 말이다. 법칙이 꼭 합리적인 차원에서 정당화되어야만 유효한 것은 아니다. 법칙이 효력을 갖는 것은, 그것이 이 부모에게 중요하고 이 부모가 그렇게 하기로 정했기 때문이다.

부부가 함께 산다면, 법칙이 부부간에도 논의되어야 하는 것이 이상적이다. 자녀에게는 일관성이 필요하기 때문이다. 부부가 법칙에 관해 뜻을 같이하면 할수록 자녀는 더 안정감을 느끼고, 그럴수록 부모가 정해주는 한계를 무리 없이 받아들이게 된다.

부모가 이혼한 경우라면, 부부가 각자 자신의 법칙을 가지고 있는 것이 중요하다. 이혼한 부부가 반드시 동일한 법칙을 가지고 있을 필요는 전혀 없다. 엄마에게는 엄마의 법칙이, 아빠에게는 아빠의 법칙이 있을 수 있고, 두 사람의 법칙이 서로 다를 수도 있으며 심지어 상반될 수도 있다. 중요한 건 법칙이 논리적이냐 아니냐가 아니라, 엄마의 법칙도 아빠의 법칙도 분명해야 한다는 점이다.

• 규칙

규칙은 어떤 사안들에 대한 처분과 조정으로, 자녀와 논의해서 만드는 일종의 내부 규정이다. 여기서는 자녀가 해도 되는 것, 부모가 허용할 수 있는 것, 자녀가 요구하거나 거부하는 것들의 이유에 대해 함께 숙고해야 한다. 그러므로 부모와 자녀가 함께 규칙을 정하는 것이다. 규칙은 부모와 자녀, 양쪽 마음에 다 들어야 한다. 각자가 거기에서 이득을 봐야 한다.

예컨대 자녀의 옷 입는 스타일이 마음에 들지 않는다고 하자. 이런 옷차림이 불쾌하기는 하지만 위협감을 느낄 정도는 아니라면(만일 그렇다면 법칙이 되어야 할 것이다), 자녀와 이 문제를 논의해볼 수 있다. 자녀에게 이런 옷차림이 마음에 들지 않는다고 말해보자. 그러면 아이는 자신은 이렇게 헐렁하고 편한 옷차림이 좋다, 또래 아이들처럼 입는 게 중요하다고 말할지 모른다. 그렇다면 다음과 같이 규칙을 정할 수 있다. 학교에 가거나 친구들과 외출할 때는 네 옷차림을 허용하지만, 가족끼리 외출할 때는 다르게 입도록 노력해주길 부탁한다고. 그러니까 각자 한 발씩 양보함으로써 부모는 자녀의 정체성을, 자녀는 부모의 요구를 존중하는 셈이다.

규칙은 협상의 산물이다.

일단 규칙이 정해지면 어겨서는 안 된다. 위의 예에서 보면, 아이가 친구들과 외출할 때는 옷차림에 대해 최소한의 잔소리도 해서는 안 된다. 규칙은 정해졌고, 부모는 이를 지켜야 한다. 쌍방이 합의한 규칙 아닌가.

그러나 규칙은 법칙과 달리, 새로운 상황이 발생하거나 기존의 상황이 변함에 따라 정기적으로 다시 논의될 수 있다. 갑자기 세퀸 장식의 번쩍거리는 라텍스 바지가 유행하게 되면, 우리는 얼마든지 규칙을 철회하고 다시 정할 수 있다.

일상에서 어떻게 한계를 설정할까?

• 일단 한계가 설정되면 절대 바꾸지 말자. 우리가 설정하는 한계는 얼마든지 임의적일 수 있고, 그 때문에 우리가 과오를 범하더라도 무방하다.

• 법칙은 절대 즉흥적으로 설정되어서는 안 된다. 그렇게 설정된 법칙은 제대로 자리 잡을 수 없고, 자녀에게 받아들여질 수 없다. 부모가 생각하기에 불가피한 한계라면, 위기가 닥치기 전에, 미리 분명하게 정해두는 것이 바람직하다.

• 자녀가 내세우는 준엄한 논리의 함정을 피하자. 이 아이는 부모가 틀렸음을, 부모의 요구가 적절치 못함을 언제든 증명해 보일 수 있다. 그러니 마음을 굳게 먹자. 부모로서 이런 결정을 내린 건 바로 자녀를 위해서임을 늘 명심하자. 설령 속으로는 잘못 판단했다고 느끼더라도, 이는 그리 중요치 않다. 좋은 부모는 실수도 하고 잘못 생각할 수도 있지만, 자녀에게 안정감을 주는 틀을 설정해주지 못하면 결코 좋은 부모가 아니다.

• 문제를 우회해서 다루자. 다시 말해 먼저 자녀와 논의하고, 그런 다음 자녀가 부모의 요구대로 하겠다고 스스로 결정하게끔 유도하자. 만사를 필히 제어하고 조절해야 하는, 이 아이의 절대적 욕구가 여기서 부모의 편이 되어줄 것이다!

• 부모가 부과한 규칙이나 지시를 자녀가 받아들였을 때, 부모가 얼마나 만족해하는지를 보여주자. 설사 자녀가 투덜대거나 별다른 반응을 보이지 않더라도, 감성이 극도로 예민한 이 아이는 부모의 만족감에 긍정적인 감정을 품게 되고, 이런 감정이 아이의 자신감과 자존감을 공고하게 만든다. 아이의 노력을 매번 인정해주고 정서적으로 보상해주면, 아이는

영재의 심리학

이에 고무되어 또다시 칭찬받을 행위를 하려고 노력하지, 결코 그 반대로는 하지 않는다. 다시 말해, 인정받고 보상받는다고 해서 아이가 거만을 떨거나 반항이 더 심해질 우려는 전혀 없다는 말이다. 아이의 적절한 행동을 긍정적인 평가로써 강화시키는 것이 탈선행위를 벌하는 것보다 훨씬 더 큰 효력을 발휘한다.

• 가능한 한 자녀를 안심시키도록 하자. 이 아이는 복잡한 삶의 면면과 마주하면 어김없이 정신적으로 약해지고 불안해진다. 이 아이의 정서적 의존성, 정서적 욕구는 아주 엄청나다. 그러니 부모 역시 자녀에게 정서적으로 가까이 다가가기를 즐겨보자. 그러면 자녀는 도리어 더 쉽게 자율적인 아이가 될 것이다! 이 점을 십분 이용하자!

• 자녀를 격려하고, 칭찬하고, 보상해주자. 우리의 생각과 달리 이 아이는 대개 자신감이 부족하고, 주위로부터 인정받고 싶어 하는 욕구를 강하게 타고났다. 그러나 칭찬받고 인정받는다고 해서 이 아이가 '거만을 떨' 우려는 전혀 없다. 냉철한 통찰력으로 자신이 어떤 아이인지, 자신의 한계는 무엇인지, 너무나 훤히 꿰뚫고 있기 때문이다. 이 아이는 실패를 두려워한다. 이 점을 절대 잊지 말자.

• 부모 역시 끝없이 반복되는 논쟁에 빠져들지 않도록 주의하자. 부모에게 그럴 힘이 있을 때 바로 질러서 가자. 네 입장을 이해한다, 네가 왜 분노하는지 이해한다, 네 판단에 동의한다, 등등 말해주다가 얼른 다른 이야기로 넘어가자. 자녀를 다른 곳으로 끌어내야 한다. 그러기 위해 출구를 마련하자. 자신이 이끌려던 방향으로 부모가 따라와 주지 않는다고 자녀가 상처받고 모욕을 느끼고 기분이 상하지 않도록, 교묘히 함께 빠져나올 수 있는 통로를 생각해내자.

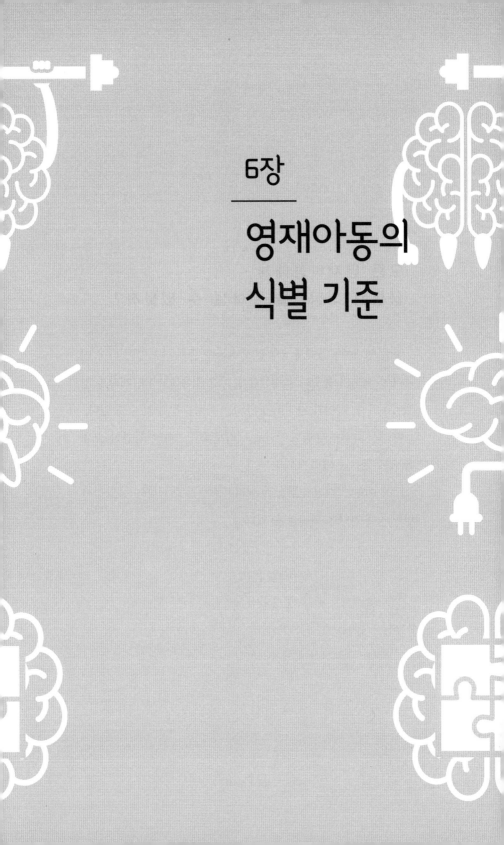

6장
———
영재아동의
식별 기준

모든 영재아동에게
공통된 특징들을 찾아낼 수 있을까?

물론 영재아동들에게 공통된 특징들은 존재한다. 그렇다고 영재아동 모두가 동일한 특성들을 보이는 것은 아니다. 게다가 영재아동인 두 아이가 완전히 상반되는 특성들을 보일 수도 있다.

따라서 확실하게 영재 진단을 내리게 해줄, 영재아동만의 '고유한' 징후들은 존재하지 않는다.

오직 어떤 일련의 징후들과 심리전문가가 실시하는 종합검사만이 영재 진단을 확정할 수 있다.

조숙한
징후들

유아기

영재아동은 성장 발육과 학습 측면에서 대개 아래와 같이 조숙한 점들이
확인된다.

• 원기 왕성한 아이: 머리를 금세 꼿꼿이 들고, 일어나 앉는 시기도 매우
빠르다.

• 태어난 지 몇 주 지나면서부터 대상을 탐색하는 듯한 눈빛: 때로는 성
가시거나 거북할 정도로 끈덕지고 집요하게 세상과 주변을 관찰하는 듯
보인다.

• 잠이 적은 아이: 다른 아이들만큼 잠이 많이 필요치 않은 듯 보인다.

• 말: 대개 옹알이 단계를 거치지 않고 아주 일찍부터, 바로 유창하게,
말을 시작한다. 비언어적 단계에서 일상어 단계로의 점진적 이행을 거치지

않는 것이다. '아이가 말을 잘할 줄 알게 될 때까지 기다렸다가 돌연 말하기에 뛰어든 듯한 인상을 받았다'고 부모들은 한결같이 얘기한다. 또 놀라운 점은, 어휘 습득 속도와 풍부한 언어 구사 능력이다. 아주 일찍부터 영재아동은 어른들을 깜짝 놀라게 하리만치 정확한 단어를 사용한다. 어른들도 대개 그처럼 풍부하고 다양한 어휘는 사용하지 않을 것이다.

• 영재아동은 자신이 새롭게 구사하게 된 언어를 세상 탐험을 시작하는데 신속히 이용한다는 사실 또한 일상에서 관찰된다. 말을 시작할 즈음부터 '왜'와 '어떻게'라는 말들이 등장하고, 이후 평생 이들에게서 떠나지 않는다!

주의할 점

일부 영재아동들은 이와 같은 조숙함을 보이지 않는다. 이들에게서는 언어가 훨씬 더 늦게 자리 잡는다. 언어발달지체를 보이는 경우도 이따금 관찰된다.

언어적 조숙함이 영재 진단을 위한 하나의 징후이긴 하지만, 언어 발달이 늦다고 해서 진단을 배제하면 안 된다.

그리고 말이 빠른 아이라고 해서 모두 영재아동은 아니다!

취학 이전 시기

• 질문이 끝이 없다. 게다가 답도 없는 질문들이다. 영재아동은 질문을 그치지 않는다. 이 아이는 알고 싶어 하고 이해하고 싶어 한다. 세상이 돌

영재의 심리학

아가는 원리를 알아내려 애쓴다. 무엇보다 이 아이의 관심을 끄는 것은 삶과 죽음의 문제들이다. '우리는 어디에서 왔을까?', '우리는 왜 존재하는 걸까?', '생명은 어떻게 시작되었을까?', '무엇보다, 세상은 어떻게 만들어졌을까?', '죽음 이후는 무엇일까?'……. 이 아이는 모호하거나 정확하지 않은 답에 절대 만족하지 않는다. 마치 과학자처럼, 이 아이는 답을 궁리하고 모색하며, 만족스러운 답을 찾지 못하는 한 지칠 줄 모르고 탐구에 매달린다. 그리고 어른들은 대개 이 아이를 백퍼센트 만족시킬 답을 제공해주기 어렵기 때문에, 아이는 계속해서 질문하고 탐구한다! 눈을 뜨자마자 세상에 대한 정복이 시작되고, 잠들 때까지 멈추지 않는다! 어른들은 녹초가 되지만 아이는 절대 지치지 않는다!

• 배움에 대한 욕망이 강하다. 세상을 정복하려면 수단과 지식, 능력이 필요하다. 아주 일찍부터 꼬마 영재는, 자신이 알아낸 것들을 더 깊이 탐구하고 또 다른 모험을 계속 감행하기 위해 필요한 것들을 요구한다. 말하자면 글을 읽을 줄 알기를 원하고, 시간의 체계를 이해하기를 원하고, 수의 체계를 자기 것으로 만들기를 원한다. 요컨대 아이는 읽기를 배우고 싶고, 시간을 볼 줄 알고 싶고, 셈을 할 줄 알고 싶은 것이다.

이런 아이에게 제동을 걸지 말자! 배움에 목마른 아이, 새로운 학습에 호기심을 보이는 아이의 말에 언제든 귀를 기울여야 한다. 부모가 학교를 대신하라는 말이 아니라, 단지 아이가 필요로 하는 것들을 아이에게 제공하라는 말이다. 아이가 글자를 알고 싶어 하면 글자 해독의 열쇠를 쥐어주고, 시계를 읽고 싶어 하면 시간의 분할을 설명해주고, 셈을 하고 싶어 하면 숫자의 세계를 열어 보이자. 장차 학교에서 이런 기초적인 학습의 구조와 형태를 두루 가르치게 되겠지만, 그렇다고 취학 전에 아이가 요구하는 입문을 거부할 이유는 전혀 없다.

주의할 점! 취학 전에 글을 읽을 줄 모르는 아이도 영재아동일 수 있다. 다만 세상을 탐험하는 형태가 달라, 글 읽기가 아닌 다른 영역에 재능이 있을 것이다.

영재아동은 대개 발달 과정에서 조숙하다. 그러나 늘 그런 것은 아니다. 일부 학습에서 나타나는 조숙함이 오직 영재아동들만의 징후는 아니다.

검사는 언제
받아야 할까?

다시 한 번 말하지만, 진단에 신중해야 한다. 영재아동이라고 진단 내릴 수 있는 특징적인 징후는 '전혀' 존재하지 않는다.

지나친 일반화에 주의하자

아이가 다른 아이들보다 일찍 말을 시작하거나 읽기를 배운다고 해서, 수업시간에 산만하고 집에서는 소란스러우며 삐딱하게 군다고 해서, 낙제생이라고 해서, 반항적이거나 우울한 청소년이라고 해서, 모두가 다 영재아동은 아니다. 그리고 자녀가 이런저런 어려움을 겪는 것을 보고 아이가 영재임이 확실하다고 섣불리 혼동해서도, 안심해서도 안 된다!

진단이 빗나가지 않도록 주의하자

진단이 빗나가면 자녀의 심리적·정서적 발달과 사회성 발달, 그리고 학업에 아주 나쁜 영향을 미칠 수 있다. 자녀가 겪는 어려움의 원인을 전혀 엉뚱한 것으로 오인하여 아이에게 적절한 도움을 줄 수 없기 때문이다. 이런 진단 착오가 심지어 어떤 경우에는 아이의 어려움을 가중시키고, 극복하기 힘든 또 다른 어려움을 유발할 수도 있다.

검사는 진단이 목적이 아니다

검사를 시행하는 것은 아이의 작동을 명확하게 밝히기 위함이다. 이는 아이의 작동 유형이 어떠하든, 아이가 겪는 어려움의 성질이 어떠하든 상관없다. 영재가 아닐까 하는 의혹이 드는데도 검사를 피하거나 거부하는 것보다는, 차라리 영재로 오인하여 검사를 받게 하는 편이 설령 영재로 판명나지 않는다 해도 더 낫다. 검사를 시행함으로써 우리는 아이의 지적·정신역동적 작동에 대해 자세히 알 수 있고, 아이에게 어떤 도움을 주는 것이 적절한지 보다 더 잘 파악할 수 있다. 요컨대 검사의 요점은, 아이가 겪는 고통이나 어려움에 의미를 부여한다는 것이다.

진단은 명확히 밝히는 게 바람직하다

부모

부모는 자녀의 영재성을 그 누구보다 잘 예측한다!

항간의 비난과 트집에도 불구하고, 부모의 예측은 무려 80%가 들어맞는다! 이쯤 되면 부모들이 으레 제 자식을 천재로 생각한다는 억설을 몰아낼 수도 있겠다! 자녀를 무조건적으로 사랑한다고 해서 자녀를 냉정한 눈으로 보지 못하는 것은 아니다. 사실 부모는 거의 언제나 모든 영역에서 자녀의 장단점을 알아볼 수 있는 사람이다.

물론 그중에는 객관적 판단이 다소 떨어지는 부모도 있지만, 이는 소수에 불과하다!

그러니 부모들이여, 자신의 직관을 신뢰하자! 부모의 직관이야말로 최상의 징후다.

학교

학교는 영재아동이 엄연히 존재한다는 사실을 잊지 않아야 한다. 영재아동은 부모의 환상이 만들어낸 존재도 아니고 유행의 산물도 아니다. 그렇다, 이건 현실이다. 낙제생도 '영재아동일 수 있음'을 유념하자. 그리고 만일 이 아이가 구술은 뛰어난데 필기는 약하다면, 소란을 피우면서도 수업은 귀 기울여 듣는다면, 성적이 들쑥날쑥하다면, 초등학교 때 보여준 실력을 중학교에 가서 발휘하지 못한다면, 그리고 모든 것에 늘 질문을 던지고 끊임없이 협상하는 아이라면, 이 아이를 영재아동이 아닐까 의심해보자. 또한 교정에서 주로 혼자 놀고 동급생들보다 상급생들과 더 자주 어울리려 드는 아이, 혹은 다른 아이들의 놀림감이 되기 쉬운 아이, 혹은 어른들과 흔쾌히 논쟁하는 아이, 이런 아이들도 영재아동에게서 발견되는 특징들을 보이고 있음을 잊지 말자. 물론, 그렇다고 반드시 영재아동이라는 의미는 아니지만!

그리고 수업시간에 뛰어난 능력을 발휘하는 아이 역시 영재아동일 수 있다!

의료계

의료계는 아마 아직까지도 영재 진단에 대해 가장 회의적이며 가장 무지한 집단일 것이다. 매우 아이러니하지만 실상이 그렇다. 흔히 우리는 교사들의 연수 과정에 이 아이들에 관한 연수 프로그램이 전혀 마련되어 있지 않다고 이의 제기를 하면서도, 정작 의대 강의실에서 다뤄지는 영재아동의 임상 차트에 대해서는 '아무런' 관심이 없다! 의사들이 지적장애 문제에 대해서는 무지하다고 말할 수 없지만, 과도한 지적 역량, 즉 영재성에 대해서는 완전히 무지하다! 역설적이게도, 그리고 충격적이게도, 영재 진단에 대체로 가장 거부감을 느끼고 노골적으로 반박하는 이들이 바로 정신과 전문의들이다. 영재아동의 임상진단이 자신들이 갖춘 의학 전문 지식에는 없기 때문에, 이를 진단 범주에 포함시키지 않는 것이다. 이런 정신과 전문의들의 오해와 진단 착오는 이 아이들의 미래에 심각하게 우려할 만한 영향을 미칠 수 있다. 아이러니한 일이지만, 이 점을 분명히 알아야 한다.

한편, 교내 의료진은 학교 측과의 접촉 덕분에 아마도 이 문제에 관해 가장 잘 알고 있고 가장 열린 자세를 가진 집단일 것이다. 이들은 아이가 학교생활 중에 겪는 일상의 어려움을 가까이에서 보기도 하거니와 이런 어려움이 학교라는 틀 안에서 어떻게 작동하는지 교사들로부터 들어서 알기 때문에, 점점 더 이에 관한 교육을 받으려 하고 관련 정보를 얻으려고 노력한다. 끝으로, 일반의들 역시 아직까지는 소수만이 자발적으로 나서서 검사를 권유하는 단계이지만, 서서히 이 문제에 관심을 갖기 시작했다.

여하튼 의사 입장에서는, 어떤 아이나 청소년이 자신의 지적 작동과 학교 성적 간에 명백한 모순을 드러내며 비정형적인 임상 차트를 보일 경우(어떤 차트이든 간에) 필히 검사를 받도록 권유하는 것이 온당한 처사일 듯싶다.

왜 진단이 필요할까?

정당한 질문이다. 우리는 영재 진단이 내려진다고 달라질 건 아무것도 없으리라 생각할 수 있다. 또한 아이가 '거만'해지기만 할 뿐 아무런 이득이 없을 거라 생각할 수도 있다.

사실 영재 진단을 받는다고 아이는 달라지지 않는다. 아이는 원래부터 영재였고, 앞으로도 죽 영재일 테니! 검사가 아이를 바꾸지는 않는다. 검사의 기능은 의미를 부여하고, 판명을 내고, 새로운 시야를 열어주는 것이다. 검사 덕분에 우리는 현재의 정황을 이해하고, 또 무엇보다 아이가 어려움을 겪는 현실에서 아이를 도울 수 있다. 이제 더는 우리의 생각을 아이에게 투사하지 않고, 아이의 실제 모습에 맞추어 처신한다. 바로 이것이 모든 것을 바꾼다.

요컨대 영재로 판명된다고 해서 아이는 절대 '거만'을 떨지 않는다. 단지 마음의 짐을 덜고 고통을 덜 뿐이다!

예방적 차원에서 검사를 받게 해야 할까?

물론이다. 당연히 그래야 한다.

예방적 차원에서 검사를 받게 하는 것이야말로 자녀를 돕는 최선의 방법이다. 검사를 통해 아이의 지적·정서적 작동의 특징들을 이해함으로써 성장 과정의 여러 측면들을 예측하고 아이를 바르게 인도하는 것이 아이의 조화로운 발달에 매우 유익하다. 일상적인 관찰 결과, 진단이 일찍 내려질수록 아이는 자기 자신과, 자신의 실제 모습과 조화를 이루며 잘 살아갈 공산이 크다.

이와 반대의 결과가 나올 리는 없다! 우리 아이를 감히 영재라고 상상하는 것 자체가 가당치 않은 느낌이 들고, 또 진단을 받아도 여하튼 '달라지는 건 아무것도 없을' 거라는 이유로 검사를 늦춘다면, 이는 아이의 발달을 위태롭게 할 뿐이다!

검사는 몇 살부터 가능할까?

검사는 '이론상으로는' 2살 반부터 유효하다.

'현실적으로는', 만일 아이에게 매우 특수한 어려움이 있다면, 그리고 진단을 통해 실질적으로 아이에게 이로운 조처를 취할 수 있다면, 오직 이런 경우에 한해 아주 어린 나이에도 검사를 고려해야 한다. 실제로 이 나이에 검진이 꼭 필요한 경우는 드물지만, 검사가 아이에게 실질적인 도움이 되거나 의학적 진단을 보완하기 위해서라면 받게 할 여지는 있다.

프랑스에서는 미취학 아동, 다시 말해 유치원생이 초등학교 1학년으로 조기 입학하기 위해 검사가 꼭 필요한 경우도 있다. 조기 입학에 신중을 기하는 교사들이, 이 아이에게 지적 자극과 조기입학이 얼마나 중요한지를 증명하는 지적 능력 평가서를 제출하도록 요구할 때가 있기 때문이다. 사실 학습에 대한 투자 중단은 아주 일찍부터 자릴 잡는데, 읽기를 배우고 싶어 하는 아이, 혹은 이미 읽기의 기본을 터득하여 책을 읽을 줄 아는 아이를 계속해서 유치원에 잡아두는 것은 아이의 지적 발달과 차후의 학업 과정에 해가 될 그릇된 판단이다.

'과학적 관점에서' 보면, 6세 이전에 시행하는 검사는 아이의 발달 속도와 관련된 요소에 더 민감하다. 다시 말해 아이의 지적 작동의 특이성보다 현재의 발달 단계가 검사 결과에 훨씬 더 뚜렷이 영향을 미친다는 뜻이다. 그러므로 6세 이전의 검사에서는, 아이의 발달 측면과 일부 유형의 학습에서 보이는 조숙함, 즉 장차 학교에서 좋은 성적을 얻게 할 그런 조숙함이 결과에 반영되기 십상이고, 따라서 똑똑하고 또래보다 앞서는 아이지만 영재는 아닌 경우를 쉬사리 접할 수 있다. 물론 반대의 경우도 존재한다. 발달은 늦지만 진짜 영재아동인 경우 말이다.

따라서 '6세 이전의 검사는 신중해야' 한다. 이 나이에는 오직 '현재의' 지능 작동을 파악할 목적으로만 검사를 받게 해야 한다. 여하튼 이 검사에서 영재로 의심된다면, 몇 년 뒤에 다시 검사해서 진단을 명확히 해야 한다. 그때 가서 시행하는 검사는 실질적인 예측 효력을 가진다. 왜냐하면 그 나이에 측정된 IQ는 안정적이어서 앞으로 크게 달라지지 않기 때문이다.

그렇다면 성인들은?

성인이 되어 검사를 받는 것은 아이들의 경우보다 훨씬 더 복잡하다. 다음과 같은 이유를 들 수 있다.

• 학교에 다니는 아이는 평가를 받는 데 익숙하다. 평가를 받는 것은 아이에게 일상적인 상황이다. 학교에서는 아이에 대해 하루 종일 점수를 매기고 과제를 평가한다. 그러나 성인은 이렇듯 평가 받는 습관을 잃은 지 오래다. 평가에 대한 두려움은 좀처럼 없어지지 않는다. 자신이 누군가의 관찰 대상, 판단 대상, 평가 대상이라고 느껴지는 것은 수용하기 힘든 상황이다.

• 진단에 대한 두려움. 설령 성인은 영재아동에 관한 묘사나 이런 아이의 경험 속에서 자기 모습을 본다 해도, 자신이 오해하는 건 아닐지, 검사 결과에 실망하지 않을지 늘 두려워한다. 사실 자녀 문제로 상담실을 찾은 부모가 자녀의 작동 방식과 자녀가 겪는 어려움들 속에서 자기 모습을 발견하는 사례가 비일비재하다. "선생님이 꼭 제 얘기를 하시는 것 같더군요"라고들 말하지만, 선뜻 검사 받을 용기는 내지 못한다.

• 성인은 제 부모나 주위 사람들이 어릴 적 자신에게서 영재의 모습을 알아봐주지 못했다는 데 대해 화가 날까 봐 두려워한다. 그 사실이 자신에게 불러일으킬지도 모를 분노를 두려워하는 것이다. 그래서 이 분노의 감정을 차라리 피하는 쪽을 택한다.

• 성인은 또한 자신이 정말 영재로 판명된다면, 그때 예상할 수 있는 변화들을 두려워한다. 공부를 제대로 하지 않은 사람, 현재 일에 만족하지 못하는 사람, 주위 사람들과 정서적으로 괴리감을 느끼는 사람 등은, 영재 진단으로 인해 돌연 변화의 욕구가 생길 수도 있다. 자신의 역량과 인성에

영재의 심리학

더 부합하는 방향으로 인생을 전환하고 싶은 욕구 말이다. 그런데 변화는 두려움을 유발한다. 왜냐하면 그 결과가 고통스러울 수도 있고 현재의 안정을 위협할 수도 있기 때문이다. 이것은 항상성의 원리다. 아주 미미한 변화라도 아주 엄청난 변화를, 그것도 아주 광범위하게 초래할 수 있으므로, 현재의 안정된 상태에서 아무것도 바꾸지 않으려는 것이다. 우리는 흔히 위험을 무릅쓰고 미지의 길을 가느니 차라리 불만족스러워도 잘 아는 길을 계속 가고 싶어 한다! 그러나 이런 변화야말로 자신의 현재 좌표를 측정하고, 지금까지 걸어온 삶에 의미를 부여하고, 이제부터 자신의 본모습으로 살아가기 위한 훈련을 시작하기에 더없이 좋은 기회 아닌가!

  요점 정리

왜 검사를 받게 해야 하는가

- 검사를 받게 하는 것이 아이에게 '전혀' 해가 되지 않는다.
- 검사를 받게 하면 '언제든' 아이를 더 잘 이해할 수 있고 아이에게 적절한 도움을 줄 수 있다.
- 아이에게 나타나는 징후들이 의심스럽거나 영재 진단이 예상된다면 언제든 검사를 받게 해야 한다.
- 아이가 고통을 겪는 상황에서 영재 진단이 효과적이고 적절한 도움을 줄 수 있다면, 나이에 상관없이 언제라도 검사를 받게 해야 한다.

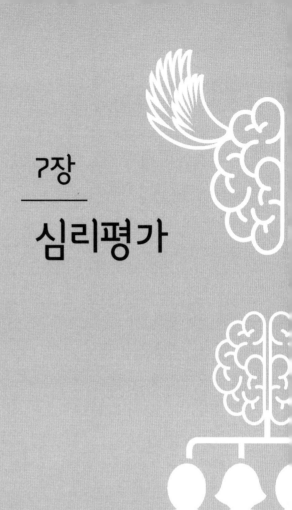

7장
———
심리평가

심리평가란
무엇인가?

심리평가는 심리전문가가 일련의 다양한 검사들을 이용하여 지적·정신 역동적 측면에서 아이의 작동을 탐색하고 평가하고 이해하는 과정이다. 평가의 목적은, 누구에게나 동일하게 적용할 수 있는 인증되고 표준화된 자료에서 추출한, 즉 '객관적으로 이해할 만한' 정보를 보여주는 것이다. 이러한 평가 데이터를 가지고 심리전문가는 진단의 방향을 결정할 수 있고, 아이의 적성과 아이가 겪는 어려움에 가장 적합한 도움 혹은 지원책을 마련할 수 있다.

주의할 점

심리평가에서 좋은 결과, 나쁜 결과란 없다. 이 평가는 아이의 작동을 섬세하게 이해하고 그에 대한 대응책을 제시하게 해준다. 따라서 아이의 본모습을 가장 정확하게 이해하면서 아이를 지도해나가는 데 아주

영재의 심리학

■ 유용한 도구다.

　아이의 심리평가에는 크게 두 가지 부류의 검사가 있다. 지능을 정밀하게 탐색하는 인지지능검사와 아이의 정서심리적·정신역동적 작동을 평가하는 인성검사가 그것이다.

IQ 평가:
지능검사

영재 진단의 첫 단계는 아이의 지적 작동을 규명하기 위해 지능검사를 실시하는 것이다. 그러나 이 검사가 항간에 알려진 바와 같이 지능을 '측정'한다고 생각해서는 안 된다. 지능을 측정하려면 먼저 지능의 개념 자체를 정의할 수 있어야 하는데, 지능의 정의는 다양하고 또 수많은 요인에 따라 달라진다. 정의는 이론적 모델에 따라, 다시 말해 정의를 내린 이론가가 속한 학문적 경향에 따라 서로 구분된다. 한편으로, 지능은 오랫동안 오직 지적 역량의 합으로만 이해되어왔는데, 오늘날에 와서는 정서지능, 사회지능, 자기성찰지능 등을 포함하는 보다 포괄적인 개념으로 간주되고 있다. 그렇지만 우리가 한 모집단(母集團)의 특성을 잘 대표하는 표본집단을 검토해본다면, 지능의 개념을 이해하는 우리의 총체적 인식에서 공통된 특징들을 뽑아낼 수 있을지 모른다. 이 말은 즉 비록 지능이 본래 정의될 수 없는 것, 따라서 측정하기 불가능한 것이라 해도, 우리는 지능에 대해 일반적으로, 또 문화적으로 통용되는 표상(表象)을 가질 수 있다는 뜻이다.

지능검사는 무엇을 평가하는가?

지능검사는 무게나 질량을 재듯이 지능의 양을 측정하는 것이 아니라, 여러 문제 상황에 직면했을 때 이에 대처하는 지능의 효과, 지능의 결과물을 평가하는 것이다.

지능검사의 원리는 누구에게나 동일하게 적용할 수 있는 표준화된 일련의 검사 문항들을 제시하는 것인데, 이 문항들이 아이의 문제 해결 역량을 심사하기 위한 지표로 쓰인다. 아이의 지적 효율은 점수로 환산되어, 같은 연령대 아이들의 점수와 비교될 것이다. 이렇듯 지능검사는 각 연령을 대표하는 표본집단의 점수를 기록한 규준표를 산출하는 방식으로 설계된다.

이제 우리는 IQ가 지능의 양적 가치를 규정하는 절대적 점수가 아니라, 한 아이의 지적 효율을 같은 연령대의 집단과 비교할 수 있게 해주는 상대적 점수임을 좀 더 잘 이해할 수 있게 되었다. 요컨대 IQ는 지능에 대한 통계적 표현이다.

어떤 지능검사가 사용되는가?

오늘날 세계적으로 가장 널리 사용되는 지능검사는 미국의 심리학자 웩슬러가 고안한 웩슬러(David Wechsler) 지능검사다. 웩슬러 지능검사는 현재 대부분의 나라에서 인증하는 검사이며, 각 나라별로 자국의 문화적

준거틀에 맞추어서 표준화한 버전을 사용하고 있다.

이는 즉 도쿄에서나 뉴욕에서나 동일한 검사를 받고, 검사 결과로 나오는 IQ를 서로 비교할 수 있다는 뜻이다.

이 검사는 g요인*, 즉 일반요인을 측정하는 원리에 입각해서 만들어진다. 일반요인은 일반적인 지능을 나타내는 지수이다. 말하자면 각각의 특수한 지적 능력에 두루 작용하는 공통분모로서, 모든 분야의 지적 활동에 공통적으로 영향을 미치는 단일한 일반능력이다. 여러 가지 다양한 지적 수행을 다루는 이 검사에서, 수많은 특수요인(s요인)들은 서로 다소간에 중화되면서 일반요인으로 수렴된다. 이는 지능을 요인적 개념으로 이해하는 방식이다. 여기서 지능은 여러 능력들(s요인)의 합이 아니라 돌연히 모습을 드러내는 총체적인 능력(g요인)으로 이해된다. 즉 지능은 여러 요인들이 결집된 행위의 결과인 셈이다.

이렇게 해서 이 검사는 다양한 문항들을 통해 지적 효율을 IQ로 산출할 수 있다.

웩슬러 지능검사는 어떻게 구성되는가?

웩슬러 검사는 여러 가지 지적 능력을 평가하는 다양한 하위검사 문항들을 제시한다.

이는 총 10개의 기본 문항으로 구성되는데(상황에 따라 3개의 보충 문항이 추가됨), 크게 다음과 같이 두 가지 부류로 나뉜다.

---

* facteur général, 영어로는 general factor. 지능에 대한 일반적인 측정치로, 모든 지적 수행에 관여하는 능력을 말한다. 이것과 대조되는 s요인(facteur spécifique, specific factor)은 특정한 지적 수행에 관여하는 능력이다.

영재의 심리학

• 언어성 검사

언어성 검사는 학업 성적, 지식 습득, 일반교양과 더 직접적으로 연관된 검사로서, 언어적 개념 형성 능력을 자극하고, 논리수학적 능력을 활성화시키며, 사회적응력과 주위환경에 대한 이해력을 개입시킨다. 풍부하고 다양한 어휘력, 언어의 활용 능력, 사고의 언어화 능력이 이 검사의 점수에 크게 영향을 미친다. 장기기억력과 습득한 지식의 재현력 또한 언어성 검사에서 높은 점수를 받게 하는 요인이다.

• 동작성 검사

동작성 검사는 구체적인 상황에서 지능의 수행을 평가한다. 지금까지 배운 학습으로는 해결할 수 없는 새로운 과제들을 주고, 이를 해결하기 위해 인지적 잠재력을 빠르게 동원하는 역량을 평가하는 것이다. 이 문항들에서 지시사항을 효과적으로 수행하려면 뛰어난 인지적 유연성이 요구된다. 인지적 유연성이란 인지적 경직성과 상반되는 개념으로, 문제 해결을 위해 세운 전략이나 추론이 적절치 않을 때 거기서 빨리 빠져나와 다른 접근법을 찾아내고 적용하는 능력이다. 말하자면 지적 난관에서 벗어나 새로운 해결책을 찾아내는 능력이다. 그리고 주의력과 집중력이, 제한된 시간의 압박 하에서 동원해야 할 역량으로서, 이 문항들을 수행하는 내내 개입한다. 동작성 검사는 시간제한이 있기 때문에, 스트레스 관리 능력 또한 이 문항들을 성공적으로 수행하는 데 중요한 요인이다.

• IQ 산출

각 문항은 뒤로 갈수록 점점 난도가 높아지는 항목들로 구성된다. 아이가 성공적으로 수행한 항목들은 이 아이의 원점수로 계산되고, 이 원점수는 이 나이에 해당하는 규준표에 의거해서 표준점수로 환산된다.

이렇게 해서 IQ 수치는 세 가지로 산출된다. 언어성 IQ, 동작성 IQ, 전체 IQ.

전체 IQ는 언어성 IQ와 동작성 IQ를 합산한 수치로, 이 둘의 산술적 평균을 의미하지 않는다.

통계상 IQ의 평균치는 100, 표준편차는 15이다. 표준편차는 평균치를 중심으로 한 오차 범위, 표준 변동폭을 의미한다.

전체 인구의 IQ 분포는 아래 그래프와 같이 종 모양의 정규분포곡선, 일명 가우스곡선을 이룬다.

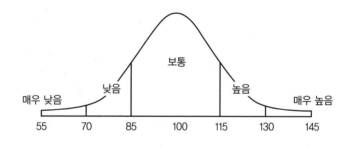

IQ 평균치를 중심으로 한 인구 분포

• IQ 85~115 : 보통 지능 = 전체 인구의 68.2%. 두 명 중 한 명꼴로 90에서 110 사이의 IQ를 보인다.

• IQ > 115 : 우수한 지능 = 13.6%

• IQ > 130 : 매우 우수한 지능(영재) = 2.1%. IQ > 145 : 0.1%

• IQ < 85 : 제한적인 지능 = 13.6%

• IQ < 70 : 매우 제한적인 지능(지적장애) = 2.1%

　　　　　영재의 심리학

웩슬러 지능검사에서 IQ의 측정 가능한 범위는 40에서 160 사이다.

그럭저럭 똑똑하다?

• 제1 케이스: 내 자녀의 IQ는 85~115로, 보통이다

이 경우는 아이가 통계적으로 자기 연령 수준의 지적 역량을 가지고 있음을 의미한다. 아이의 지능이 아이의 연령에 부합하고, 따라서 우리는 이 아이가 해당 학력 수준에 적합한 능력과 재능을 발휘할 수 있으리라 예상할 수 있다. 아이의 사회적 행동 역시 자기 연령 수준이다.

• 제2 케이스: IQ가 70~85로, 보통보다 낮다

이 경우는 아이가 지적 과제를 수행하는 능력이 '양적으로' 현저히 떨어진다고 여겨진다. 만족할 만한 학력 수준에 이르기 위해서는 부단한 노력과 많은 에너지가 필요하다. 이 아이로서는 지적 역량이 덜 요구되고 대신 다른 능력을 수행할 수 있는 분야들이 더 편할 것이다.

• 제3 케이스: IQ가 115~130으로, 보통보다 높다

IQ가 높다는 것은 우수한 지능, 우월한 지능을 증명한다. '양적인 측면에서' 이 아이는 자기 연령의 아이들보다 더 똑똑하다. 더 빨리 이해하고, 새로운 지식을 쉽게 소화하며, 기억력이 뛰어나고, 복잡한 지적 과제도 능란하게 해결한다. 일반적으로 이런 지능은 지적인 분야에서 큰 성과를 낼 수 있다.

극단적인 케이스: IQ가 70 미만, 혹은 130 이상

분포곡선의 양쪽 끝에 위치하며, '질적인' 한계를 넘어선다.

이 경우는 우리의 어조도 완전히 달라진다. 우리는 더 이상 지적 효율의 양적인 평가에 대해 얘기하지 않고, 지능의 형태, 지능의 성질, 사고의 유형

에 관해서 논한다. IQ는 이제 지적 수준의 평가 가치를 상실하고, 별개의 인구 범주라는 보다 포괄적 진단을 유도하는 더 일반적인 지표가 된다.

• IQ 70 미만

이 경우는 지적장애의 범주에 속한다. 그런데 지적장애아동을 다른 아이들보다 덜 똑똑한 아이라고만 간주할 수는 없다. 비록 용어의 정의상 이들의 지적 역량이 제한적이긴 하지만, 이들을 다른 아이들과 구별 짓는 것은 무엇보다 이들의 특이한 지능 형태이다. 실제로 지적장애아동은 주위환경을 아주 다른 방식으로 지각하고 이해하기에, 숫제 다른 토대 위에서 지능을 구축한다. 종종 우리는 이런 아이가 어떤 상황에서 유달리 명민하고 예리한 모습을 볼 수 있는데, 더 똑똑한 아이라도 나중에야 분석하게 될 상황을 이 아이는 그 즉시 직감적으로 이해하고, 심지어 특정 분야에서 아주 특별한 재능을 발휘하기도 한다. 게다가 지적장애아동은 아마 무엇보다 극도의 감성을 지닌 아이어서, 때로는 육감까지 갖춘 듯한 감성으로 상황을 이해할 때가 있다. 대개 이 아이의 가장 놀라운 점은 타인들의 감정 상태를 거의 본능적으로 감지하는 능력이다. 아주 미세한 감정 변화조차 놀랍도록 예리하게 느끼고, 이런 변화에 본능적으로 반응한다. 비록 이 아이의 정서적·사회적 조절 방식은 그리 적절하지는 않더라도 말이다. 요컨대 지적장애아동은 보통 아이들과 다른 아이들이고, 바로 이 남다름이 유의미한 것이기에 이들에게 맞는 맞춤식 교육을 제시할 수 있다.

지적장애 진단을 내리는 데는 IQ만으로 충분치 않다. 사회적응력, 지식 습득 수준 같은 다른 지표들도 필요하다. IQ가 낮다는 것은 지적장애 이외의 다른 임상적 틀에서도 지표가 될 수 있기 때문이다.

• IQ 130 이상

이 경우에도 역시 질적인 차원만이 의미를 갖는다. IQ는 더 이상 양적으로 우월한 지능의 지수가 아니라 '질적으로' 다른 지능 형태의 지수이다.

영재아동은 세상에 대한 예리한 인식, 출처가 제각기 다른 정보들을 동시에 기억 속에 저장하는 능력, 사고의 강력한 연상망, 전광석화처럼 빠른 이해력 등을 통해, 다른 아이들의 지적 체계와는 비교할 수 없고 가장 똑똑한 부류의 아이들과도 아주 다른 지적 체계로 작동한다.

> 영재아동에게서 유의미한 것은 지적 우월성이 아니라 지적 체계의 남다름이다.

그러나 IQ 130 이상은 아이의 인성이 매우 풍요로운 동시에 취약하다는 지표이기도 하다.

이 취약함은 지적장애아동에게서처럼 과도한 감성에서 비롯되지만, 이 감성이 영재아동에게는 극도로 예리한 지각력, 유달리 날카로운 분석력과 함께 작동한다.

IQ가 130이 넘는다는 것은 영재 진단의 가능성을 열어주는 지표이지만, 진단을 확증하기 위해서는 다른 지표들로 반드시 보완되어야 한다. 따라서 엄격한 임상 검사와 종합적인 심리평가가 영재 진단을 위한 조사에 늘 수반되어야 한다.

> **주의할 점**
> 지능을 다방면으로 평가하는 혼합 양식의 검사에서 산출된 IQ만이 총체적인 지적 효율을 평가하는 데 있어 신뢰할 만한 지표로 간주된다.

프랑스에서는 웩슬러 지능검사와 K-ABC*만이 과학적으로 그 유효성과 타당성을 인정받은 검사다. 논리적인 추론만을 평가하는 검사나 지능의 한 측면만을 다루는 검사를 통해 영재 진단을 내린다면, 장차 아이의 지적·심리적 발달에 해가 될 수 있다.

한편 IQ 검사는 개인적으로 시행할 때만이 유효하다. 집단검사로는 진단을 내릴 수 없다.

IQ의 의미가 다르다

지적장애아동과 마찬가지로 영재아동의 IQ 평가는, 아이의 지적 작동 및 인성 구조의 남다른 특성들이 고스란히 드러나는 임상 차트를 보여준다. 이제 관건은 지능을 수량화하는 것이 아니라, 이 아이가 어떤 아이인지를 이해하고 그 특이한 성장 발달 과정을 어떻게 지도하고 도울 것인지를 이해하는 것이다.

언어성 IQ와 동작성 IQ가 균형적이지 않다면?

언어성 IQ와 동작성 IQ 간에 12점 이상 차이가 나면 전체 IQ를 산출할 수 없음을 명심해야 한다. 이런 경우에는 전체 IQ가 의미가 없기 때문이다. 그런데도 무작정 전체 IQ를 고려하려 든다면 아이에게 아주 해로운 진단

---

*카우프만 아동용 지능검사(Kaufman Assessment Battery for Children). 미국 심리학 교수 부부 앨런 카우프만과 나딘 카우프만이 인지처리과정이론에 근거하여 아동의 지능과 습득도를 알아보기 위해 만든 종합지능검사.

착오를 초래할 수 있다. 이는 마치 혈당 수치가 잘못 측정되었는데도 이 수치에 의미를 부여해서 혈당 강하제를 처방하는 오류와 같다.

언어성 IQ와 동작성 IQ 간에 통계적으로 유의미한 차이, 즉 12점 이상의 차이가 날 때는 다음과 같은 조처가 필요하다.

1. 이 차이를 이해하도록 해야 한다. 이 차이의 의미에 따라 향후 예측이 달라진다. 언어성 IQ가 동작성 IQ보다 높은 경우와 그 반대인 경우는 의미가 다르다. 또한 점수 편차도 고려해야 한다. 편차가 클수록, 점수들이 그렇게 불균형한 이유를 반드시 분석해야 한다. 하위검사 문항들의 점수 차이가 상당히 심한 경우에는 두 IQ 모두 거의 무효라고 봐야 한다. 이때는 그 차이만이 의미가 있다.

2. 아이의 인지구조를 주의 깊게 살펴보아야 한다. 아이가 가진 특수한 능력이나 장애를 통해 진단의 방향을 정할 수 있고, 필요하다면 보완 검사를 실시할 수 있다. 아이의 특이한 인지 성향을 분석하기 위해 보다 전문적인 검사를 시행할 수도 있다. 또한 정상발성(正常發聲), 정신운동성, 시각 검사나 청각 검사 등 특정 영역의 전문적인 평가를 의뢰할 수도 있다.

3. 끝으로, 심리장애도 소홀히 보아 넘겨서는 안 된다. 일시적인 장애인지, 아니면 더 근본적인 장애인지 파악하는 게 중요할 수 있다. 그렇다면 인성검사를 포함해서 좀 더 정밀한 심리 조사를 고려해야 한다. 아이가 겪고 있는 지적 어려움의 심리적 원인을 검토하지 않는다면 장차 아이의 지적·정서적 발달에 심각한 영향을 미칠 수 있다.

불균형이 학업 부진의 원인일까?

삶의 모든 영역에서 그러하듯이, 기능이 균형적일수록 작업의 편리성은 커진다. 지능도 마찬가지다. 지적 작동이 아주 균형적이면 지적 작업은 굉장히 수월해진다. 사고는 더 유연하고, 필요한 능력도 더 쉽게 동원할 수 있다.

따라서 검사 결과가 고르고 균형적일수록 학습과 지능 활용이 용이해진다. 하위검사 문항들의 점수가 고르다는 것은 여러 가지 다양한 능력들을 잘 통합한다는 뜻이며, 인지 행위 전반에 걸쳐 조화로운 통합을 보인다는 뜻이다.

■ 균형 잡힌 IQ는 인성의 총체적 균형과 뛰어난 적응력을 의미한다.

반면에 지적 능력이 뛰어난 인지 분야와 형편없는 인지 분야가 공존하는 경우, 이런 부조화가 때로 심각한 학업 부진의 원인이 될 수 있다.

지적 작동이 균형적이지 못해 삐걱거리면, 아이는 자신이 할 수 있는 것과 할 수 없는 것을 제대로 가늠할 수 없다. 때로는 잘해내고 또 때로는 처참하게 곤두박질치는데, 자신이 왜 이렇게 성공과 실패의 변동폭이 심한지 아이는 이해하지 못한다.

이런 성향의 아이들은 교사들이 지도하기에도 매우 힘들다. 왜냐하면 이들의 실패나 성공이 때때로 모순적인 양상을 보이기 때문이다. 예컨대 앞선 수업의 과제는 훌륭하게 수행했는데, 그다음에 이어지는 수업은 잘 이해를 못해 절절매는 식이다. 그것도 별 뚜렷한 이유도 없이. 그 결과 교사와 아이는 서로를 전혀 이해하지 못하고, 결국에는 각자 서로에게 실망하고 만다.

영재의 심리학

교사는 이 학생의 노력이나 공부가 충분치 않다고 확신한다. 어떤 경우는 잘해내면서도 그 다음번 결과는 형편없기 때문이다. 그리고 이 학생은 자신의 노력이 이해받지 못한다고 느끼고, 계속 일관된 성과를 내지 못하는 현실에 좌절한다. 대개는 아이 자신도 왜 자신이 이런 어려움을 겪는지 이해하지 못하고 교사에게 배척당한다고 느끼는데, 급기야 학업에 대한 전면적인 투자 중단이라는 우려할 만한 사태에 이를 수도 있다.

따라서 학업이 골고루 균형적이지 못한 이유가 무엇인지 다음과 같은 측면에서 이해하도록 해야 한다.

— 인지적 측면에서 (특정한 인지장애)

— 도구적 측면에서 (쓰기장애나 말하기장애, 대뇌의 반구 기능차 문제, 시각장애 등)

— 심리적 측면에서

  요점 정리

- 언어성 검사든 동작성 검사든 하위검사 문항들의 점수 차이가 현격히 심할 경우, 전체 IQ 수치는 진단적·예측적 의미를 일부 혹은 전부 상실한다.
- 영재아동 진단은, 언어성 검사와 동작성 검사 간의 점수가 균형적이되 전체 IQ가 130 이상일 때만 확실하게 내려질 수 있다. 그 밖의 경우는 보완 조사를 시행하여 영재 진단을 확정하거나 아니면 다른 임상 차트로 방향을 돌려야 한다.

IQ는 평생 갈까?

IQ는 평생 변하지 않는 결정적 성격의 것일까, 아니면 검사 시점에서만 유효한 것일까? IQ에 대해 빈번히 제기되는 질문 중 하나가 바로 이것이다. IQ, 아니 더 정확히 말해 '지적 잠재력'은 체력이나 예술적 역량처럼 유전적으로 프로그래밍된 데이터베이스다.

지능검사는 시간과 환경에 구애받지 않고 일관된 지적 효율을 측정할 수 있게끔 설계되어 있다. 따라서 이론상 IQ는 평생 어느 나이에서든 동일하다.

물론 생리적 요인(뇌의 손상, 퇴행성 질환, 감각기관 손상 등)이나 정신적 요인(심각한 억제, 지능발달 지체 등)이 지능을 저지하거나 지능의 발현을 가로막을 수 있다. 그러나 이는 비단 지능에만 국한된 것이 아니라 우리 신체의 모든 면에 다 영향을 미치는 요인들이다.

그 밖에 동기부여의 부재, 심리적 불안, 자신감 부족, 정서적 의존, 주의력장애 등과 같은 요인들도 검사 결과에 영향을 줄 수 있다. 이러한 요인들은 심리전문가들이 이미 잘 알고 있어, 검사 결과를 해석할 때 충분히 고려되고 있다. 게다가 검사 자체에도 검사의 유효성을 알아볼 수 있는 여러 지표들이 내포되어 있다.

결론적으로 말해 IQ는 변동되는 지수가 아니다. IQ는 장기간 일관되고 안정적이다. 검사를 받는 시점에서 우리가 지닌 잠재력은 우리가 더 어렸을 때 지녔던 잠재력과 동일하고, 수년이 흐른 뒤에도 동일할 것이다. 그 대신 검사 시점에서 앞서 언급한 요인들이 점수에 영향을 미칠 수 있으므로, 사용 가능한 지적 효율을 제대로 파악하기 위해서는 몇 년 뒤 재검사를 받아야 할 필요가 있을지도 모른다. 누구든 집중 훈련을 통해 자신의 지적 수행력을 향상시키고 검사에서 몇 점을 더 받을 수는 있지만, 결코 타고난 잠재력의 한계를 뛰어넘을 순 없다.

웩슬러 지능검사의 종류

웩슬러 지능검사는 다음과 같이 세 버전으로 나뉜다.[*]

- **WPPSI-R**: 유아용 검사(미취학 아동), 만 3세~만 6세
  (Wechsler Preschool and Primary Scale of Intelligence -Revised)

- **WISC III**: 아동용 검사(재학 중인 아동), 만 6세~만 16세
  (Wechsler Intelligence Scale for Children -Third Edition)

- **WAIS III**: 성인용 검사, 만 16세~만 89세
  (Wechsler Adult Intelligence Scale -Third Edition)

웩슬러 지능검사는 지능 구조에 영향을 미칠 수 있는 사회의 진화와 최신 기술에 맞춰 주기적으로 재조정된다.

자녀에게 검사를 받게 할 때는 심리전문가가 사용하는 검사의 버전에 주의해야 한다. 현행 버전이 아닌 구 버전으로 검사를 받는다면, 그 점수는 유효하지 않다. 예컨대 2001년에 WISC III의 이전 버전인 WISC-R로 얻은 IQ는 효력이 없고 고려 대상이 될 수 없다.

유아용 검사 WPPSI와 아동용 검사 WISC III에서는 연령별 규준표가 석 달 단위로 조정된다. 아이가 각 하위검사에서 획득한 원점수는, 이 연령별 규준표에 의거해서 같은 나이에 비슷한 달수를 가진 아이들의 표본집단과 비교된다.

성인용 검사의 연령별 규준표는 만 19세까지는 1년 주기, 만 34세까지는 5년 주기, 만 79세까지는 10년 주기로 조정된다.

---

*지능검사의 기준은 시간이 흐름에 따라 시대에 뒤떨어지기 때문에 계속 새 버전으로 개정된다. 우리나라의 틀에 맞게 표준화된 최신 한국판 웩슬러 검사는 K-WPPSI(1995년 표준화), K-WISC IV(2011년 표준화), K-WAIS IV(2012년 표준화)다.

그러므로 IQ는 다음과 같은 이유로 나이에 상관없이 동일한 의미를 가진다.

- 지능검사는 같은 토대로 엄격하게 설계된 세 가지 버전이 있다.
- 각 하위검사에서 얻은 점수는 연령별로 상당한 신뢰성과 정확성을 갖춘 규준표에 의거해서 표준점수로 환산된다.
- 50세 성인이든 12세 아동이든 IQ 130을 얻었다면, 이는 각자의 기준 연령 집단에서 상대적으로 동일한 위치에 있음을 말해준다.

기억해야 할 점

IQ는 ○○○이 아니다
- 지능의 척도가 아니다.
- 지능의 모든 것, 인지 작동의 모든 것을 설명하는 수치가 아니다.
- 영재 진단을 내리는 점수가 아니다.
- 신화적이고 신비로운 수치가 아니다
- 아무 검사로나 얻을 수 있는 평가가 아니다.

IQ는 ○○○이다
- 동일한 연령 집단에서의 위치를 가리키는 상대적인 점수다.
- 지능의 발현, 지능의 '산물'이다.
- 지적 작동에 관한 지수로서, 필히 다른 요소들로 보완되어야 한다.
- 인증된 심리측정 검사로 산출되어야 하는 표준화된 평가다.

보완적 평가

영재아동이 아닐까 의심되는 경우는 물론이고, 심리 상담과 심리평가 의뢰의 동기나 이유가 무엇이든 간에 보완 검사를 시행하는 것이 바람직하다. 앞에서 살펴보았듯이, IQ가 130 이상이되 언어성 검사와 동작성 검사의 점수가 균형적일 때만이 확실하게 영재 진단을 내릴 수 있다.

그러나 이렇듯 영재 진단에 가장 이상적인 경우라 하더라도, 보완 검사를 통해 진짜 영재아동에게서 이 아이 특유의 지적·정서적 작동의 양상들을 제대로 알아내는 것이 중요하다.

보완적 인지검사

이 검사는 아이의 인지적 처리와 그 특성을 정확하게 탐색하게 해준다.

아이의 논리 구조와 추론 형태를 제대로 이해하게 되면, 학업 성취에 적합한 지원 방안을 모색할 수 있는 길이 열린다. 아이가 어려움에 부닥칠 때는, 인지 작동에 관한 철저한 평가를 통해 이런 어려움의 원인을 알아낼 수 있다. 그러면 그에 맞는 특정한 도움을 효과적으로 제시할 수 있다. 영재 아동들에게는 비교적 쉽게 눈에 띄는 공통된 특징들이 있긴 하지만, 그렇다고 이들 모두가 동질적인 개체는 아니다.

인성평가

인성평가를 시행하면, 철저한 임상적 이해 차원에서 아이의 지적 작동의 양상들을 정신역동적 구조와 유기적으로 연결 지어 파악할 수 있다.

인성평가는 지적 영역에 소극적 자세로 과잉 투자한, 다시 말해 부모의 주도로 과도하게 공부한 아이와 진짜 영재를 혼동하지 않기 위한 가장 타당한 차별적 진단 자료다.

인성평가는 인성의 총체적 구조 안에서 영재성의 위치를 평가하고 탐색할 수 있게 해준다. 이를 통해 아이의 정신적 안정과 정신역동적 구조를 조명해볼 수 있다.

인성을 제대로 이해하는 것이야말로 총체적인 역동성 차원에서 아이를 이해하고 적절한 방법으로 아이를 지도하기 위한 관건이다.

웩슬러 지능검사에서 점수가 고루 균형적이지 않을 때는 반드시 이러한 보완 검사를 의무적으로 시행해야 한다. 영재일 가능성이 높다는 이유로 보완 검사가 필요치 않다거나, 심리적 불안이나 다른 심리정서적 요인 때문에 일부 하위검사에서 더 낮은 점수가 나온 거라고 섣불리 판단하는 것은 아이와 아이의 미래를 위협하는 억측에 지나지 않는다.

  요점 정리

종합심리평가에 대해

- IQ 검사 결과가 균형적이지 않을 때는 '무슨 일이 있어도' 가능한 한 철저하게 종합심리평가를 시행해야 한다.

- 종합심리평가를 시행하는 것만이 아이의 총체적인 작동에 대해, 지적·정서적 측면에 대해 타당하고 신뢰할 만한 해석을 제시해준다.

- 종합심리평가의 시행은 아이의 작동 방식에 적합한 지도와 도움을 보장한다.

- 오직 심리전문가만이 평가에 사용할 검사 유형을 결정할 수 있다. 심리전문가는 아이에 따라서, 작동의 특이성에 따라서, 드러나는 장애에 따라서, 검사 의뢰의 성격에 따라서 어떤 검사를 시행할지 결정할 것이다.

- 심리전문가는 아이와 함께 시행한 심리평가의 결과를 가족에게 명확하고 자세하게 보고해야 한다.

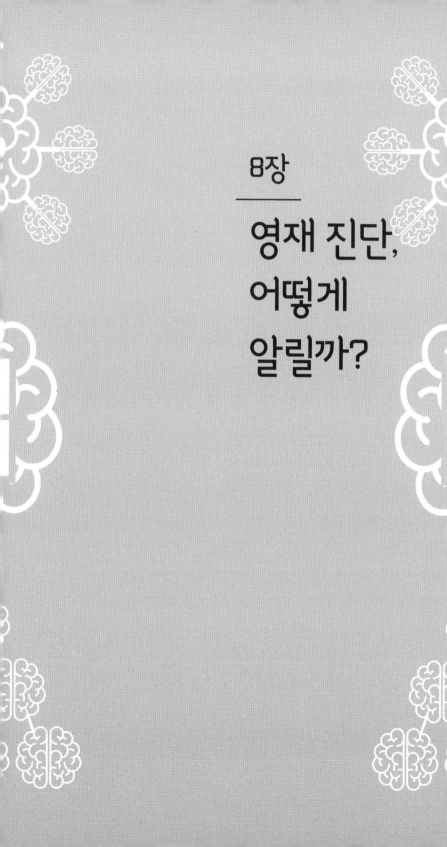

8장

영재 진단,
어떻게
알릴까?

본인이
영재임을
알려야 할까?

이는 흔히 제기되는 질문이지만, 사실 매우 놀라운 질문이 아닐 수 없다! 십중팔구 이 질문은 아이 자신이 다른 아이들보다 더 똑똑하다는 걸 알게 되면 교만해질 수 있다는, 여전히 뿌리 깊은 어른들의 착각에서 비롯된 것이다. 그러나 이것은 오히려 일부 부모들이 제 자녀에게 투사하는 이미지, 그들 자신이 영재아동에 대해 갖고 있는 표상, 즉 영재란 남들보다 '더 우월하다'는 관념이 문제가 아닐까? 어쨌든 우리가 이 책을 통해 영재아동이 지적·감정적 작동에서 뚜렷하게 남다른 특징을 보이는 아이임을 제대로 이해했다면, 본인이 어떤 아이인지를 알려줘야 한다는 게 분명해진다.

그리고 남들과 다를 수 있는 특징들에 대해 알려줄 때는 이것이 결코 우열의 문제가 아님을 인식하게 해야 한다. 갈색 머리냐 붉은색 머리냐, 파란 눈이냐 검은 눈이냐, 말랐느냐 건장하냐가 어디 우열의 문제인가? 이런 데이터베이스를 가지고 우리는 우리의 삶을 조직해나가는 것이다. 아이가 아무리 어려도 이런 이야기는 충분히 이해할 수 있다. 또한 우리는 모두 유일한 존재로서 각자 고유의 특성을 지니고 있고, 세상은 이렇게 상호 보완적인 개인들로 이루어져 있으며, 따라서 누구나 서로 배울 것이 있고 영향을 주는 것이 있다는 개념을 아이에게 전해야 한다.

반대로, 아이에게 진단 사실을 숨긴다면 매우 부정적인 결과를 초래할 수 있다.

• 영재 진단을 받은 근거를 아이가 이해하지 못하리라 여기는 것은 이 아이에 대한 부모의 신뢰 부족이다. 그런데 아이가 정작 이해하고도 남는다면 어쩌려는가! (아이는 물론 이해하고도 남는다.) 게다가 어른들이 자신에게 뭔가 감추고 있음을 느끼고는 어른들에 대한 신뢰를 전부 잃을 수도 있다면 어쩌려는가!

• 진단 사실을 숨기는 것은 아이의 일부를 절단하는 것과 같다. 자신의 남다른 특성을 성공적으로 개발할 수 있는 길을 가로막는 것이다.

• 진단 사실을 숨기는 것은 무엇보다도, 아이가 막연하게 느끼고 있는 것에 의미를 부여하지 않는 것이다. 영재아동은 매일매일 타인들과의 관계에서, 자신이 경험하고 자문하고 상황을 이해하는 방식과 그들의 작동 사이에 괴리가 있음을 끊임없이 인식한다. 이 아이의 눈에는 사람들이 대체로 동일하게 작동하고, 서로를 잘 이해하고, 공통된 주제나 관심거리를 공유하고 있는 것처럼 보인다. 그래서 자신만이 미운오리새끼로 느껴진다. 소외되었다 느껴지고, 자기 존재와 자신의 삶이 불편하고 불만스럽게 느껴지며, 때로는 타인들과 그토록 다른 것이 이상하고 비정상적인 느낌으로 다가온다. 정작 이런 불쾌감의 원인이 무엇인지는 전혀 이해하지 못한 채로 말이다. 아이의 남다른 모습에 의미를 부여하는 것은, 아이가 자신의 특이

함에 대해 생각할 수 있는 여지를 주고, 아이 자신도 타인들도 받아들일 만한 적절한 방식으로 주위환경에 적응할 수 있는 여지를 주는 데 반드시 필요한 전제다.

아이에게 아무것도 알려주지 않는다면, 때로는 돌이킬 수 없는 심각한 발달장애를 키우는 꼴이 될지도 모른다. 이러한 발달장애는 가정에서, 사회에서, 학교에서 표면화되거나, 아이의 인성 구조에 타격을 입힐 수 있다. 그렇게 되면 아이는 장차 현재와 미래의 삶을 심각하게 훼손시킬지 모를 심리장애로 고통을 겪을 수 있다. 이 아이들이 거의 언제나 병리적인 문제를 겪고서야 영재임이 밝혀지는 실상을 잊어서는 안 된다. 부모는 아이가 심리적 장애 증상을 키우거나 학교 같은 곳에서 이런저런 문제를 일으킬 때 비로소 심리전문가를 찾아오기 때문이다. 따라서 그 어떤 병리적 증상이라도 아직 예방 가능성이 있을 때 예방하려면, 아이에게 자신이 어떤 아이인지, 어떻게 작동하는지 알려주는 것이 얼마나 중요한지를 알 수 있다.

자녀에게 어떻게 말해야 할까?

다음과 같은 사항을 강조하는 것이 중요하다.
• 영재라는 것은 남들보다 우월한 게 아니라 지능의 형태가 다르다는 의미다.
• 영재라는 것은 대단한 잠재력이지만, 극복해야 할 어려움도 내포하고 있다.
• 인간의 본성에는 매우 다양한 차이가 존재하는데, 이 차이들은 결코 우열의 비교 대상이 아니다. 각자 본연의 모습으로, 자신에게도 타인들

에게도 최선이 되는 방향으로 살아가는 법을 배워야 한다.

• 우리는 저마다 고유의 자질, 고유의 능력, 고유의 재능을 지니고 있다. 이렇게 각양각색의 개인들이 모여 상호 보완적 관계를 이룰 때 인간관계의 풍요로움과 즐거움이 창출된다. 누구에게나 서로 영향을 미치고 나눌 것이 있는 것이다.

형제자매에게도
알려야 할까?

가족 중에 영재아동이 발견되었다면, 일반적으로 다른 형제자매들도 검사를 받는 게 좋다. 유전적 요인으로 다른 형제자매들 역시 영재일 가능성이 높기 때문이다. 물론 일관되게 다 그런 건 아니다. 다음과 같은 경우들이 있다.

• 형제자매가 모두 영재아동일 때는 모두에게 똑같이 진단 결과를 알리면 된다. 가장 간단한 경우다.

• 형제자매 중 한두 아이가 영재아동이고 다른 아이들은 그렇지 않을 때, 이런 경우에도 모두에게 알려야 한다. 영재 아이(들)에게는 우리가 앞서 언급한 이유 때문에 알려야 하고, 영재가 아닌 아이들에게는 이들 역시 영재인 형제자매의 특이성을 이해할 수 있도록 하고 이들도 이들 자신의 특성 속에 안착할 수 있도록 하기 위해서다. 여기서 중요한 것은, 영재의 작동 특성에 대한 기본 지식은 물론이고 이런 특성으로 인해 부닥칠 수 있는

어려움까지 두루 알려주는 것이다. 또한 영재든 아니든 제 본연의 모습에 따른 강점과 약점을 강조하면서도, 서로의 입장에 대한 관심과 공감을 이끌어내는 것이 중요하다. 아이들은 저마다 고유의 잠재력, 고유의 역량, 고유의 장점을 지니고 있다. 그러므로 상호 보완적 관계에 대한 개념, 형제자매 간에 서로의 모습에서 끌어낼 수 있는 이득에 대한 개념을 발전시키고 논의해야 한다.

학교에도
알려야 할까?

이는 가장 어려운 질문이다. 왜냐하면 상황에 따라 여러 경우의 수가 있고, 경우마다 다른 조언을 해야 하기 때문이다. 물론, 아이가 이미 영재아동에 대한 교육적 특수성을 인정받은 학교, 다른 영재학생들도 함께 공부하고 있는 학교에 재학 중이라면 별 문제가 없을 것이다. 그러나 대부분의 경우 부모들은 교사들에게 알려야 하나 말아야 하나, 이 중대한 질문 앞에서 고민에 빠진다. 교사들이 진단 결과를 곡해할지도 모른다는 당연한 두려움 때문이다. 부모로서는 갖은 노력을 다해 자녀에 대한 이런 정보를 얻었는데도, 교사들은 부모니까 자식이 그렇게 보이는 것뿐이라고 치부하는 경우가 비일비재하다. 교사들은 부모들이 제 아이가 다른 아이들보다 우월하기를 바라고 제 아이에게 특별대우를 해주기를 바란다며 은연중에, 혹은 보다 노골적으로 이를 비난한다. 교사들 눈에는 부모가 의심스럽다. 그러니 부모는 부모의 태도를 못마땅하게 여기는 이런 교사들이 아이에게 부정적인 영향을 끼칠까 봐 두렵다.

어떤 방법들이 있을까?

• 되도록이면 학생들 간의 차이를 인정하고 배려하는 학교, 영재아동들을 이해심과 아량으로 지도할 수 있는 학교에 아이를 입학시키도록 하자. 그렇다고 반드시 특수학교를 선택해야 한다는 말은 아니다. 영재아동을 위한 특수학교는 아직도 상당히 드물다. 대신 이런 아이들의 특성을 잘 이해하고 열린 마음으로 받아들이는 교사들이 있는 학교를 선택하는 것이 바람직하다.

• 아이에게 검사를 시행한 심리전문가에게 도움을 요청하자. 심리전문가는 이 아이가 '비범한 천재'라기보다 특이한 인성을 지닌 아이임을 잘 피력할 수 있다. 또한 학교에 심리전문가가 상주할 경우, 임상 심리전문가는 그와 연락을 취해서 아이에게 적합한 최선의 전략을 함께 논의할 수 있다. 부모가 단독으로 나서는 것보다, 그래서 단지 학교 체계 안에 있다는 이유만으로 아이를 더 잘 파악하고 있다고 여기는 교사들로부터 배척당하기보다, 여러 유력한 전문가들의 협력을 구하는 편이 더 바람직하다.

• 처음에는 아이의 담임교사보다 교장을 면담하는 것이 더 수월할 때도 있다. 교장은 아이에 대해 거의 알지 못하므로, 일상에서 이 까다로운 아이와 늘 부딪치는 교사보다 대개 더 열린 자세로 부모의 말을 경청하고 이해할 준비가 되어 있다. 교사는 부모 앞에서 아이에 대한 자신의 견해를 옹호할 때가 많고, 따라서 양자 간의 대화는 각자 자기 입장을 강요하느라 갈등 양상으로 치달을 수 있다.

• 학부모 단체에 호소하여 유용한 조언을 구할 수도 있다. 학부모 단체는 같은 학교에 재학 중인 다른 영재아동들에 대한 정보뿐 아니라 이 학교의 선례를 두루 꿰고 있어 영재아동들에 대한 학교의 입장도 알고 있을지 모르고, 이런 성향의 아이들에게 더 적합한 다른 학교를 권해줄 수도 있다. 학부모 단체는 또한 문제의 학교에서 교사들을 대상으로 영재아동의 특이성에 관한 정보를 제공해줄 수 있다. 그리하여 최상의 경우, 학교는 이런 학생들을 위해 보다 강화된 맞춤식 교육을 시작할 수 있다.

중요한 것은, 부모는 교사들에게 도움을 청하고자 학교로 찾아왔고 그들은 부모에게 꼭 필요한 존재임을 그 교사들에게 이해시키는 것이다.

학교와 면담할 때는 항상 이런 식으로 말문을 터야 한다. "우리 아이에게 문제가 있답니다. 해결책을 찾는 데 선생님 도움이 꼭 필요해요. 정말이지 부모로서 뭘 어떻게 해야 할지 막막합니다."

교사 앞에서 부모는 절대 자신이 모든 걸 다 알고 있고, 자녀가 학교에서 왜 어려움을 겪는지 알고 있다고 주장해서는 안 된다. 혹은 "어쨌든 심리전문가가 그러는데요……"라고 우겨서도 안 된다. 이런 발언은 이 교사를 문제를 제대로 이해하지도 못한 무능한 교사로 전락시킨다. 교사는 자신의 영역이 침범당했다고 위협을 느끼고, 따라서 공격적인 태도와 거부 반응을 보일 수 있다.

반면에 정중히 도움을 요청하면 교사들의 태도는 상당히 달라진다. 자신들의 지위와 능력이 존중받는다고 느끼고는 아이가 겪는 어려움에 관심을 쏟게 된다. 따라서 교사들에게 무의식적으로 방어태세를 취하거나, 교사들은 으레 이런 부모나 아이에 대해 부정적 태도를 보이리라는 선입견 때문에 그들을 공격적으로 대하지 않도록 주의하자.

교사들은 아이의 학업적 성공을 위해 아이와 부모에게 꼭 필요한 동반자로 간주되어야 한다.

교사들과 교장들 역시 영재아동의 작동을 제대로 이해하려면 도움을 필요로 한다. 이 아이들의 학습 형태가 워낙 특이해서, 이들을 지도하는 교사들의 임무는 복잡하고 어렵다.
학교가 자녀 교육의 동반자임을 잊지 말자.

주위에는
어떻게
말해야 할까?

이때도 역시, 자녀가 영재라는 사실에 본의 아니게 자부심을 드러내지 않도록 조심해야 한다. 이런 자녀를 둔 부모는 주위에 이 사실을 알림으로써 개인적인 욕구 충족과 자기애적인 만족감을 얻고 싶어 하는 경향이 있을 수 있다. 영재 신화는 여전히 건재하고, 아직도 많은 사람들이 영재 자녀를 두었다는 사실이 곧 부모로서의 성공을 증명한다는 환상에 사로잡혀 있다.

이와 반대로, 영재라는 것이 축하받을 만한 성공이 아님을 충분히 이해했다면, 영재자녀를 개인적인 만족의 '대상'으로서가 아니라 제 본연의 모습대로 존중해주어야 함을 충분히 이해했다면, 주위 사람들에게 이 아이의 남다른 특성을 굳이 알릴 필요가 전혀 없다는 게 분명해진다. 예컨대 이것은 자녀가 근시안이거나 발이 엄청 크다는 사실을 굳이 사람들에게 떠벌릴 이유가 없는 것과 마찬가지다!

늘 명심해야 할 점은, 주위에 알리는 것이 아이에게 이로운가 하는 문제다. 대개의 경우 영재라는 신분에 따라붙는 꼬리표는 아이에게 해로운 것들이다. 주로 몰이해, 질투, 시기, 숨겨진 공격성 등의 반응을 야기하기 때문이다. 그러나 자녀가 어떤 아이인지 알리는 것이 이 아이에게 중요한 문제라면 언제든 주저하지 말고 알려야 한다.

자녀에게 절대적으로 이익이 된다고 판단되는 경우에 한해 자녀가 영재임을 주위에 알릴 때는, 먼저 마음의 준비를 단단히 하자. 이 결정은 상당한 에너지와 용기를 필요로 한다. 사람들에게 영재라는 신분이 아이의 행동에 어떤 영향을 미치는지를 이해시키고, 이런 영향들이 아이가 대처하기에 늘 쉽지만은 않다는 점을 이해시키는 데는 오랜 시간이 걸리기 때문이다.

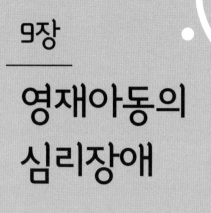

9장
—
영재아동의
심리장애

어린 나이에 일찍 발견되지 못한 영재아동에게는 다소간의 심각한 심리장애가 나타날 수 있다. 심리장애는 수면장애, 섭식장애, 행동장애, 학업부진 등 아동심리학 분야의 일반적인 장애를 동반하며 아주 일찍부터 진행되거나, 혹은 청소년기에 이르러 갑자기 우울증, 자살 충동, 청소년 비행처럼 대체로 보다 심각한 병리 문제를 동반해서 나타나기도 한다. 이러한 장애들은 모두 자기상을 혼란시킨다는 공통점이 있다. 실제로, 진단을 받기 전의 영재아동은 자신의 정체성과 남다름에 대해 제 스스로 막연하게 느끼는 생각과 타인들이 자신을 바라보는 모습 간의 지속적인 괴리 때문에, 성장 과정 내내 자기상과 관련해서 갈등을 겪는다.

영재라는 것이 그 자체로 병리적인 문제는 아니다!

그러나 이 아이들의 총체적인 심리적 특징은 특정한 심리장애를 유발할 수 있고, 일반적으로 잘 알려진 임상 차트에 이들만의 독특한 색조를 부여할 수 있다. 예컨대 영재청소년의 우울증은 일반적인 우울증과는 다른 특징을 보이는데, 이 차이를 구별할 줄 알아야 한다.

영재아동의 병리를 다룰 때 인성 구조의 특수성을 부인한다면, 이 아이가 겪는 장애를 이해하지 못하게 되고 결국 치료에 실패하고 만다.

주의할 점

- 심리장애의 병리적 위험성은 영재 진단을 받은 나이와 상관관계가 있다. 영재 진단이 어린 나이에 내려질수록 아이가 특정한 병리 문제를 키울 비율은 줄어든다.
- 반대로, 진단이 늦어지면 다소간의 심각한 심리장애가 생기고 점점 더 악화될 위험이 있다.
- 심리장애의 심각성은 아이의 성장 환경(가정, 학교 등)이 아이에게 얼마나 많은 배려와 호의를 베푸느냐에 따라 달라진다.

모든 영재아동에게서 병리 문제가 진행되는 것은 아니다. 영재아동 가운데 많은 아이들이 행복을 느끼고, 자기 자신에 만족해하고, 현재의 삶과 미래를 신뢰하며 살아간다. 이들은 활기가 넘치고 정신적으로도 매우 풍요롭다. 그러므로 매우 카리스마적이고, 주위 사람들에게 인정받고 존중받는다.

그러니 너무 불안해할 것 없다!

병리 문제는
어떻게
나타날까?

영재아동이 의학심리학적 측면에서 취약한 성향은 다음 두 가지 요인의 결합에서 생겨난다. 심오한 인성에서 기인하는 내적 요인과 외부 환경이 야기하는 외적 요인이 그것이다.

내적 요인

• 내적 요인은 영재아동의 지능 형태와 관련이 있다. 이 아이의 지능 형태는 세상과 주위 사람들에 대해 비상한 통찰력을 보여준다. 이 아이의 지능은 끊임없이 관찰하고, 탐색하고, 분석하고, 이해한다. 지나치게 많은 걸 이해하고 깨닫는다. 모든 것이 돋보기로 들여다보듯 확대된다. 그리고 정보가 계속해서 쏟아져 들어온다. 조금도 쉴 틈이 없다. 마치 '기계'가 쉬

지 않고 작동하는 것 같다.

• 내적 요인은 '의미의 추구'와 밀접한 관련이 있다. 이 아이는 삶과 죽음에 대한 근원적인 물음에 이르기까지, 문제 제기를 끝없이 밀어붙인다. 이러한 실존적 탐색의 본질 자체는 막연한, 그러나 지속적인 불안을 낳는다.

• 내적 요인은 이 아이 특유의 과도한 감성에서 비롯된다.

— 과도한 감성은 지능이 분석한 것을 왜곡할 수 있다. 이런 메커니즘은 급기야 현실을 왜곡하는 단계까지 이를 수 있다.

— 과도한 감성은 감정적·정서적 영역 전반을 증폭시키고, 아주 미미한 감각적 변화도 두드러지게 돌출시켜 '자극적'인 반응을 낳고, 무시해도 좋을 미미한 몸짓과 별 의미 없는 말도 확대해석한다.

외적 요인

• 거부와 배척

• 비난과 공격

사람들이 이 아이에게서 느끼는 남다른 '차이'는 이 아이를 멀리하고, 따돌리고, 배척하고, 공격하려는 움직임을 야기한다. 차이는 두려움과 혼란을 야기한다. 특히 아이들 사이에서는 차이에 대한 거부감이 훨씬 더 강하다. 남다른 아이는 그 남다름이 무엇이건 간에, 정신적으로, 또 때로는 육체적으로 거의 언제나 학대의 대상이 된다. 이렇듯 영재아동은 아이들은 물론이고 어른들의 반복되는 공격에 희생당한다. 다른 아이들의 부모들 역시 영재아동과 그 부모에게 반감을 드러내기도 한다.

그리고 아무도 이 똑똑한 아이를 불쌍하게 여기지 않는다!

그 '결과'는 자기상에 대한 심각하고 고통스러운 타격과 어쩔 수 없는 자기애의 약화로 나타난다.

게다가 여기에 이질감까지 더해지곤 한다. 이 아이 역시 자신이 다른 아이들과 다름을 스스로 인식하기 때문이다. 동시에 다른 아이들과 별 다를 바 없는 아이라는 점도 분명히 인식하고 있다! 그리고 다른 아이들과의 관계에서 자신의 위치를 설정할 수 없기 때문에 자기에 대한 근본적인 회의에 빠진다. '내가 미친 게 아닐까?' 하는 의구심이 들면서 극도로 불안정해질 수 있다. 광기란 정상적인 상태를 벗어나는 작동을 가리키는 표현이 아니던가? 이상 성격으로 인해 뒤틀리고, 우리와는 정확히 다른 그런 작동에 대한 표현이다. 그러니 이런 공포는 당연히 아이를 엄습할 수 있고, 더 심한 경우, 정신과 전문의들에게 하나의 진단적 가설이 될 수도 있다.

자기 자신을 포기하고 어떻게든 적응하느냐, 아니면 소외되고 배척당하느냐, 영재아동은 이 두 가지 고통 중에 선택해야 한다.

영재의 심리학

가장 빈번히
나타나는
병리 문제들

영재아동은 어찌됐든 우선은 아이일 따름이다. 그러므로 이 아이 역시 유년기에 일반적으로 나타나는 병리 문제를 무엇이든 다 겪을 수 있다.

그러나 영재아동의 병리 문제는 항상 지적·정서적 측면이라는 이중적 차원에서 구축되는 인성의 특이성에 크게 영향을 받는다. 바로 이 점이 이 아이의 임상 차트를 특유의 색조로 물들인다.

아이들이 보일 수 있는 병리 문제들은 발생 연령에 따라 다르다. 가장 심각한 형태는 청소년기에 나타난다.

유년기에 나타나는 병리 형태

유년기에는 병리적 고통이 다양한 형태로 나타날 수 있고, 그 의미를 분명하게 파악하기가 항상 쉬운 것은 아니다. 아이가 보내는 구조 요청, 조난 신호들이 제대로 이해되지 못할 때가 많다. 증상을 발견해내기가 그만큼 어렵다는 말이다. 예컨대 아주 산만한 아이와 무기력한 아이는 동일한 메시지를 정반대의 형태로 보낸다.

유년기의 심리 임상진단은 결국 다음과 같은 증후군들로 크게 나뉜다(하나의 임상 차트를 이루는 증후들끼리 분류).

- 수면장애
- 섭식장애 (특히 유아기에 나타남)
- 불안장애
- 행동장애 (과잉행동이 주된 증상인 경우)
- 반항장애 혹은 적대적 반항장애
- 정신신체적 장애
- 우울증 (소아 병리 문제 가운데 가장 완전하고 가장 복잡한 형태)

이러한 증후군들은 보다 넓은 병리적 맥락 속에서 이런저런 증상이 될 수 있다. 예컨대 섭식장애는 단독일 때는 그 자체로 하나의 증후군이지만, 다른 증상들과 결합되면 소아 우울증이 된다.

서로 상반된 증상들이 동일한 임상 차트를 보일 수도 있다. 과도하게 활동적이고 정서가 불안하며 화를 잘 내는 아이와, 친구들과 어울리지 못하고 혼자 외떨어진, 매우 조용한 아이는 둘 다 우울증을 앓는 아이일 수 있다.

징후 자체로는 아무 의미가 없다. 병리 문제가 되는 것은 그 징후의 지속성, 강도, 그리고 다른 임상 징후들과의 결합이다.

일반 병리 차트에서 나타나는
영재아동들의 특징

일반적인 임상 차트에 속하는 정신적 고통의 모든 징후들이 영재아동에게는 특이한 자국을 아로새긴다. 그러므로 치료 과정에서 이를 탐지해내고, 분석하고, 이해해야 한다.

• 이 아이는 일반적으로 아이들이 잘 쓰지 않는 단어를 구사하며 놀라우리만치 명철하고 분석적인 논리로 자신이 겪고 있는 장애에 대해 설명을 하지만, 설명하는 내내 최소한의 감정조차 표현하지 못한다. 대부분 이 아이의 말에는 감정이 결여되어 있다. 아이는 일반론으로, 은유로, 유추로 설명하기 때문이다. 자신이 하는 말 속에, 자신이 부닥치는 이런저런 어려움들을 증언하는 말 속에 아이는 온전히 몰입하지 않고, 마치 다른 사람 얘기나 이론적 상황을 설명하듯이 말한다.

• 아이가 겪는 장애의 심각성과 아이가 그 장애에 대해 얘기하는 것 사이에는 명백한 모순이 있다. 아이는 자신의 고통을 최소화하고, 합리화하고, 관념화한다. 엄격한 방어기제들, 특히 '인지에 의한 방어'가 이런 고통에 대한 검진을 상당히 어렵게 만든다. 증후가 심각할수록 실질적인 감정적 체험과의 거리 두기는 더 심해진다.

• 이 아이로서는 병리 문제나 고통의 존재를 인정하는 것이 도무지 불가능하다. 아이는 진단 결과와 그에 대한 설명을 잘 받아들이지 못한다. 늘 회의적이고 비판적이고 자신이 의사보다 더 잘 알고 있다고 확신하기에, 언제나 경계태세를 취하며 의사가 제시하는 것을 결코 단번에 받아들이지 않는다.

• 이 아이는 진단 결과와 치료 방안을 받아들이기 전에 먼저 의사를 관찰하고, 평가하고, 판단한다. 믿을만하고 유능한 의사인가? 이 사람을 신

뢰할 수 있을까? 내 문제를 정말 이해했을까? 나를 도와줄 수 있을까?

• 이 아이는 의사와 그의 사이비과학*, 그가 시행하는 임상적 평가와 진단에 대해 화를 내는 일이 잦다. 이런 분노는 아이가 자신의 전능함을 단념하기가 어렵다는 사실을 증명한다. 아이는 모든 걸 다 제어할 수도 없고 제어할 줄도 모르는데, 이런 처지가 아이를 두렵게 만든다. 따라서 자신의 체계를 뒤흔드는 사람에게 분노로 대응하는 것이다.

• 이 아이는 치료전문가와 그의 치료법을 일단 받아들인 뒤에도 어김없이 다시 문제 삼고, 치료를 방해하고, 심지어 마음대로 조작하기까지 한다! 이렇게 하는 목적은, 이 아이가 다른 모든 분야에서도 그러하듯이, 치료전문가와 그의 치료법이 얼마나 신뢰할 만한지, 얼마나 견고한지 확인하기 위해서다. 그러고 나서야 비로소 아이는 상대가 제안하는 도움을 받아들일 수 있다.

청소년기에 나타나는 병리 형태

청소년기의 병리 문제는 흔히 더 요란하고 더 눈길을 끌며 더 심각하다. 일반 병리 문제의 형태를 띠면서도, 영재청소년 특유의 임상 징후들로 인해 일반 증상들과는 구분된다.

영재아동의 경우와 마찬가지로, 영재청소년 역시 진단, 의사, 치료 방안을 문제 삼는다.

청소년기의 보상작용 상실**은, 이미 여러 해 전에 영재 진단이 내려진 청

---

*의사과학(擬似科學, pseudo-science). 자칭 과학이라고 주장되거나 과학인 것처럼 보이지만, 현재의 지식으로는 과학의 여건으로 널리 인정받는 조건을 만족하지 못하는 학설이나 이론.

소년이냐, 아니면 이런 보상작용 상실 덕분에 이제야 자신의 특성을 발견한 청소년이냐에 따라서 매우 다르다.

청소년기에는 주로 다음과 같은 차트를 볼 수 있다.

- 반사회적 성향과 정신병질***적 행동을 보인다.

이런 성향은 '생각해서는 안 된다'는, 이 영재청소년으로서는 사활이 걸린 절체절명의 상황을 보여준다. 사고를 대신해서 행동이 우선시된다.

- 중독 행위: 마약이나 알코올, 혹은 자동차 경주, 오토바이 경주, 번지점프와 같은 위험행동에 쉽게 중독된다.

이런 행동은 자신의 한계, 자기 육체의 한계뿐 아니라, 자기 자신, 자신의 삶과 죽음을 얼마만큼 통제하고 제어할 수 있는지 그 한계에 대한 병적인 탐구다. 나는 어디까지 나아갈 수 있을까? 내 한계를 어디까지 밀어낼 수 있을까? 혹은, 전능함에 대한 거대한 환상 속에서 이렇게 자문한다. 내게 과연 한계가 있을까?

이런 행동은 병리적 도피다. 고통이 덜한 다른 현실로 도주하려는 위험한 시도다. 자신이 만들어낸 세계, 적대적인 환경으로부터 자신을 보호해줄 것 같은 세계로 도피하는 것이다.

이는 즉 사고로부터의 도피다.

- 우울증을 보인다. 영재청소년의 특수한 우울증 형태는 우려할 만한 수준이며 지속성이 강하다.

우울증은 가장 빈번하게 나타나는 병리 형태다.

** 억압된 욕구는 어떤 형태로든 보상받으려는 경향이 있는데, 자신의 부족한 점을 메우기 위해 자신의 강점을 강조함으로써 열등감을 극복하려는 작용을 보상작용이라 한다. 그러나 과도한 스트레스를 받으면 이 방어기제를 유지할 수 없는 무능력 상태가 되고 그 결과 성격장애와 심리적 불균형을 가져온다. 이것이 보상작용 상실이다.

*** 비정상적인 성격으로 인해 사회에 해를 가하거나 스스로 번민하는 인격적 특성.

영재아동의
특정한 병리
형태

영재아동의 경우에 문제가 되는 것은, 이 아이의 병리 문제들이 일반 병리 문제들의 특수한 형태라는 점이다. 증상의 발현 방식과 장애의 성격, 진행 양상을 살펴보면, 영재아동의 증상들은 그것이 속하는 일반 차트와 구분된다.

영재청소년의 차트에 나타나는 특징들은 반드시 식별해서 맥락화해야만 적합한 치료를 시행할 수 있다.

지적 억제

지적 억제는 인지 기능에 관련된 병리 문제다. 고전적 의미에서의 지적 억제는 자신의 지적 역량을 사용할 수 없는 현상을 의미한다. 지적 역량은 있으나 심리적 동요로 인해 사용할 수 없는 것이다. 이런 억제는 대부분 적절한 치료를 통해 뒤집을 수 있다.

영재아동의 지적 억제는 좀 더 잠행적이다. 수년 동안 조용히 진행되다가 청소년기에 이르러 확연히 드러난다. 이때는 '자기파괴'를 통해 인지 기능을 대대적으로 억제하는 것이 문제다. 영재아동의 지적 억제를 특징짓는 것이 바로 이 점이다.

일반적으로 지적 억제를 일으키는 것은 의지와는 무관한, 무의식적인 동기다. 영재아동에게 이것은 스스로 침몰할 수밖에 없는, 자신의 지능을 쳐내지 않을 수 없는 절체절명의 결정이자 선택이며, 절대적 필요성이다. 이것은 생존의 문제다. 아이로서는 다른 선택의 여지가 없거나, 아니면 불가능한 선택을 해야 한다. 그 선택이란 타인들의 돌이킬 수 없는 배척과 대대적인 공격의 위험을 무릅쓰고 지능을 사용하거나, 아니면 스스로를 억제하고 제한하고, 나아가 어떤 형태의 지적 발현이든 전부 소멸시킴으로써 타인들에게 받아들여지도록 노력하거나, 둘 중 하나다.

영재아동의 지적 억제는 지적 거식증(식욕부진증)이라 할 수 있다. 이것은 자신에 대한 공격, 자신에게 맞서는 공격적인 방향 전환이다. 그런 점에서 지적 억제는 우울증과 자살 충동에 맞먹는 증상이다.

이러한 억제 과정이 실제로 아이의 잠재력을 파괴하는 경우도 심심찮게 발생한다. 아이가 어렸을 때 보였던 비범한 능력을 더는 찾아볼 수 없게 된다.

지적 억제가 극단으로 몰리면, 아이는 '가짜 바보' 가면을 쓴다. 사람들 눈에 띄지 않고 주목받지 않을 수 있게 해주는 가면이다. 이 투명인간 가면 덕분에 타인들의 공격은 멈춘다. 아이는 이렇게 해서 보호받는다.

영재청소년의 심각한 지적 억제는 치료적 접근이 매우 힘든 형태다. 이 시기에 이르기까지 아이는 이미 너무 심하게 고통을 겪은 데다 또다시 고통과 마주해야 할지 모를 최소한의 위험마저 더는 감수하고 싶어 하지 않기 때문에, 억제를 멎게 하기가 힘들다. 자신의 지능이 시련의 원인이었던 만큼 그것에 또다시 투자한다는 건 생각할 수도 없다. 아이는 이제 자신이 없다.

우울증

쥘리(15세)는 또 한 번의 자살 기도로 청소년 정신병동에 입원한다. 이번에는 고속도로를 달리던 차에서 뛰어내렸다. 다행히 몇 군데 찰과상만 입었을 뿐 큰 상처는 없었다. 쥘리는 이미 여러 차례 자살 기도를 한 전력이 있다. 약을 먹기도 하고, 손목의 정맥을 끊기도 했다. 그때마다 소아과나 소아정신과에 입원했다.

이번 자살 기도가 있기 직전까지 쥘리는 심리 치료와 학교교육을 병행하는, 치료 목적의 기숙학교에서 한 학년을 보냈다. 이곳에서 쥘리는 여러 가지 검사를 받았고, 검사 결과 지능이 높고 학업 성취도가 높다는 분석이 나왔다. 이 점에 관한 한 이 분석은 사실 그대로다. 정신적 고통과 수차례의 자살 기도에도 불구하고, 쥘리는 늘 학교 공부에 열성적으로 투자하는 뛰어난 학생이었다. 정신과 의사들은 이 사실에 벌써 주목했어야 한다. 왜냐하면 학업에 대한 투자 중단이 바로 청소년 우울증에서 관찰되는 첫 번째 임상적 발현이기 때문이다.

쥘리는 이제 청소년 정신병동에 입원하면서 재차 종합심리평가를 받는다. 전체 IQ 142에, 하위검사 점수들이 매우 고르고 균형적이다! 인성검사에서는, 정체성이 매우 취약하고 자기상이 매우 비관적임이 전면에 드러난다. 우울증 요인들이 엄습해 있다. 또한 확산적 사고의 비중이 높고, 이 때문에 로르샤흐 검사*에서 일부 대답들이 정상적 기준에서 벗어나고, 따라서 이 분야에 정통하지 못한 임상의라면 인성에 더 심각한 장애가 있는 것으로 진단을 유도할 수도 있다. 쥘리에게 이것은 자기애가 약화되고 자존감이 와해된 영재청소년에게 불행히도 흔히 나타나는 전형적인 결과인데, 병원에서는 청소년기의 일반적인 우울증으로 본다.

결국 쥘리는 이 병동에 잘 적응하지 못한다. 아침이면 일어나기를 거부한다. ("납덩이가 날 짓누르는 것 같은 기분이에요. 게다가 일어나서 뭐하게요? 어차피 여기서는 아무도 날 이해하지 못하는데. 하긴 뭐, 늘 그러니까. 더는 할 말이 없어요." 정신과 의사의 물음에 쥘리는 전혀 입을 열지 않는다.) 얼마 지나지 않아 진료 팀은 치료사들을 곤경에 빠트리는 쥘리에게서 등을 돌린다. 게다가 쥘리는 우울증 치료에 전혀 반응을 보이지 않으니, 상태가 조금이라도 호전될 리 만무하다. 정신과 의사들은 영재 진단을 고려하려들지도 않는다. "말도 안 됩니다. 그 아이가 똑똑하다는 건 알아요. 그래서요? 그게 어떻단 말입니까?" 그 어떤 설득도 이 같은 반감과 거부의 벽을 무너뜨릴 수 없을 것이다. 쥘리의 상태는 여전히 좋지 않다. 병원 측은 통상적인 치료에 반응을 보이지 않는 이 남다른 십대 소녀에게 진이빠져, 결국 가족 품으로 돌아갈 것을 넌지시 권한다.

퇴원 후 몇 주 동안 쥘리는 병원에서 나왔다는 안도감 때문에 상태가 호전된 듯 보인다. 그러나 심각한 식욕부진이 나타나면서 내분비과에 입원해야 한다. 쥘리는 거기서 계속 링거를 맞는다. 이어서 또다시 청소년

---

*스위스 정신의학자 헤르만 로르샤흐(Hermann Rorschach)가 잉크 얼룩으로 처음 고안한 인성검사. 현재 가장 널리 사용되는 대표적인 투사적 심리검사(특정한 자극을 주고 그 반응으로 피검자의 심리를 파악하는 검사)다.

정신병동에 입원한다. 이번에는 다른 진단이 내려진다. 신경성 식욕부진
증(거식증)이란다. 또다시 치료 실패와 퇴원, 또다시 일시적인 호전……
그러다 앰뷸런스에 실려 병원행. 요란한 발작을 일으키기 때문이다. 소리
를 지르고, 바닥에 뒹굴고, 근육 경련이 발작으로 이어지며 급기야 모든
근육이 움찔움찔 경련을 일으킨다. 이번에도 역시 다른 진단이 내려진다.
히스테리성 발작이란다! 그 뒤로 입원·치료 실패·퇴원이 일상이 되어버
린 지금, 최종 국면이 닥친다. 이번에는 응급실행이다. 쥘리가 경동맥을
끊었기 때문이다. 이것은 정신병질적 병리 문제를 드러내는 행동이라는,
새로운 진단적 예측이 나온다. 진료 팀은 이대로 퇴원하기보다 치료 목
적의 기숙학교에 다시 들어갈 것을 권하는데, 결국 쥘리의 상태가 기숙학
교에서는 이토록 나쁘지 않았다는 말이다!

상황은 다시 원점으로 돌아온다! 똑같은 일이 계속된다(아니면 처음부
터 다시 시작된다고 해야 할까?).

쥘리의 이야기는 전형적인 사례다. 여기에는 영재청소년의 우울증, 치료
에 대한 저항, 거부, 배척의 모든 특징들이 전부, 혹은 거의 전부 들어 있다.
쥘리는 자신의 병리 문제에서마저 배척의 대상이 아닌가!
그렇다면 쥘리의 우울증이 가진 특수한 징후는 무엇이고, 청소년들이 흔
히 겪는 일반적인 우울증과는 어떤 공통점이 있을까?

우울증의 양상
• 공백 우울증
영재청소년의 우울증은 '공백'과 관련된 우울증이다. 무엇보다 더는 생각
을 하지 않는 것이다. 특히 사고 체계를 더는 활성화시키지 않는 것이다.

영재의 심리학

우울증에 의한 이런 공백은 사고에 대항하는 방어기제다. 이것은 다른 우울증 차트에서 볼 수 있는 구조적 공백과는 아무 관련이 없다. 영재청소년에게 '사고'는 '위험'한 것, 그것도 죽음의 위험을 상징하는 등가물이다. 따라서 사고에 대한 두려움은 강력하다.

이런 청소년들은 슬픔이나 고통, 아픔을 전혀 드러내지도 표현하지도 않는다. 이들의 내면세계, 감정 세계에 접근할 수 있는 가능성이라곤 전혀 없다. 모든 것이 막혀 있고, 차단되어 있고, 꽁꽁 잠겨 있다. 역설적으로, 공백이 가득 차 있는 것이다.

상담 치료를 받는 영재청소년은 모든 질문에 한결같이 '저도 몰라요', '모르겠어요' 하고 대답한다. 이는 상담자에 대한 반항이라기보다, '정말이지 더는 아무것도 모른다', '더는 깊게 생각하지 않겠다'는 진정한 의사 표명이다. 따라서 친해지려고 하고 도움과 지원을 아끼지 않으려는 시도들은 무관심 내지 냉담함의 벽에 부딪치거나, 아니면 반대로, 그 어떤 논리적인 설득으로도 무마할 수 없는 제어 불가능한 분노를 유발한다. 속을 드러내기를 거부하거나 외부의 간섭에 노골적으로 반발하는 것이 우울증을 앓는 청소년들에게는 흔한 일이지만, 이런 성향이 영재청소년의 경우에는 전문 임상의의 눈을 속일 수 없을 만큼 확연히 기이하고 저항적인 색조를 띤다.

• **의미에 대한 질문**

살아서 뭐해? 내가 산다고 무슨 소용 있지? 내가 죽는다고 뭐가 달라지는데?

이런 질문들이 영재청소년의 머릿속에 라이트모티프처럼 반복해서 떠오르며 쉬지 않고 울려 퍼진다. 이런 질문들이 치료 과정을 침범한다. 각각의 대답, 혹은 대답하거나 방어하려는 각각의 시도가 매번 새로운 질문을 야기하며 끝없는 질문의 고리 속으로 빠져든다.

일반적으로 우울증을 앓는 사람들이 사물의 의미, 삶과 죽음의 의미를 문제 삼는 것에는 으레 고통의 감정이나 슬픔의 감정이 수반된다. 주위환경에 대한 왜곡된 인식이 우울증 환자들로 하여금 자기 존재에 대한 비관적 시각을 갖게 만들기 때문이다.

그러나 우울증을 겪는 영재청소년의 존재론적 탐색은 이와는 매우 다르다. 이 아이는 슬퍼하지 않는 대신 냉철하다. 고통스러워하지 않는 대신 분석한다. 삶을 두려워하기는커녕 공허하고 재미없는 것으로 여긴다. 어쨌든 아이 자신의 관점에서는 그렇다. 자신의 미래는 두렵지 않으나, 세상과 인류를 생각하면 미래가 두렵다. 자신이 세계의 중심이라고 느끼지 않는다. 오히려 자신은 그저 광대무변한 우주의 먼지 같은 존재에 불과하다고 생각한다. 이 아이의 질문들은 냉철하게 던져진 것들이며, 아이 자신의 작동과 발달 과정 전체를 반영하고 있다. 따라서 이 아이가 현재 제기하는 질문들은 오래전부터 이 아이를 괴롭혀온 질문들인 셈이다.

이 아이는 위로받기를 기대하지 않고, 위안과 격려를 갈구하지도 않는다. 자신의 위세를 확신하고 싶어 하지 않고, 사람들이 보여주는 사랑에 안심하고 싶어 하지도 않는다. 그런 것들 대신에 아이는 알고 싶고, 이해하고 싶고, 일반적으로 삶의 '의미'를, 특히 자기 삶의 '의미'를 알아내고 싶어 한다. 이것은 본질적인 실존적 문제 제기이지만, 과학적·신학적·철학적 차원에서 동시에 이루어지는 문제 제기이다. 삶과 죽음에 관한 질문, 세상의 시작과 끝에 관한 질문인 것이다. 이것은 본래 정답이 없는 질문이며, 따라서 불가능한 해답을 '추구'하는 데 송두리째 사로잡힌 이런 청소년을 돕기란 대단히 까다롭고 힘든 작업일 수밖에 없다.

정신병리적 요인

영재청소년의 우울증에는 기반이 되는 두 개의 주요 메커니즘이 있다. 바로 애도의 문제와 죄책감이다.

• 애도의 문제

애도의 문제는 두 층위로 이루어져 있다.

— 이상에 대한 애도: 어릴 때 영재아동은 자신의 삶을 아주 웅장한 차원에서 생각했다. 수많은 일들을 실현할 수 있으리라, 머릿속에 들어 있는 모든 것을 성취하게 되리라 생각했다. 삶이 자신에게 부여한 가능성을 믿었고, 미래의 계획을 성공적으로 수행할 자신의 역량을 믿었다.

— 지적 즐거움에 대한 애도: 어릴 때 이 아이는 배우고, 새로운 세계를 발견하고, 미지의 지식을 얻는 데 욕심이 많았다. 지식의 추구는 끝이 없었고, 인식의 기쁨은 대개 강렬했다. 배움에 대한 목마름이 사고를 살찌우고 결실을 맺게 했다. 모든 것이 너무 쉽고 너무 흥미진진해 보였다. 세상은 캐내야 할 온갖 보물로 가득 찬 듯 보였다.

영재아동이 겪는 우울증의 중심에는 자기 자신에 대한 애도가 자리하고 있다. 그리고 심리학자들이 '애도 작업'이라 부르는 것, 다시 말해 '상실'에 대한 정교화 작업과 이것에 이어서 삶의 설계에 재투자할 수 있는 여지, 이것이 영재청소년에게는 불가능하다. 사고하는 것 자체를 거부하기 때문에 이 작업을 수행할 수가 없다. 게다가 도대체 뭘 생각한단 말인가? 이 아이는 지금껏 자신에게 무슨 일이 일어났는지, 어떻게 이 지경까지 이르렀는지를 잘 알지 못하기 때문에, 이 아이에게 지난 경험들은 모호하고 흐릿할 뿐이다. 이해를 넘어서는 것, 의미를 갖지 못한 것에 어떻게 말과 감정을 투입한단 말인가! 더구나 애도를 초월하여 자신을 미래로 내던질 수 있는 여지는 완전히 가로막혀 있다. 다시 역설에 빠진다. 현재의 내 모습인 채로 미래를? 대체 어떻게? 나 자신의 일부를 포기하면서 미래를 설계하라고? 왜 그래야 하지?

• 죄책감

영재청소년은 죄책감으로 괴로워한다. 이 죄책감은 자신에게 겨누어진 동시에 주위 사람들과도 연관된 것이기 때문에 겉으로 드러나지 않는다.

— 자신에 대한 죄책감: 영재청소년은 자신이 스스로를 배반했다고 생각한다. 그렇게 열정이 넘치고 자신에 차 있던 아이를 자신이 배반했다고 여긴다. 자신이 자신의 능력을 배반하고 자신의 신념을 배반했다고 여긴다.

— 타인들에 대한 죄책감: 영재청소년은 주위 사람들을 실망시키고 무엇보다 부모님을 실망시켰다는 데 대해 죄책감을 느낀다. '그토록 무수한 능력을 지녔던 아이였으니까!'

애도와 죄책감은 우울증 차트에 자주 등장하는 메커니즘이다. 영재청소년에게 있어 이 두 메커니즘은 아주 특별한 힘과 형태를 갖고, 이 청소년을 우울증에 빠트린다.

영재청소년 우울증의 증상

영재청소년의 우울증에서도 청소년기 우울증 차트에서 보이는 일반 증상들이 발견된다.

그러나 영재청소년의 경우는, 우울증의 상이한 양상들이 줄지어 잇달아 나타나는 다형적 차트를 볼 수 있다. 예컨대 식욕부진증에 흔히 동반되는 온갖 증상을 다 갖춘 완벽한 식욕부진증을 겪더니 곧 심각한 행동장애가 나타나고, 그러곤 외부 활동에 대한 전면적 투자 중단과 함께 완벽한 자폐 국면으로 이어지더니, 그다음에는 심각한 불면증이 찾아오고, 또 그다음 에는…… 이런 식이다.

놀라운 점은 이러한 각각의 국면이 청소년이 겪는 병리 문제의 모든 특징 들을 전부 포함하고 있다는 사실인데, 바로 이것이 이 증상들 속에서 우울 증과 관련된 의미, 특히 아이의 총체적 인성 측면에서 이 증상들이 갖는 의 미를 가려버리는 오류를 초래한다. 앞서 거론한 쥘리의 경우가 그렇다.

다른 특징들을 살펴보자. 우울증을 겪는 청소년은 일반적으로 학교와 지적 영역에 대한 투자를 중단한다. 공부에 대한 투자 중단은 주위 사람들 에게 주의를 환기시키는 첫 번째 징후다. 반면 영재청소년에게 학교와 지적 영역은 변함없는 투자의 대상일 수 있고, 아이 자신을 삶에 고정시키는 유 일한 끈을 의미할 수 있다. 쥘리의 경우도 마찬가지다.

따라서 일반 우울증 차트와는 반대로, 지적 영역에 대한 투자는 영재아 동이 가능한 한 끝까지 고수하는 마지막 보루다. 영재아동이 끝내 지적 영 역을 포기할 때, 우울증 차트는 상당히 심각해진다.

치료에 대한 저항

영재청소년의 우울증은 치료하기가 힘들다.

약물 치료: 약물 치료는 실패하는 경우가 많다. 항우울제는 거의 효과가 없다. 그 이유는 밝혀지지 않았지만, 위에서 언급한 다형적 차트와 증상의 불안정성에서 비롯되는 것으로 추정된다. 여러 증상들이 줄줄이 잇달아 나 타나면서 그 형태와 구조가 빠르게 바뀌기 때문이다.

일반 치료: 일반적인 치료법은 이 청소년들의 지적·정서적 작동의 특성을

고려하지 않기 때문에 좀처럼 효과를 보지 못한다. 영재청소년에게서 나타나는 특이한 우울증의 임상 차트를 제대로 이해하지 못하는 것이 부분적으로는 치료에 대한 저항을 초래하는 원인이다. 또한 치료가 좀처럼 성공하지 못하는 것은 분명 이 청소년의 작동 방식과도 관계가 있다. 삶에 대한 관심과 삶의 의미에 완전히 냉소적이 돼버린 인식과 극도의 통찰력이 이 아이 자신을 미래로 내던질 그 어떤 가능성도 가로막기 때문이다. 그런데 자신을 기꺼이 미래로 내던지는 것, 즉 삶의 설계를 다시 활성화하는 것이야말로 그 어떤 형태의 치료든, 치료가 기댈 수 있는 중심축이다.

예후는?

예후는 대개 암담하다. 영재청소년이 청소년기에 우울증 국면을 겪고 나면 이후에는 다소간에 심각한 다른 국면들이 나타나는 경우가 드물지 않기 때문이다.

이것이 대개는 만성적인 우울증 형태로 고착되어 성인이 되어서도 은근히 지속된다. 이렇게 어른이 되면 자신의 일신과 가정과 직업 차원에서 자신의 잠재력을 마음껏 꽃피우기가 상당히 어렵다. 청소년기에 우울증을 겪고 성인이 된 영재는 아주 냉소적인 어른, 만사에 환멸을 느끼는 어른이 되어 피상적이고 늘 불만에 가득 찬 삶을 살아간다.

레미는 이제 곧 서른 살이 된다. 아직 미혼이며, 부모님 집에 얹혀산다. 고향 마을에서 아버지처럼 작은 가게를 꾸리고 있다. 매일 계속되는 하루하루가 그날이 그날 같다. 가게를 찾는 동네 주민들은 대부분 노인들이다. 공손히 맞이하고, 날씨에 관해 몇 마디 오가고, 그러고 나면 손님들은 곧 다시 문을 밀고 떠난다. 한가할 때면 종종 이웃인 빵집 주인과

잡담을 나눈다.

레미는 한때는 비범한 학생으로서, 이 지역 최고의 명문 중학교 가운데 한 곳을 다녔다. 중학교 3학년 때까지 최우등상을 휩쓸고 늘 우등생 명부에 오른다. 열두 살에 시작한 테니스는, 삼 년 뒤 주니어 롤랑 가로 대회에서 우승까지 거머쥔다. 그의 방은 온갖 트로피들로 반짝거린다. 그야말로 참가하는 대회마다 승승장구하는, 장래가 유망한 챔피언이다.

그런데 중학교 4학년에 올라가면서 성적이 떨어지기 시작한다. 레미는 당황한다. 대체 무슨 영문인지 알 수가 없다. 그전까지는 모든 게 너무나 쉬웠는데! 레미는 학습하는 법을 익힌 적이 없어, 이 상황을 바로잡으려면 어떻게 해야 하는지를 알지 못한다. 그는 점차 자신감을 잃는다. 극심한 자기애적인 상처를 입고 자기 세계에 틀어박히기 시작한다. 불안감이 증폭된다. 교사들로부터 소외당한다. 추락이 점점 가속화되며 돌이킬 수 없는 지경에 이른다. 레미는 심각한 우울증에 빠진다. 지적 억제가 자리 잡는다. 공부에 대한 투자 중단과 학교교육에 대한 거부가 상황을 크게 악화시킨다. 급기야 레미는 퇴학당한다. 이제 다른 학교에서 학업을 계속해야 한다. 고등학교 2학년 과정을 유급한 뒤 겨우 대학입학자격시험을 치른다. "일단 대학입학자격시험만 보고 나면 그걸로 끝이야. 우리 집안의 이 머저리들처럼 의학 공부고 나발이고 어림도 없는 소리지. 다들 지금 어떻게 사는지 보라구! 그게 다 무슨 소용 있냐구. 바보 같은 일이지. 코미디가 따로 없다니까."

레미는 그 이후로 공부와는 담을 쌓고 몇 년을 허송세월하다가, 아버지에게 떠밀려 지금의 이 가게를 사서 오늘에 이른 것이다. 레미는 신경이 날카롭고, 환멸에 빠져 있으며, 냉소적이다. 세상사를 냉철하게 비꼬는 시선으로 바라본다. 레미와는 어떤 토론도 불가능하다. 그는 뭐든 조롱하고 뭐든 유머로 접근한다. 그에게 있어 인지에 의한 방어는 강력하고, 어떤 감정 표현과도 거리를 둔다. 레미는 더는 생각하고 싶지 않고, 더는 아무것도, 절대로 더는 아무것도 느끼고 싶지 않다. 그러나 그의 삶은 공허하고 무의미하다. 한때는 그토록 만사에 의미를 추구하던 아이였는데. 결혼을 하라고? 결국 이혼하고 말 텐데? 아이를 가지라고? 애들도 결국 불행해질 텐데? 공부를 다시 하라고? 바보 같은 일이나 하게 될 텐데?…… 한마디로 그의 삶은 완전한 파탄이다. 레미는 뭔가를 해보려는 욕망에 일절 문을 걸어 잠근 채, 자신은 잘 살고 있으며 아무것도, 아무도 필요치 않다고 생각한다. 그에게는 이제 한때 눈부셨던 전능함의 희미한 흔적만 남아 있을 뿐이다!

영재의 심리장애

• 영재아동과 영재청소년도 일반적으로 아이들과 청소년들에게 흔히 나타나는 임상 차트를 그 어떤 형태든 다 보일 수 있다.

• 영재아동의 지적 억제는 사실상 지적 거식증에 빗댈 수 있을 만큼 심각한 형태로서, 그 메커니즘은 정체성을 파괴할 정도의 위력을 가진다.

• 영재청소년의 우울증은 그 형태와 구조에서 고유한 특징들을 보이기 때문에, 효과적인 치료를 위해서는 이 특징들을 반드시 알아야 한다.

• 영재청소년은 흔히 비정형적인 우울증 차트를 보인다. 이것은 우려할 만한 내면의 '공백'을 토대로 구축된 우울증으로, 여러 증상들이 줄지어 잇달아 나타나고, 증상들 각각이 저마다 별개의 병리 문제를 형성하고 있으며, 이 증상들은 아주 빠르게 변할 수 있다.

• 영재청소년의 우울증 치료는 상당히 힘들고, 이런저런 치료법들이 잘 듣지 않는다. 대개 성인이 되어서도 지속되는 만성 우울증으로 고착되기 쉽다.

그 밖의
병리 문제:
방어적 성격의
영재성

이런 형태의 병리 문제는 이 책의 범위를 벗어나는 것이지만, 진단에 혼란을 주지 않기 위해 이 문제에 관해 몇 마디 언급할 필요가 있다.

이른 나이에 인성장애를 보이는 아이가 보통 수준을 능가하는 지적 역량의 발달을 보이는 경우가 있다.

이런 경우에는 지적 능력이 일종의 방어기제로서 발달한다. 아이는 자신의 지능을 수단으로 삼아 고통스럽고 파괴적인 내적 불안에 맞설 수 있는 보호막을 두른다. 지적 영역에 대한 과잉투자는 감정 영역에서 들끓고 있는 모든 것들과 거리를 두는 전략이다. 일반적으로 이러한 인성 구조는 지능검사에서 언어성 IQ가 매우 높은 데 반해 동작성 IQ는 형편없이 낮아, 둘 사이에 엄청난 격차를 보인다. 따라서 종합심리평가와 철저한 임상 검진만이 진단을 확증할 수 있다.

유년기에는 아이의 높은 지능이 잠재된 성격장애를 은폐할 수 있다. 일부 장애들이 심각한 불안정이나 행동장애, 부적응 문제로 주의를 끌 수는 있겠지만, 아이는 아동기의 우여곡절을 그럭저럭 뚫고 지나가게 된다.

청소년기에 이르면 인성장애는 더 뚜렷해지고 지적 능력은 수그러든다. 방어기제 기능이 약화되면서 정신적 취약함이 점차 이 아이의 인성을 침범한다. 따라서 이런 청소년들은 제도화된 치료를 요하는 더 심각한 병리적 보상작용 상실을 드러낼 수 있다.

이러한 임상 틀 속에서 지적 영재성의 방어적 의미를 알아보지 못한다면, 아이의 정신적 미래에 심각한 해를 입힐 수 있다. 진단 착오는 아이에게 꼭 필요한 치료와 정신적 지원을 빼앗는 격이 될 수 있다. 유아기 때 이런 치료와 지원을 받아야만 청소년기에 보다 심각한 보상작용 상실을 모면할 수 있으니 말이다.

청소년이
별안간
영재임을
알게 될 때

  자녀가 학업 전반에 걸쳐 대대적인 어려움을 계속해서 겪을 때 흔히 심리
평가를 실시하는데, 이 과정에서 지적 영재성이 발견되는 사례가 비일비재
하다. 심리전문가를 찾아오는 청소년은 자신을 억지로 끌고 온 부모에게
잔뜩 화가 나서, 뻗대고 툴툴거리며 상담실로 들어선다. 이 아이에게는 심
리평가를 받아야 할 동기부여가 딱히 없다. 그러나 심리평가를 통해 자신
이 어떻게 작동하는 사람인지 더 잘 이해할 수 있고 자기 고유의 메커니즘
을 파악할 수 있다고 설명해주면, 아이는 비교적 쉽게 검사에 응한다. 청소
년에게 설명할 때는, 심리평가가 그의 내면세계를 침범하는 게 아니라 '그
자신'에 대한 평가이고, 이 평가는 그의 소유이며, 하위검사들은 개인적 용
도로만 쓰이는 도구임을 반드시 이해시킬 필요가 있다.

  이런 맥락에서 영재 진단은 청소년에게 일련의 반응을 일으키는데, 크게
다음과 같이 세 국면을 거친다.

영재의 심리학

증폭 효과

어떤 청소년이 자신이 똑똑하다는, 그것도 아주 똑똑하다는 사실을 별안간 알게 되면, 이 순간의 놀라움이 긍정적인 충격을 일으키고, 이 충격이 별안간 긍정적인 자기상을 가져다준다. 이런 자기상은 그가 지금껏 자신에 대해 갖고 있던 이미지, 또 주위 사람들의 시선 속에 담겨 있던 자신의 이미지와 느닷없이 대조를 이룬다.

실패하는 아이, 어려움을 겪는 아이, 다루기 힘든 아이였던 지난 삶은 한순간에 산산조각 나고, 이제는 높이 평가받고 인정받는 이미지, 안정적인 이미지가 새로이 자리 잡는다. 그 결과, 학업 성적이 오르는 동시에 자신감도 생기고, 그와 동시에 타인들과의 관계도 개선되는 증폭 효과가 나타난다.

진단 사실을 알리는 것이 자기상을 회복하는 데 유리하게 작용하는 것이다. 그러나 이 효과는 일시적이다. 이 점을 명심해야 한다. 충격파가 한풀 꺾이면 아이는 으레 우울한 순간을 가로지른다. 왜냐하면 지금 자신이 어디에 와 있는지, 어떤 사람인지 더는 알 수 없기 때문이다.

분노

첫 순간의 희열이 지나가고 나면 분노의 국면이 찾아온다. 이 분노는 매우 강렬할 수 있다. 아이는 이제 세상 전체를 원망한다. 자신의 특성을 진즉에 알아보지 못한 부모에게 화가 나고, 자신을 낙오자로 만든 학교에 화가 나며, 자신과 같은 아이들을 통합하지 못하는 교육 제도에도, 심리 전문가와 그가 시행하는 '무능한' 검사에도 화가 난다. 그리고 지능, 아무

의미도 없는 이 '바보 같은' 것에 대해서도 화가 난다. 그리하여 검사의 가치, 지능의 정의, 진단의 타당성에 상당한 의문을 제기하게 된다. 아이는 세상이 어떻게 그동안 자기 모습에 대해 그토록 잘못 생각할 수 있었는지, 세상이 어떻게 그토록 실제 자기와 다른 이미지를 자신에게 부여할 수 있었는지 받아들이기 힘들어하고, 무엇보다 이런 현실을 제대로 인지하지 못한 자신에 대해 분노를 느낀다. 비록 막연하게나마 자신이 남들과 다르다는 것을 충분히 느껴왔음에도, 그 의미를 전혀 이해하지 못했기 때문이다. 이런 자신의 착오에 화가 나고 마음의 상처를 입는다. 그래서 외부 세계를 비난하고, 특히 자신의 모든 근심 걱정의 원인이라 생각하는 이 '지능'을 비난함으로써 스스로를 방어하려 한다. 이렇게 해서 세상이 말하는 이 남다른 차이를 거부한다. 이 청소년에게는 오로지 집단과의 동일시, 집단에 받아들여지는 것만이 중요하기 때문이다. 이 남다른 차이를 아이는 원치 않는다. 더는 원하지 않는다. 너무 늦었다. 청소년기에 남다름이란 정말 참을 수 없는 것이다. 그러니 남다름에 대한 거부는 격렬하다.

수용하기

영재 진단을 수용하고 정교화하는 작업은 대개 예상보다 길고, 몇몇 함정들이 도사리고 있으니 이를 피할 줄 알아야 한다. 이 청소년은 자신이 오래전에 착수했던 정체성 구축과의 느닷없는 단절을 의미하는 이 진단으로, 결국 안정을 잃고 만다. 이제 모든 것을 다시 구축해야 한다. 그리고 이것은 고통스럽고 힘든 작업이다. 새로운 동력과 새로운 자기상, 새로운 삶의 설계에 착수하려면 새로운 잠재력을 동원하는 법을 배워야 하기 때문이다.

게다가 부모는 이 작업에 걸림돌이 될 수 있다. 왜냐하면 이 진단으로 마음의 짐을 덜고, 좋은 부모라는 느낌에 기운을 차리고, 자기애적인 차원에서 자신감을 회복한 부모는 아이를 너무 급격히 몰아붙이며, 아이가 하루빨리 놀라운 위업을 달성해주기를 마치 마법이라도 부린 듯이 기대하는 경향을 보일 수 있기 때문이다. 그러나 아이는 이제부터 사람들의 기대치만큼 잘해내지 못해 죄책감을 느낀다. "넌 이제 네가 똑똑하다는 걸 알았으니, '반드시' 잘해내야 해." 이런 말을 대놓고 하는 경우는 드물지만 아이는 어쨌든 이렇게 느낀다. 그리하여 기대치에 부응하지 못하는 죄책감이 아이를 괴롭히고 아이를 정신적 혼란에 빠트린다.

이 모든 것이 가능하려면 시간이 필요하다. 그리고 주위 사람들의 인내도 필요하다. 영재 진단에 대한 정교화 작업이 성공적으로 완수될 때, 그리하여 아이가 '자신에게' 다시 정성을 쏟고 자신의 지능과 인성에 다시 투자하게 될 때, 그제야 비로소 모든 분야에서 전적으로 만족스러운, 완전한 성공이 이루어진다. 어떤가, 한번 해볼 만한 가치가 있는 작업 아닌가!

그렇다면
잘 사는
아이들은?

    사실 많은 영재아동들은 아주 잘 살고 있다. 살아가는 데 행복을 느끼고, 학교에서도 잘해나가고, 자신에게 맞는 공부와 일을 하며, 풍요롭고 열정적인 삶을 구축해간다. 그러니 안심하자. 문제없이 잘 사는 영재아동은 대개 무엇을 하든 잘해내는 아이다. 스포츠에도 소질이 있고, 예술적 재능이 있거나 손재주가 뛰어난 경우도 있다. 다만 이런 아이들은 상담실을 찾아오는 일이 거의 없기 때문에 우리가 잘 모를 뿐이다. 그러나 이들은 확실히 존재한다! 이런 아이들을 실제로 많이 만나보았다!

    이 아이들은 어떻게 난관을 극복했을까? 어떻게 자신의 남다름을 강점으로 승화시키고 자신의 지능을 성공으로 이끌 수 있었을까?

    늘 그렇듯 우리는 크게 두 가지 요인을 들 수 있다. 우리 고유의 인성을 구성하는 내적 요인, 주위환경의 조건과 관련된 외적 요인이 그것이다.

회복탄력성

회복탄력성은 아마 내적 요인 가운데 가장 능동적인 요인일 것이다. 회복탄력성은 최근에 나온 심리학 개념으로 오늘날 점점 더 활발하게 거론되고 있는데, 이것은 문제에 대처하는 개인의 역량, 어려운 상황에 적응하기 위해 필요한 잠재력을 동원하는 역량, 트라우마의 강도와 성격이 어떠하든 그 트라우마에 저항할 수 있는 역량에 관련된 것이다. 회복탄력성 덕분에 어떤 아이들은 삶의 좌표를 잃지 않으면서, 또 만족스러운 정신적 안정을 유지하면서, 힘겹고도 혼란한 삶을 무사히 헤쳐 나갈 수 있다. 똑같은 트라우마라 해도, 회복탄력성이 없는 아이는 다소간에 심각한 병리 문제를 키우게 되고, 균형 잡힌 안정된 삶을 구축하지 못하게 된다. 회복탄력성은 인성을 구성하는 한 요소이다. 어떤 인성들은 다른 인성들보다 더 견고하고, 더 유연하며, 적응력이 더 강하다. 그러나 한 아이가 다른 아이보다 회복탄력성이 더 높을 것이라고 예측할 수 있게 해주는 요인은 거의 존재하지 않는다.

회복탄력성을 지닌 영재아동들은, 각 성장 단계마다 정신적 안정을 유지하는 데 필요한 적응력을 발달시키면서 아동기와 청소년기를 무사히 헤쳐 나갈 수 있다. 이런 아이들은 온갖 장애물과 함정을 극복하고, 나아가 그것들을 자신의 성장 발달을 풍요롭게 만들어줄 수단으로 변모시킨다.

영재라는 것이 회복탄력성을 보장해주지는 않는다. 영재라는 것 자체가 힘이 아닌 까닭이다. 영재라는 것은 오히려 취약함이라는 위험을 내포하고 있다. 그러나 영재이면서 '동시에' 회복탄력성을 지닐 수도 있다!

정서적 환경

외적 요인은 무엇보다 정서적 환경의 질, 그리고 주위 사람들이 아이의 남다름을 받아들이는 역량과 관련이 있다. 영재아동이 정서적 안정을 갈구하는 욕구는 실로 엄청나며, 때로는 자신의 지능을 통해 표출하는 것과 모순될 때도 있다. 대개 자기중심적인 의견 표명에도 불구하고, 타인들에게 인정받고 평가받고 싶어 하는 욕구 또한 강렬하다. 타인들에게 받아들여지고 인정받고자 하는 아이의 욕구는 지적·정서적·사회적 측면에 대한 투자 역량과 불가분의 관계에 있다.

가족의 견고한 유대 역시 영재아동의 정체성 발달에 주요한 관건이다. 이는 분명 모든 아이에게 다 중요한 변수이지만, 정서적으로, 감정적으로 극도의 감수성을 지닌 영재아동에게는 가정환경이 결정적인 영향력을 갖는다. 이 아이는 아주 사소한 감정 변화도 다 포착하고, 아주 미미한 긴장 상태도 다 감지하며, 아주 작은 갈등의 불씨도 모조리 분석한다. 이 아이에게는 모든 것이 확대되고 대형화된다.

부모가 자녀의 성공에 중요한 역할을 할 수 있다

• 영재자녀는 무엇보다 부모에게 인정받고 싶어 한다. 따라서 부모는 이 아이의 특이함과 풍요로움을 반드시 인정해주어야 한다. 아이를 과소평가하거나 과대평가해서는 안 된다.
• 영재자녀가 재능을 꽃피우며 잘 성장하려면, 부모의 존재, 부모의 사랑, 부모의 한계가 반드시 필요함을 절대 잊지 말자. 이 아이는 자율적으

로 행동할 수 있는 어른 같은 아이가 아니다.

• 설령 자녀가 부모를 궁지로 몰아도, 아이의 도를 넘는 행위로부터 아이를 보호해야 하는 것은 바로 어른인 부모, 당신임을 절대 잊지 말자.

• 자녀에게 유연성과 적응성을 발휘하자. 이 아이는 남다른 아이다. 부모의 신념에 재차 의문을 제기할 수 있다. 부모는 한발 뒤로 물러서서 마음의 문을 열고, 자녀의 특이한 인성에 주의를 기울이며, 이 아이가 원하고 필요로 하는 것에 대처할 줄 알아야 한다.

• 자녀가 학교에서 부닥칠 수 있는 어려움을 잘 헤아리고 배려하자. 무슨 일이 일어나고 있는지 정직하게 이해하려고 해보자. 아이가 노력하지 않는다고, 충분히 공부하지 않는다고 꾸짖어서는 안 된다. 혹은 반대로, 학교가 자녀를 제대로 지도하지 못한다고 섣불리 비난해서도 안 된다. 상황을 명확히 직시하자. 천천히 시간을 갖고 자녀의 말에 귀를 기울이자. 그러면 아이가 겪는 실질적인 어려움을 함께 해결할 방안을 모색해볼 수 있을 것이다. 부모가 자신에게 주의를 쏟고 있다는 믿음이 생기면, 아이는 자신이 부모에게 기대고 의지해도 된다는 걸 알게 될 것이다. 이런 환경에서 학업 성적은 뚜렷이 향상될 것이고, 무엇보다 정신적 안정이 유지될 것이다. 그리고 아이는 자신에 대해서도 주위 어른들에 대해서도 견고한 신뢰감을 갖게 될 것이다.

때로 우리는 영재아동에 대해 지나친 기대를 걸곤 한다. 그래서 이 아이는 주위의 기대에 부응하고자 스스로 '위대한 자기'를 구축하게 되고, 자신도 결국 그걸 믿게 되지만, 이는 단지 내면의 취약함으로부터 아이 자신을 보호하기 위해 존재할 뿐이다. 이것은 즉 거짓 자기의 구축이다. 성공에 초

점이 맞춰진 주위의 관심이 아이를 짓누르고, 결국 아이 고유의 정체성 발달을 방해하는 걸림돌이 된다. 아이는 자신이 사랑받고 있다고 느끼기 위해 어떻게 해서든 부모가 자신에 대해 갖고 있는 이미지에 부합하려고 노력한다. 그러나 부모의 기대를 완전히 충족시키지 못할 때, 아이는 그로 인해 견딜 수 없는 죄책감에 시달릴 수 있다.

따라서 이상적 자기, 그리고 자기 자신에 대해 마음속 깊이 인식하는 실제 자기, 이 둘 사이의 간극이 바로 고통스러운 자기애적 상처를 입히고, 이 상처가 아이의 정체성을 깊이 공격한다. 요컨대 지나친 과대평가는 피해야 할 함정이다.

영재아동의
치료

자명한 이치로 시작해보자. 영재아동을 올바르게 보살피고 치료하려면 이 아이가 영재임을 알고 있어야 한다!

그런데 이 자명한 이치가 현실에서는 자명하지 않다는 것이다! 얼마나 많은 아이들이 영재가 아닌지 의심조차 받지 못한 채 심리요법을 받고, 심리전문가나 아동정신의학자에게 용태를 추적당하고, 의학심리학 센터에서 상담을 받고 있는가 말이다. 영재임을 모르기 때문에 얼마나 많은 진단적 혼란과 치료 실패, 그리고 아이와 부모와 치료사의 좌절이 줄줄이 야기되는가 말이다.

아이가 영재임을 모르는 채 치료하는 것은 거의 효과가 없고 실망스러운 결과만 초래할 뿐이다. 이 아이가 아동기나 청소년기에 아이들에게 흔히 나타나는 일반 병리 문제로 고통을 겪을 때조차, 그 고통 속에는 영재아동 고유의 지적·정서적 작동의 특성들이 아로새겨놓은 특정 징후들이 존재한다. 그런데 이를 알지 못해 치료사는, 그리고 아이는, 증상들의 역학과 그 이해의 핵심에서 벗어나 엉뚱한 방향으로 나아간다. 따라서 이 아이에게 적절하고 아이에게 꼭 필요한 도움은 전혀 마련되지 못할 것이다.

아이가 영재임을 알아보지 못하는 것이 결국 진단 착오와 치료 착오로 이어지고, 이것이 심각한 결과를 초래할 수 있다.

더 심각한 것은, 아이와 가족이 치료사에게 영재 진단 사실을 알렸는데 도 치료사가 이를 수용하지 않는 경우다. 치료사는 이 정보가 치료에 아무 런 영향도 미치지 않는다고 여긴다. "그래요, 자제 분이 똑똑하다는 말씀 이시죠. 그래서요?"

절충적 태도의 필요성

어려움을 겪는 영재아동을 치료하기 위해서는 절충적 태도가 불가피함 을 곧장 받아들여야 한다. 이 말은 즉 영재아동의 치료에는 담당 치료사가 여러 이론적 개념을 참고해가며 다양한 치료법을 활용할 수 있어야 한다는 뜻이다. 말하자면 치료사가 창의성과 융통성을 발휘할 줄 알아야 한다는 뜻이다. 치료사는 영재아동을 하나의 이론적 틀에 대입시키고 싶어 하지 만, 그 틀이 어떻든 간에 이 시도는 실패하게 되어 있다. 왜냐하면 영재아 동은 본래 틀을 위태롭게 하는 아이어서, 어떤 틀이든 깨버리기 때문이다. 따라서 치료사에게는 하나의 틀에서 다른 틀로 넘어갈 수 있는 유연성이 필요한데, 그렇다고 해서 틀이 필요 없다는 뜻은 아니다. 오히려 그 반대 다. 이 아이는 절대적으로 틀을 필요로 한다. 단, 경직된 틀은 절대 금물이 다! 이런 이유로 영재아동에 대한 치료 행위는 까다로울 수밖에 없고, 치료

사는 전문 지식에서도 임상 치료에서도 다양한 기능과 자질을 지닌 사람
이어야 한다.

'자기'의 인지 부분

'자기'의 인지 부분은 우리 정체성의 지적 영역 전반과 관련되어 있다.

정신적 고통을 겪는 영재아동은 대개 정체성의 한 면이 심하게 공격당하
고 크게 훼손된다. 이런 경우, 지능의 특이성이 제일 먼저 타격을 입는 면이
다. 이것이 바로 초기에 상처를 입는 '자기'의 부분이다. 이것은 아이가 흔
히 제일 먼저 투자를 중단하는 부분이기도 하다. 이렇게 되면 상황은 마치
아이가 자기 자신의 일부를 포기하는 것처럼 진행된다.

일반 치료법에서는 정체성의 이런 측면에 관심을 쏟는 경우가 거의 없다.
치료는 무엇보다 인성의 정서적 측면을 회복시키는 데 집중할 뿐 이런 차원
은 무시한다. 그런데 영재아동에게는, '자기'의 인지 부분을 부인하는 것이
정체성의 주요 동력 전체를 무시하는 것과 같다.

따라서 영재아동의 치료에는 '자기'의 인지 부분에 대한 치료가 반드시
병행되어야 한다. '자기'의 이 부분을 무시하면 치료 과정이 가로막히고 결
국 성공에 이를 수 없다.

'자기'의 인지 부분을 치료한다는 것은 '인지적 숙고' 행위를 치료 과정에
통합할 줄 아는 능력을 전제로 한다. 아이가 지적·인지적 영역에 다시 투
자할 수 있게 여건을 조성해주는 것이 관건이라는 말이다. 이는 아이의 인
지 능력을 다시 활성화시키기 위함이다. 이러한 '인지 능력의 재활성화'는
정신적 동력을 전반적으로 회복시키는 데 반드시 필요하다. 아이가 사고

하는 즐거움을 되찾고 그토록 극심한 고통의 원인인 '자기'의 이 부분을 받아들일 수 있어야만 비로소 치료가 가능해진다.

> '자기'의 인지 부분을 치료하는 것은 자기애를 회복시키기 위한 버팀목이다. 이것이 치료의 핵심 동력이다.

영재아동의 치료에 따르는 함정

치료사를 마음대로 주무르기

영재아동은 강하다. 치료사를 마음대로 부릴 수 있을 만큼 매우 강하다! 이는 비생산적인 힘겨루기를 위한 전략이 아니라, 이 아이가 치료사의 작동을 분석하고 난 결과다. 영재아동은 치료를 받을 때, 치료사가 시행하는 치료법을 해독하고 그것을 평가하는 것을 제일의 목표로 삼는다. 이 사람이 훌륭한 치료사인지 아닌지 판단하고, 바로 '이' 치료사가 과연 '자신'을 도울 능력이 있는지 없는지 분석하기 위해서다. 늘 그렇듯이 이 아이는 틀을 시험한다. 한계를 밀어붙이고, 그런 다음 치료사가 함정에 빠지는지 아닌지 지켜보며 기다린다! 영재아동에 대해 무지한 치료사들은 순진하게도 그 함정에 빠지고 만다. 왜냐하면 이 환자는 탁월한 통찰력과 풍부한 감성, 그리고 치료사가 무슨 생각을 하는지도 감지해내는 능력을 통해 충분히 함정에 빠트릴 수 있는 대단한 재주꾼이기 때문이다. 게다가 치료사의 질문이나 반응을 예측하여 그에 대한 만반의 준비를 할 수 있다. 요컨대 게임의 규칙을 모두 해독해버린 것이다!

그러나 또 늘 그렇듯이, 이 아이가 찾으려 하는 것은 바로 치료사가 견고하고 믿음직한지, 함정을 피할 줄 아는지, 자신의 틀을 유지하고서 끝까지 치료를 제어할 수 있는지다. 한마디로, 치료사가 자신을 완전히 이해할 수 있는지, 자신을 도와주고 인도해줄 능력을 보여줄 수 있는지다.

이러한 신뢰가 확립된다면, 치료사는 게임의 첫 판을 이긴 것이고, 장족의 발전을 이룬 것이며, 치료의 상당 부분을 이미 성공한 셈이다!

가장 놀라운 점은, 거의 언제나 영재아동들은 자신들이 어떤 게임을 하고 있는지 아주 잘 알고 있다는 사실이다. 이 아이들은 이렇게 표현한다. "아시다시피, 지금까지 제가 심리전문가를 숱하게 만나봤지만, 다들 제 손에 놀아났는걸요!"

이러한 메커니즘이 치료를 더욱 어렵게 만든다. 왜냐하면 이 아이들은 심리전문가들을 매우 불신하게 되었기 때문이다. 절대 무턱대고 이 사람들을 신뢰하지 않는다. 어림도 없는 일이다. 실제로 이 아이들이 단 한 명의 심리전문가만 만나는 경우는 거의 없다. 때로는 이미 오래 전부터 수많은 상담실을 들락거린 전력의 소유자들이라, 심리전문가를 향한 이들의 망설임과 불신은 아주 뿌리가 깊다.

역(逆)태도

반대 태도란 정신분석가들이 '역전이'라 부르는 것으로, 자기 환자에 대해 심리전문가가 품게 되는 정서적 반응을 의미한다. 즉 심리전문가가 자기 환자에 대해 감정적으로 느끼는 것, 혹은 그런 감정이 긍정적이든 부정적이든 심리전문가 자신에게 일깨우는 것을 의미한다.

일반적으로 영재아동은 치료사에게 이 같은 역태도를 불러일으키는데, 이런 태도들은 완전히 서로 상반된 것일 수도 있고, 아이에 대한 아주 철저한 거부에서 지극히 맹목적인 매혹으로 바뀔 수도 있다.

치료사는 이런 역태도를 피할 수 없다. 이 태도들은 안정적일 수도 있고 변화무쌍할 수도 있다. 예컨대 영재아동의 특성들을 부인하는 치료사는 비교적 거부하는 태도를 보인다. 이 치료사는 영재 진단이 영 못마땅하고, 그래서 아이를 향해 적대감을 드러내는 경향을 보일 수 있다. 설령 그가 아이를 향한 자신의 적대감을 분석한다 해도, 이 감정이 치료 과정에 스며든다는 점에는 변함이 없다.

이와 반대로, 치료사가 그토록 특이한 지능을 타고난 이 아이에게 감탄과 선망의 감정을 드러낼 수도 있다. 이 경우 치료사는 자신이 느끼는 매혹과 싸우느라, 아이가 겪는 고통의 메커니즘이나 고통의 표명을 잘 파악하지 못하는 경향을 보일 수 있다.

또 다른 예는 아마 가장 흔한 경우일 텐데, 이 아이가 가진 특성들이 불러일으킬 수 있는 거부와 매혹 사이를 대개는 빠르게 이동하는 행태다. 동일한 치료사가 동일한 아이에 대해, 처음에는 아이의 엄청난 지적 특징들을 비교적 호의적으로 대하다가 갑자기 노여워하고, 나아가 이런 지능 때문에 적대감마저 느끼는 국면으로 전개될 수 있다.

물론 정통한 치료사들은 이런 역태도를 어떻게 다루어야 하는지 교육 받은 사람들이지만, 이상하게도, 영재아동들의 특수한 지능 형태와 이것이 치료 과정에 미치는 영향이 치료사를 불안정하게 만들 수 있고, 결국 치료를 실패로 돌아가게 할 수도 있다. 이 점을 잘 알아야 한다. 그러니 늘 주의를 게을리 해서는 안 된다.

영재의 심리학

영재아동의 치료는, 치료사가 영재 진단 사실을 알고 있고, 영재의 모든 특성들을 알고 있으며, 이 특성들을 인정하고 수용하여 치료 과정에 적극 고려해 넣을 줄 알아야만 성공할 수 있다.

옮긴이 **정미애**

이화여대 불어교육학과를 졸업하고, 벨기에 루벵 대학에서 불문학 석사, 한국 외국어대학교 통번역대학원에서 석사 학위를 받았다. 옮긴 책으로『로라에게 생긴 일』,『피노키오』,『사막의 전래 이야기』,『나만의 비밀친구, 제 8의 힘』,『양귀비꽃 여인』,『벽지 속에 늑대가 숨어 있어요』,『거인 신발』,『그해 겨울엔 눈이 내렸네』,『마지막 수업』,『치유』,『거인 신발』,『나무가 들려주는 예수 이야기』,『산타할아버지의 비밀 일기』,『늑대 수프』,『행복의 역설』 등이 있다.

영재의 심리학

남다른 지능과 감성으로 고통받는 아이들

초판 발행 2013년 3월 11일
개정판 4쇄 발행 2022년 6월 20일

지은이 잔 시오파생
옮긴이 정미애
펴낸이 조동욱
책임편집 임지원

펴낸곳 와이겔리
등록 제2003-000094호
주소 03057 서울시 종로구 계동2길 17-13(계동)
전화 (02) 744-8846
팩스 (02) 744-8847
이메일 aurmi@hanmail.net
블로그 http://blog.naver.com/ybooks
인스타그램 @domabaembooks

ISBN 978-89-94140-31-5 03180

＊책값은 뒤표지에 있습니다.

＊잘못 만들어진 책은 바꿔 드립니다.

이 도서의 국립중앙도서관 출판예정도서목록(CIP)은 서지정보유통지원시스템 홈페이지(http://seoji.nl.go.kr)와 국가자료공동목록시스템(http://www.nl.go.kr/kolisnet)에서 이용하실 수 있습니다. (CIP제어번호 : CIP2018013829)